中浦院书系·**案例**系列　总主编　冯 俊

领导案例丛书　主编　奚洁人

教育培训案例

周志平 编

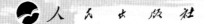

《中浦院书系》总序

　　中国浦东干部学院(简称中浦院,英文名称为 China Executive Leadership Academy, Pudong,英文缩写 CELAP)是一所国家级干部教育院校,是由中组部管理的中央直属事业单位,地处上海市浦东新区,上海市委、市政府对于学院的建设和发展给予了大力支持。2003 年开始创建, 2005 年 3 月正式开学。学院开学之际,胡锦涛总书记发来贺信,提出要"努力把学院建设成为进行革命传统教育和基本国情教育的基地、提高领导干部素质和本领的熔炉以及开展国际培训交流合作的窗口",以及"联系实际创新路、加强培训求实效"的办学要求;习近平同志希望中国浦东干部学院"按照国际性、时代性和开放性要求,努力加强对学员进行马克思主义最新理论成果的教育,进行改革开放和社会主义现代化建设新鲜经验的教育,在帮助学员树立国际视野、提高执政能力方面更有特色"。学院紧紧围绕党和国家的工作大局,依托长三角地区丰富的革命传统资源和现代化建设实践资源,把党性修养和能力培养、理论培训和实践体验结合起来,紧扣改革开放、走中国特色社会主义道路的时代精神这条主线,坚持创新发展、特色发展、错位发展,走出了一条现代化、高水平、具有自身特色和优势的培训新路子,在国家级干部教育培训格局中发挥着不可替代的独特作用,得到广大干部的好评和社会的广泛认可。

《中浦院书系》是基于学院办学特点而逐步形成的，也是过去 10 年教学成果的积累。为适应干部教育培训改革创新的要求，学院在培训理念、教学布局、课程设计、教学方式方法等方面进行了一系列的新探索，提出并构建了"忠诚教育、能力培养、行为训练"的教学布局。忠诚教育，就是要对干部进行党的理想信念教育和世界观、人生观、事业观教育，教育干部忠诚于党的事业，忠诚于国家和人民的利益，忠诚于领导者的使命和岗位职责，围绕马克思主义中国化的最新成果开展基本理论教育。能力培养，就是要着力培养干部领导现代化建设的本领。建院以来，学院着力加强领导干部推动科学发展、促进社会和谐能力的培训，尤其在改革创新能力、公共服务能力、社会管理能力、国际交往能力、群众工作能力、应急管理能力、媒体应对能力方面形成了独具特色的系列课程。行为训练，就是通过必要的角色规范和行为方式训练，对领导干部进行岗位技能、行为品格、意志品质和心理素质的训练，比如时间管理技巧、情绪控制方法、媒体应对技术等，通过采取近似实战特点的行为训练，提高学员的工作技巧和岗位技能。学院在办学实践中逐步构建起课堂讲授、互动研讨、现场教学、案例教学、研究式教学、情景模拟式教学综合运用、相得益彰的培训特点。

《中浦院书系》包括了学院在教学科研过程中形成的如下几个系列。

大讲堂系列。对学院开设的讲座课程进行专题整理，形成了《改革开放实践与中国特色社会主义理论体系》、《全面提升开放型经济水平》、《城市经济结构战略性调整》、《城市创新驱动发展》、《城镇化与城乡发展一体化》、《国企改革与发展》、《生态文明建设》、《加强社会建设和创新社会管理》、《党建改革与创新》等 28 个专题。学院特别强调开放式办学，师资的选聘坚持"专兼结合、以兼为主"的原则，从国内外选聘具有丰富领导经验的官员、具有较高学术造诣的专家学者以及具有丰富管理经验的企业家作为学院的兼职教师，尤其注重聘请那些干过并干好事情的人来培训正在干事情的人。目前，学院已形成 1000 余人的相对稳定、不断优化的兼职教师队伍。大讲堂系列所选入的专题讲座，只是部分专兼职教师的精彩演讲，这些讲座内容不仅对广大领导干部的学习具有参考价值，而且对那些热衷于思考当代中国社会热点问题的人也有启发作用。

案例系列。案例教材是开展案例教学的基本条件,为促进案例教学,学院立足于构建有中浦院特色的案例教学模式和干部教育的案例库。目前已经完成了包括《领导决策案例》、《高效执行案例》、《领导沟通案例》、《组织文化案例》、《组织变革案例》、《危机管理案例》、《教育培训案例》、《领导心理调适案例》八本案例集。建院十年来,学院非常重视开发、利用和积累鲜活的和富有中国特色的案例,把案例开发和教学紧密结合起来,初步形成了案例开发与应用的新机制。学院通过公开招标,设立了十多个教学案例研究开发课题,并将案例及时运用到教学中去,"危机决策流程模拟"等一批案例教学课程受到学员欢迎。2009 年,学院设立了"改革开放经典案例研究"专题项目,"基层党建优秀案例征集与评奖活动",2012 年又进行了"科学发展观案例"的收集与整理,采取与社会各方面力量合作的方式,进一步丰富了学院教学案例库。

论坛系列。学员在干部培训中的主体地位越来越受到重视,在各专题班次上我们组织学员围绕主题展开讨论,变学员为教员,成为中浦院课堂的主角,形成了具有中浦院品牌特色的"学员论坛"。比如,省部级干部"应对金融危机、保持经济平稳较快增长"专题研究班,"建设社会主义新农村"专题班,"现代城市领导者专题培训班",还有西部开发、东部振兴、中部崛起等区域经济社会发展专题研究班,中央直属机关各种专门工作的特色专题班的学员,他们熟悉其所在领域的工作,对问题有独到的见解,他们走上讲坛,作出精彩的演讲,既活跃了学院培训工作的氛围,也为学院今后的相关培训提供了鲜活的素材。

研究报告系列。学院提出"科研支撑和服务教学"的发展战略,鼓励教师积极参与科研工作,组织了系列研究报告的编撰工作。如:《中国领导学研究报告 ·2006—2008》、《中国干部教育培训发展报告·2009》、《公共危机管理典型案例 ·2009》、《公共危机管理典型案例·2010》、《公共危机管理典型案例 ·2011》、《公共危机管理典型案例·2012》等,这些研究报告是我们追踪学术前沿,进行理论探索的结晶。

在我们未来的发展中,也许还会增加国外学术成果的翻译系列,和当代中国研究的英文系列,待准备成熟之后逐步推出。

总之,《中浦院书系》是一个开放式的为干部教育培训服务的丛书系列,是体现中国浦东干部学院特色的学术成果集。参与"书系"编写工作的不仅仅是中浦院的教研人员,而且包括社会各界关心中浦院发展的领导、学者和实践者。当然,还有学院的学员、兼职老师以及很多关心支持中浦院工作的人士,他们为"书系"的出版也做了大量工作,不能一一列举,在此一并致谢。这项工程得到了人民出版社领导、编辑的大力支持,他们为"书系"出版付出了辛勤的劳动,在此表示衷心的感谢。

中国浦东干部学院常务副院长

冯　俊

2014 年 1 月

《中浦院书系 · 领导案例丛书》序

　　案例教学也叫实例教学或个案教学。案例教学的历史渊源可以追溯到我国春秋战国时期和古希腊哲学家、教育家苏格拉底的"问答法"教学。西方近代教育中，案例教学在法律教育和医学教育领域较早地得到应用，至于在管理学或领导者教育培训方面的应用直到本世纪初才出现在美国哈佛大学商学院。我们知道，1908 年，哈佛大学创设工商管理学院，由经济学家盖伊（Edwin F. Gay）担任首任院长。在他的倡导下，在教学中更加重视理论与实践的联系，并加强了教学中教师与学生的讨论、互动。从1909 年至 1919 年，常常有一些实际部门的经理应邀到教室作报告并被提问和要求介绍分析他们遇到的问题及其解决的办法，讲述他们自己的故事，提供相应的材料，学生们也必须积极参与讨论，对此提出自己的意见，可以说这就是案例教学在商学院的最初应用。案例教学包含有两个基本条件：一是要有一个特定形式的教学材料（案例）；二是在教学中师生共同使用这些材料（案例）的互动合作过程。因此，一方面，教员有责任选择教学所需要的材料（案例），掌握在教学中熟练地运用这些材料（案例）的技能。另一方面，学员们有责任在课前就熟悉这些材料（案例），以便在课堂上在教师的指导下参与讨论，对这些材料（案例）发表自己的意见。显然，在案例教学中，除了教与学的主体以外，案例就成为教学的核心载体和媒介。所以，案例教学方法必然地催生了对于案例教材的需求。1920年9月，由著名的营销专家奥兰德（Malvin T.C. Opeland）教授改编的商业方面的案例在哈佛商学院编辑出版，这就是第一本正式出版的案例教材。1921年，哈佛商学院经教授投票，把这样的教学方法正式定名为"案例法"（case method），意味着案例教学的正式推行实施。

毫无疑问，现在案例教学法已经被广泛应用于全球各个国家和地区，广泛应用于各种类型的教育教学中，实践证明案例教学也是适合领导干部教育和培训的最重要的教学方法之一。案例教学是在教师的指导下，根据教学目标和内容的需要，通过对一个个含有矛盾冲突的具体教育情境的描述，组织学员对这些典型案例进行分析、讨论，从而激发和提高学员的学习主动性和积极性，启发和训练学员对案例涉及的"命题"进行思考、辩论和推理，并提出各种建设性的意见和建议，达到共享智慧、启迪思想以及价值引导的目的。因此，作为一种教学方法，案例教学有利于促进教师主导作用和学员主体作用的发挥；有利于改进教师课堂讲授和学生课外学习的效率；有利于提高学生分析和解决问题的能力；有利于培养团队合作精神；有利于促进教学中理论与实践的结合以及提高教师教学研究的水平。此外，案例教学一般对学员的知识储备和自身经验积累具有比较高的要求。这些特点和要求，使案例教学成为创新干部教育培训方式方法的重要途径，并日益显示出它在干部教育培训中的独特优势，也愈来愈受到广大领导干部的欢迎和有关部门的重视。

党的十七大强调，以改革创新精神全面推进党的建设新的伟大工程，必须把党的执政能力建设和先进性建设作为主线，必须落实到提高各级领导干部的素质和本领上来。2008年7月中共中央召开的全国干部教育培训工作会议，明确将现代领导科学知识的培训列为提高领导干部知识素养和实践能力的重要内容，并进一步强调了要通过创新培训方式等途径推动和落实领导干部提高领导科学发展、服务人民群众、应对突发事件和驾驭复杂局面的能力。而案例教学正是以学习者为中心，以解决现实问题为导向，让受训干部在体验各种案例的实际情境基础上，展开思考、分析，通过学员之间、教学之间的互动、讨论，形成开放式的系统思维，进而得出科学、合理的解决方案和应对措施，本质上是一种实践性、模拟性的能力训练和价值引导。因此，加大案例教学在干部教育培训中运用的力度，既是当前干部学习成长的现实需要，也是干部教育创新，提高干部教育培训的针对性、有效性的必然要求。

如上所述，案例教材是开展案例教学的基本条件和核心要素之一。我们组织编写的这套《领导案例丛书》（八册），作为一套以开展领导学理论教学、提高干部领导能力为重点的系列教材，就是为贯彻落实党的十七大精神，适应当前干部教育培训创新的需要，以科学发展观为指导，为领导科学的理论学习和研究提供各类典型案例，目的是通过案例学习帮助领导人才更好地掌握领导工作的规律，强化战略思维能力和领导素质，提升领导水平和领导艺术，促进各级领导干部执政能力的提高。本丛书根据新的历史条件下对领导干部素质和能力的具体要求和所面临的现实问题进行设计、策划，力求体现时代性、针对性和实效性，围绕领导者经常面对的决策、执行、沟通、组织文化构建、组织变革、危机管理、教育培训、心理调适等八个方面的重大课题，通过大量成功和失败的经典案例进行精心编排，系统呈现，以期给各级各类干部教育培训机构及其教研人员提供一套进行案例教学较为实用的参考教材，同时也为广大领导者奉献一份资鉴珍藏、研修学习领导学方面的阅读资料。

本套《领导案例丛书》的总体设计和案例选编，遵循三个原则：一是坚持理论性原则，即强调学习理论、掌握理论和运用理论相统一的原则。案例教学虽然是一种实践性很强的教学方法，但仍然不能没有理论。如果离开了理论，或者在案例学习中不能达到理论的升华，就会停留在"故事描述"或"就事论事"的层面而缺乏普遍指导意义。所以本丛书的每一分册，都融入了相关的理论，或依照一定的理论框架进行案例的编排，以便于教学者通过本教材的运用，加深对相关理论的理解掌握，并提高应用能力。二是坚持典型性原则。案例教学的成功进行，不仅需要教师的功力和学生的主动参与，其重要前提是对于案例本身的选择和加工。作为教学载体和媒介的"案例"，必须具有典型性。这里的典型性，首先是指具有真实性，是那些已经发生过的真实事件。但是，并非所有发生过的事都可以用于案例教学，所以其次，案例必须具有故事性，也就是说事例本身具有内在的矛盾性，而且一般地讲这些矛盾还应具有其复杂性和不确定因素，这样才能在教学中引起思考和讨论，起到思维训练、能力培养的作用。其三它的典型性还表现为合规律性和具有可借鉴性。从理论上说，任何一种典型（包括事件和人物），都是一般与个别、特殊和普遍的矛盾统一，作为教学案例，正因为它具有特殊性和个性，才更加丰富生动，富有教学感染力，同时正因为它具有普遍性，合规律性，才会具有更多的借鉴意义和学习价值。三是坚持导向性原则。教学案例是发生在过去的事情，而案例教学的目的是为了解决现实的或者是未来的问题。因此，案例的选择和运用必须强调和坚持现实导向和未来导向的原则，否则就失去了它的教育学意义。另外，案例教学总体上说是一种以能力培养为重点和核心的教学方法，但是不可忽视其正确的价值导向功能，因为领导能力决不等同于一般性的技术或技能，它总是蕴含着一定的价值取向，服从和服务于一定的价值目标和教学目的，领导教育应该始终把正确的价值引导放在重要位置，贯穿在各个方面。案例教学正是可以以更加生动和直观的形式实现这样的教学目标。可以说，本套丛书的编写正是根据以上原则认真进行的。

中国浦东干部学院从创建开始，就十分重视案例教学方法的运用，并根据学院"忠诚教育、能力培养、行为训练"的培训理念和"课堂讲座、现场教学、互动研讨"三位一体的教学模式，积极探索创造具有自己特点的案例教学方式方法。因此，在本丛书编写过程中，我们经过认真筛选，选择一部分有代表性的现场教学点教学资料，经过改写后作为案例收入，这也是本丛书的特点之一。

《领导案例丛书》一共八册，其主要分工和内容安排如下：

领导决策是领导者的一项基本职责，也是一个复杂的动态博弈过程，包括发现问题、确定目标；集思广益，拟定方案；分析评估，选择最佳方案；实施方案、完善决策等阶段。《领导决策案例》通过典型案例呈现决策制定的各个阶段以及每一个阶段可能涉及的各种策略，比较各种决策模式在不同组织、不同情境下的应用，使领导者体会到个人应对不确定性的不同思维模式和行为方式对组织的重要意义，增强领导者决策风险管理意识，提升领导者有效决策的能力。

《高效执行案例》强调执行是进行战略分解、采取行动、实现目标的系统流程，通过提供不同战略执行过程和结果的典型案例，探讨将理念转化为现实、计划转化为行动、决策转化为操作、目标转化为任务的具体行为和技术体系，使领导者通过构建一体化的战略执行体系，打造组织核心竞争力。

《领导沟通案例》通过典型案例呈现组织沟通过程中人与人之间的相互作用和信息交流的模型，探讨有效沟通方法，分析沟通心理，优化沟通渠道，减少沟通障碍，控制和管理沟通不畅造成的误解和冲突，提升领导者的沟通能力。

《组织文化案例》通过典型案例呈现组织文化的不同类型以及组织文化的建设过程，使领导者不仅能够识别组织文化的存在形式，还能注意提倡和发扬组织中优秀的传统和精神，摒弃和消除组织中不良的观念和风气，从而培育和塑造适合组织发展需要的优秀组织文化。

《组织变革案例》通过典型案例呈现组织变革的主要内容以及组织变革过程中的动力因素和阻力因素，使领导者在掌握组织结构构成要素的基础上，进一步理解组织变革的各种系统模式，探讨进行有效组织变革的方法和途径，提高领导者进行组织变革管理的能力。

领导者如何对危机进行管理，决定了能否抓住危机中的机遇。《危机管理案例》提供的经典危机管理案例，为领导者呈现有借鉴价值的危机管理例证，探讨如何在危机中求生存并从它所展示的机会中获益。

全球化、多样化、技术和伦理的挑战为领导者的知识更新提供了独特的机会和威胁。《教育培训案例》通过案例呈现领导者在职业生涯的不同阶段接受教育培训的不同要求，比较个体学习和群体学习的不同效果，探索成为学习型领导人才和建设学习型组织的途径，提高领导者人才终身学习的能力。

《领导心理调适案例》通过典型案例呈现领导心理对个人及组织发展的影响，探讨领导者的压力来源、压力导致的后果以及预防性压力管理的各种方法，使领导者对自己的心理有客观科学的认知，通过不断地反省和调适，减少社会知觉障碍，提高自我监控、自我管理的能力，提升心理健康指数，促进领导者身心的全面健康发展。

根据干部教育培训创新的需要，从领导学的学科视角和当前领导者面临的重要现实问题着眼组织编写《领导案例丛书》，还是一种初步的尝试和探索。由于在国内案例教学的理论与实践的基础相对薄弱以及编著者的水平、能力有限，丛书难免存在着许多不足，敬请读者不吝赐教指正。需要特别说明的是，本套丛书的案例来源，除我们编者自行采访编写外，也参阅、选用和改编了大量公开出版的著作、报纸、期刊和网络或其他方面的有关信息资料，大部分已在书中分别注明，在此我们对所有案例和资料的原作者，表示衷心的感谢！

本丛书由中国浦东干部学院教研部、科研部和领导研究院组织编写，参加丛书编写的作者都是中国浦东干部学院的教研人员。丛书的编写和出版得到了学院领导以及内设机构负责人等有关领导、同事的关心和支持，得到了人民出版社领导的大力支持，政治编辑室负责人张振明同志以及各分册的责任编辑为此付出了辛勤的劳动，在此一并表示衷心的感谢！

奚洁人

2009 年 12 月

目录

目录

导 论

一 领导教育培训概述

随着当前经济社会发展，"领导人才"或者社会成员的领导素质和能力越来越成为影响一个国家或地区核心竞争力的重要因素。因此，旨在提升领导力的领导教育培训越来越受到理论研究者的重视，也越来越成为实践工作者提升自身领导力的迫切需要。

领导教育培训是有目的、有计划地培养领导干部或提高学员能力的一种社会实践活动。"领导教育培训"一词既包括干部教育，即较系统地、有组织、有计划地提高干部领导能力的教育活动；也包括为提升干部某一方面或某些方面素质能力而进行的培训活动；还包括对一般社会成员进行的旨在提升他们在某些活动中所需要的领导力的教育培训，如企业对员工进行的领导力培训与开发。领导教育培训，从教育培训对象的角度讲，就是干部教育培训；从提升领导力的角度讲，可以称之为领导教育（培训）。

领导教育培训既包括长时间、有计划、有系统、有组织地培养人们的领导能力的社会实践活动，如在学校教育中或通过培训机构系统地培养专门的领导人才；也包括短时间内对领导干部或普通社会成员进行的旨在提高他们在某些社会活动中所需要的领导力的培训。相比较而言，领导教育在时间方面相对较长，内容较系统，更有组织性；而干部培训则时间相对较短，内容可能只侧重某一方面，或者为了配合某一时期的形势任务统一思想、提高认识而进行。从实施途径和方式方法来看，干部教育培训既包括正规组织的教育培训活动，也包括组织内部通过各种方式组织员工或要求领导干部在职期间进行的自主学习，还包括通过管理活动如领导干部的胜任力模型分析或员工职业生涯发展规划的基础上提出的素质能力要求，从而引导职业发展的活动。

在中国，通常用"干部"一词来统称领导干部和领导人才。干部教育培训中的"干部"主要是就培训对象的角度来说的，既包括对一般干部的教育培训，也包括对领导干部的教育培训，还包括对后备领导干部进行的教育培训。在西方,领导教育主要侧重于开发人的领导力(leadership),也被称作"领导力开发"(leadership development)。领导教育中的"领导"更主要是从培养目标上而言的,即培养领导者、开发领导力,领导教育的对象既包括领导干部,也包括企业员工或学生等。无论是在企业培训还是在学校教育中,都可以进行领导教育,开发员工或学生的领导力。2001年,美国成立了"领导教育协会",并出版了"领导教育"(leadership education)电子杂志,领导教育已经成为一门学科,成为了一个研究领域。

中国共产党自成立之初就非常重视干部教育培训,取得了十分宝贵的经验,也为党的事业和中国社会主义建设事业发挥了十分重要的作用。在新形势下,需要关注并重视领导干部的领导力开发,也需要对一般社会成员从基础教育阶段开始就加强领导力教育培训。从国外的发展经验来看,政府部门非常重视党政领导干部的领导力培训与开发,企业领导力开发受到高度重视并取得很大成效,大学也十分重视学生的领导力开发和培训。因此,领导教育成为世界各国经济社会发展共同的需要,也是各国发展的共同经验。中国的干部教育培训需要在内涵上加以拓展,和国际领导教育接轨。

当前,我国全面建设小康社会正处在关键阶段。世界正在发生广泛而深刻的变化,中国正在发生广泛而深刻的变革。机遇前所未有,挑战也前所未有。面对新形势新任务,要顺利实现中央明确提出的全面贯彻落实科学发展观,实现经济社会全面协调可持续发展,构建社会主义和谐社会等战略任务,需要一大批高素质人才队伍,尤其是需要高素质的领导人才队伍,包括党政领导干部、企业经营管理人才和专业技术人才。党的十七大从全局和战略的高度,作出了继续大规模培训干部、大幅度提高干部素质的重大决策。认真总结干部教育培训经验,从实践中开发教育培训的案例,深化理论研究并推进实践创新,对于顺利实现新一轮大规模培训干部、大幅度提高干部队伍素质的战略任务,有着十分重要的意义。

领导教育作为一门学科尚处于初创阶段,作为提升社会成员领导素质和能力的教育活动也处于初期发展阶段,本书在论及领导教育培训时,主要还是指干部教育培训,所选案例也主要是干部教育培训的案例。

　　我们党历来十分重视干部教育培训。无论是在革命时期,还是建设时期,都始终把干部教育培训当作党的一项重要任务,作为一项事关全局的战略性、基础性工作来抓,紧紧围绕党和国家工作大局,坚持为改革开放和社会主义现代化建设服务,大力加强广大干部的政治理论教育和业务知识培训,不断提高干部队伍的素质,为推进建设有中国特色社会主义伟大事业,提供了坚强的人才保证和智力支持。十六大以来,以胡锦涛同志为总书记的党中央坚持把用马克思主义中国化的最新成果武装全党作为加强党的思想建设的根本任务,把干部教育培训工作放在更加突出的位置,多次对干部教育作出重要指示,颁发了一系列重要的政策文件,实施大规模培训干部、大幅度提高干部素质的战略,干部教育培训进入了一个新的发展阶段。尤其是《干部教育培训工作条例(试行)》的颁布实施,标志着干部教育培训科学化、制度化、规范化达到一个新的水平。党的十七大作出继续大规模培训干部、大幅度提高干部素质的战略部署。新一轮大规模培训工作将在继承干部教育培训已有经验的基础上改革创新,推动干部教育培训事业更上一个新的台阶。

　　回顾干部教育培训发展的过程,大致可以分为以下几个阶段。

■ 建党初期到延安时期党的干部教育的创建阶段

　　从中国共产党成立到延安时期,是干部教育的初创阶段。在这一时期,基本确立了干部教育的基本形式和基本方法,构建了干部教育的基本框架,为党的革命事业培养了大量干部。

　　建党之初,明确了教育训练干部是党的一项重要任务,确立了干部教育的中心地位。1921年中国共产党第一个决议中提出,在一切产业部门应成立工人学校,"工人学校应逐渐变成工人政党的中心机构","学校的基本方针是提高工人的觉悟,使他们认识到成立工会的必要。"党的二大党章规定,把党小组作为训练党员及党员活动的基本单位。1924年5月,中央扩大执行委员会会议讨论通过了《党内组织及宣传教育问题决议案》,把党员的教育培训作为党的建设的一个突出问题,首次明确提出要尽快设立党校以培养指导人才。1925年1月,党的四大通过了《对于宣传工作之决议案》,强调要设立党校对党员进行系统教育。1925年底,中国共产党第一所党校——中共安源地委党校开学。

为适应革命斗争的需要,除了在日常工作中锻炼教育干部,探索了各种行之有效的干部教育形式。1927年12月,毛泽东在宁冈县砻市创办了工农红军军官教导队,成为国防大学的前身。1929年6月,中共六届二中全会总结了举办训练班教育和训练干部的经验,肯定了训练班所取得的明显成效,并指出,党内的干部分子都应有系统地从支部中训练出来,有计划地从工作中训练出来,地方党部更应成为干部分子直接训练的机关。1929年,毛泽东在古田会议中指出,"各级党委都不单是解决问题和指导实际工作的,它还有教育同志的重大任务。各种训练同志的会议,以及其他训练如训练班、讨论会等,都要有计划地举行起来。"随后,中央在《关于苏区宣传鼓动工作会议决议》和《关于干部问题的决议》等文件中指出:"在各苏区分局所在地必须建立一个以上的党校,培养党、苏维埃与职工会的中等干部。……必须把干部的培养当作是苏区各中央分局中心任务之一。"1933年3月13日,马克思共产主义学校在瑞金成立,1935年11月长征胜利后正式改名为中国共产党中央党校。

抗战时期,党的形势和任务发生变化,发展干部教育成为党工作的重点。为加强对干部教育的领导,1938年11月,中央成立干部教育领导机构——干部教育部,负责统一领导干部教育,包括干部学校和在职干部教育。为保证干部教育正常开展,建立了有关干部教育制度:一是坚持每天两小时学习制度;二是坚持建立学习小组制度,这是延安时期干部教育的一大特色和成功经验;三是健全学习指导制度。1942年2月28日,《关于在职干部教育的决定》指出:"干部教育工作,在全部教育工作中的比重应该是第一位的。"

抗战时期大量设立干部学校和训练班,逐渐构建起了党的干部教育的基本框架。在六届六中全会政治决议案中,中央要求大量设立各级培养干部的学校、训练班,建立和加强能独立工作的地方党部,培养在党、政、军、民各种工作中有声望有信仰的领导人才。随后,中央在《关于宣传教育工作的指示》和《关于办理党校的指示》中规定,县委以上的各级党委应经常开办各种干部训练班,对培训各级干部的党校和训练班作了大致规定。1941 年 12 月 17 日,中央政治局通过《中共中央关于延安干部学校的决定》,指出当时干部教育中存在的问题在于理论与实际、所学与所用的脱节,存在着主观主义与教条主义的严重毛病,不注意或几乎不注意领会马列主义的实质及如何应用于具体的中国环境。明确提出了各类干部学校的办学方针、培训目的、招生原则、教师队伍、教学内容与方法、教材和设备、领导关系以及学习态度等。这个决定,是中国共产党成立以来干部教育经验的总结,也是干部教育逐步得到发展的重要标志。

❷ 建国前到建国初期干部教育的深化发展阶段

解放战争时期,党面临的任务不仅是要推翻腐朽的旧中国,还必须建立富强的新中国。面对新形势,在干部教育方面必须及时调整,把着重于政治教育调整到政治与专业管理并重,培养各方面的专业干部,以适应工作中心转移的需要。

建国前期,中央为夺取政权做了充分的准备,其中一个重要方面就是为建国后的经济建设准备干部。1948 年,在《中共中央关于九月会议的通知》中,中央明确指出,"夺取全国政权的任务,要求我党迅速地有计划地训练大批的能够管理军事、政治、经济、党务、文化教育等各项工作的干部。"随后将九月会议方针进一步具体化,提出了一系列大规模培训干部的计划。一是各区中央局(中央分局)、区党委两级立即开办党校,以区党委为单位,配备整套干部班子到党校学习。二是各大军区开办军政学校或加强和扩大已有的军政学校,培养军区、军分区及地方所需要的一部分军事和政治工作干部。三是创办中等学校并办好已有的中等学校,培养大批具有中等文化程度的人才,准备补充各级各项工作的干部。四是在可能开设大学的解放区,迅速开办正规大学,以培养将来为政治、经济、文化等各方面工作所需要的较高级人才。五是创办各种专门学校,培养各种专门人才。

新中国成立后,中国共产党成为执政党,党所处的地位和面临的形势任务发生了根本变化,经济建设成为党的中心任务,中央对干部教育也进行了调整。这一时期,成立全国职工业余教育委员会,正式将干部教育纳入职工教育的范围。《关于在职干部学习问题的通知》决定停止原来规定的每日学习两小时的学习制度,筹办机关干部学校。全国迅速掀起兴办工农速成学校和文化补习学校的热潮。

1951年2月,中央颁布《关于加强理论教育的决定(草案)》,指出要彻底纠正忽视理论的经验主义的危险倾向,领导全体党员进行马克思列宁主义、毛泽东思想的系统学习,以便逐步地造成全党的理论高涨。并规定,指导全党进行理论学习的理论教员都由各级党校培养。各级领导干部应向上级汇报自己的学习状况和自己所领导的党组织的学习状况。随后,中央发出《关于加强干部文化教育工作的指示》,决定将工农速成初等学校改为干部文化补习学校或党校文化补习班,交由当地党委直接领导。全国各地开办了各种形式的干部学校、补习学校和训练班,军队和地方先后创办了大批工农速成小学、中学,并抽调有条件的工农干部到大学深造,构建了工农速成初等学校、工农速成中学、业余中学等工农教育体系。

为培养满足经济建设所需要的领导干部,中央重视加强干部的业务知识教育。干部专业业务教育主要有两种渠道:一是由中央各个部委、地方专业部门按专业系统建立专业干部学校和举办专业短训班;二是发挥普通高等院校的重要作用,招收大量工人、农民、干部以及选调军队干部进入高校学习。1953年8月,中央组织在职的青年技术干部向苏联专家学习,向经验丰富的技术人员学习,在实际工作中学习,以及通过总结工作的方法去提高他们的技术水平和业务领导能力,同时采取开办训练班、速成学校的办法,培养新生力量。随后,中央决定在全国几个基础较好的大学开办领导干部特别班,选调工厂厂长学习,使他们掌握一定的科学技术知识,毕业后担任行政和技术方面的主要领导职务。

1954年12月,中央制定《中共中央关于轮训全党高、中级干部和调整党校的计划》，决定有计划、有步骤地把全党各方面的高中级干部调入党校轮训。为保证各级干部的教育培训工作顺利开展，中央对党校进行了调整，将华北局党校并入马列学院，各中央局党校和分局党校改为中级党校。1961年9月15日，中央作出《关于轮训干部的决定》，决定对全党各级各方面领导干部普遍进行一次轮训，轮训对象主要是县委书记和相当于这一职务以上的党员干部，特别是县委以上各级党委书记和相当于县委书记以上的各方面党委书记。

新中国成立以来，干部教育设施建立并初步完备，干部教育工作积累了丰富的经验，建立了较完备的干部教育体系，基本形成了初等、中等、高等三个层次的干部教育结构体系，为党的十一届三中全会后干部教育工作的恢复和发展提供了宝贵的历史财富，奠定了坚实基础。

3 十一届三中全会以来干部教育的新发展

党的十一届三中全会以来，中央紧紧围绕全党工作重心的转移，将干部教育工作作为全党干部工作的重点来抓，干部教育迎来了一个新的发展时期。中央恢复和新建了各级党校，1977年3月中央党校复校，同年10月5日，中央作出了办好各级党校的决定，把办好党校作为党的一项重要事业。随后，全国各级党校陆续开学。特别是党的十三届四中全会以来，中央领导集体一如既往地狠抓干部教育培训工作，坚持把干部教育培训工作作为一项事关全局的战略性、基础性工作来抓。

1980年2月25日，中央颁发《关于加强干部教育工作的意见》，指出"随着党工作重心转移到社会主义现代化建设方面上来，重新教育干部已成为当务之急"。为了适应新时期的需要，中央决定对干部教育的内容进行改革，改变对不同行业、不同程度的干部不加区别一刀切的做法，实行"干什么学什么，缺什么补什么"的原则。强调当前干部教育的首要任务是大办短期轮训班普遍轮训干部，逐步建立以党校、专业干部学校为支柱的干部教育网，实行正规化的干部教育制度。中央颁发一系列干部教育文件，使干部教育从短期培训干部为主转向以正规化培训为主，逐步实现干部教育培训制度化、规范化,使全体干部在马克思理论、专业知识、科学文化水平和领导管理能力等方面都得到提高。

在这一时期,中央加强了管理干部的教育培训。1983 年 5 月 18 日,国务院批转《关于成立管理干部学院问题的请示》,当年全国成立了 15 所管理干部学院。随后,企业领导岗位职务培训也逐步开展。1987 年 1 月 25 日,国家经委、中组部发出《关于印发〈"七五"期间全国大中型企业领导干部岗位职务培训规划要点〉的通知》,确定培训的试点内容为:"马克思列宁主义基本理论、现代化管理、领导科学、经济法规和对外经济知识的教育。"使企业领导掌握现代企业管理的基本理论和方法,提高科学管理和决策能力,加强工作中的原则性、系统性、预见性和创造性。还提出实行企业领导干部岗位职务培训制度。

在这一时期,中央也加大中青年干部的培训力度。1989 年以后,《中共中央关于加强党的建设的通知》提出,要着重对县(处)以上党政领导干部普遍进行马列主义、毛泽东思想基本理论的教育,使这项工作经常化、制度化。凡是新进入领导班子的成员,都要经过相应的党校学习,其他领导成员也要定期轮流到党校学习,特别要提倡干部学习马克思主义哲学,提高运用辩证唯物主义和历史唯物主义的立场、观点、方法分析和解决问题的能力。1991 年,中央作出了《中共中央关于抓紧培养教育青年干部的决定》。要求联系社会主义现代化建设和改革开放的实际,联系青年干部的思想实际,有针对性地进行思想理论教育。有计划地组织青年干部深入基层、深入群众、深入社会主义现代化建设和改革开放的实践,经受锻炼和考验。有计划地对青年领导干部进行交流或轮换。

在这一时期,中央不断加强和改进党校工作。中央先后颁发了《关于新形势下加强和改进党校工作的意见》、《中国共产党党校工作暂行条例》和《中共中央关于面向 21 世纪加强和改进党校工作的决定》(中发[2000]10 号)等重要文件、法规,对加强和改进党校主阵地建设提出了新的要求,有力地促进了干部教育事业的发展,初步形成了"一个中心,四个方面"的教学新布局,建立了"三基本""五当代"的教学体系,注重理论基础、世界眼光、战略思维、党性锻炼等方面的教育培训。各级行政学院在努力办出公务员培训特色上有了新进展。

在这一时期，建立了干部教育培训工作领导小组或干部教育联席会议制度，形成了在党委的统一领导下，由组织部门主管、有关部门分工负责，中央、地方和部门分级分类管理的管理体制；初步形成了以需求为导向，实行组织按计划调训与干部自主参训相结合的充满活力的干部教育培训运行机制。

４ 十六大以来干部教育的大发展

一是党中央审时度势，强调要放开视野看教育、集中力量抓培训，开始实施大规模培训干部、大幅度提高干部队伍素质的战略，努力建设一支高素质的干部队伍。各级党委（党组）及其组织人事部门更加重视理论武装、更加重视干部教育培训，精心组织、狠抓落实、开拓创新，干部教育成为党的建设工作中的一个鲜明特点和突出亮点，在先进性建设方面取得了重大进展。

二是按照党的理论创新每推进一步，理论武装就要跟进一步的要求，坚持用马克思主义中国化的最新成果武装广大干部。中央分别举办了新进中央委员会的委员、候补委员和新任全国人大代表、全国政协委员学习"三个代表"重要思想和贯彻十六大精神研讨班，先后举办了５期省部级主要领导干部专题研讨班。对全国54万多名县处级以上领导干部进行了"三个代表"重要思想的集中轮训。对全国5474名县委书记、县长进行了"建设社会主义新农村"的专题培训。对国有重要骨干企业和金融机构主要领导人员进行了"增强国有企业社会责任、推进和谐社会建设"的专题培训。各地各部门在加强政治理论培训方面也采取了有力措施，加大了工作力度。

三是围绕党和国家大局和经济社会发展需要，整体推进党政干部、企业经营管理人员和专业技术人员的教育培训。中组部会同中央和国家机关有关部委，按照党和国家在经济、政治、文化、社会、外交、国防等方面的重大部署和要求，举办了300余期专题研究班。各地各部门普遍组织开展领导干部业务知识和法律法规的学习培训。国有企业、事业单位和金融机构大力开展经营管理人员和专业技术人员的教育培训。按照"以我为主、为我所用、更有成效"的方针,合理利用国(境)外培训资源,境外培训工作取得新进展。东部地区围绕率先发展、中部地区围绕中部崛起、西部地区围绕西部大开发、东北地区围绕振兴老工业基地的国家发展战略布局,开展了各具特色的培训。

四是干部教育培训工作科学化、制度化、规范化水平不断提高。2006 年1 月,中央颁布了《干部教育培训工作条例(试行)》。这是党的历史上第一部关于干部教育培训工作的法规,是新形势下干部教育培训工作的基本规章,是深化干部制度改革,推进干部教育培训工作科学化、制度化、规范化的重大进展,标志着干部教育培训事业进入一个新的发展阶段。

五是逐渐形成了干部教育培训新格局。2002 年中央作出建设中国浦东、中国井冈山、中国延安三所干部学院。这三所学院 2005 年 3 月正式开学,两年多来为党和国家培养了大量干部,为大规模培训干部、大幅度提高干部队伍战略的顺利实施发挥了重要作用。2006 年 1 月,大连高级经理人学院正式挂牌成立。至此,六所国家级干部教育培训机构共同构建起干部教育培训的新格局。

六是干部教育培训教学改革日益深化。2003 年 10 月,中央组织部、中央宣传部下发《关于进一步深化中央党校教学改革的若干意见》,对于"一个中心,四个方面"的教学新布局中存在的问题,提出了进一步深化教学改革的意见。对班次设置和学制,教学内容设计、教材建设、教学方法、教学组织、学习考核,以及中央党校分校和地方党校的教学改革等,提出了明确意见。党的十八大作出建设学习型、服务型、创新型马克思主义执政党的战略部署,对加强和改进干部教育培训、提高干部素质和能力提出了新的更高的要求。为深入贯彻落实党的十八大精神,培养造就高素质干部队伍,2013 年9 月,中共中央印发《2013—2017 年全国干部教育培训规划》。该规划提出要进一步推进干部教育培训改革创新,努力形成更加开放、更具活力、更有实效的中国特色干部教育体系,提高干部教育培训科学化水平。

干部教育培训工作为党的建设和社会主义建设发挥了重要作用,积累了非常宝贵的经验。习近平、胡锦涛、曾庆红等同志曾总结党校工作和干部教育培训工作的经验。2003 年,由中央组织部、中央党校、中央政策研究室、国家行政学院等四家单位组成的"加强和改进干部教育培训"课题调研组，提交的研究报告也对干部教育培训工作的经验进行了总结。2008年7月16日，习近平同志在全国干部教育培训工作会议上，总结了改革开放30年来干部教育培训工作的4条经验：一是干部教育培训工作必须坚持以发展着的马克思主义为指导，始终把提高干部思想政治素质作为第一位的任务；二是干部教育培训工作必须紧紧围绕党和国家工作大局，始终为改革开放和社会主义现代化建设服务；三是干部教育培训工作必须着眼于提高党的执政能力，始终把提高干部的领导水平和执政本领贯穿于教育培训全过程；四是干部教育培训工作必须适应形势任务的发展变化坚持与时俱进，始终把改革创新作为提高教育培训质量和效益的不竭源泉。

三　中国浦东干部学院的培训理念*

（一）学院简介

我们党历来是一个重视学习、善于学习的党，又是一个历来重视人才培养和干部培训基地建设的党。早在建党初期，我们党就创建了农民运动讲习所，在井冈山时期创建了红军军官教导队，延安时期创建了抗日军政大学等多所学校。建国以后，从中央到地方相继建立了各级党校。为了适应多样化、多层次的干部培训工作的需要，又成立了各级行政学院及其他各类干部院校。

十六大提出了大规模培训干部、大幅度提高干部队伍素质的战略任务。十六大后召开的全国组织工作会议，就培养人才、培养干部、建设一支高素质的干部队伍作了重要部署，强调要对十六大以后新进入各级领导班子的党员干部特别是领导干部进行大教育、大培训，强调要"放开视野看教育，集

---

* 本案例根据中国浦东干部学院的相关材料编写。

中力量抓培训"，特别是强调要抓紧建设浦东、井冈山、延安三个干部教育培训基地。

中国浦东干部学院正是在这样的大背景下建立的。2003 年 6 月，三所干部学院正式奠基。2005 年 3 月，三所干部学院竣工并正式开学。在三所学院筹建并建设期间，中央领导多次视察学院建设工地并对学院办学做出指示，提出了"实事求是、与时俱进、艰苦奋斗、执政为民"的办学要求和办学方针，逐渐明确了三所干部学院在当前干部教育培训格局中的功能定位，及其对干部教育培训创新的意义。

建设中国浦东干部学院，是党中央在新世纪、新阶段加强干部教育培训工作的战略举措，是一项承接历史、着眼现实、面向未来的重大决策。按照中央的要求，要把浦东干部学院建设成为具有国际性、时代性、开放性特点的新型干部教育基地和开展国际培训交流合作的"窗口"。为贯彻落实中央的指示精神和办学方针与要求，中国浦东干部学院领导在筹建并开办试点班的过程中，结合学院实际，逐渐形成了"忠诚教育、能力培养、行为训练"的培训理念，并落实在学院的各项工作中，逐渐形成了学院的办学特色，受到了社会的好评和学员的认可。

（二）学院培训理念释义

培训理念是在学院创建的过程中，中央领导多次对学院提出的明确的办学要求和功能定位。学院领导深刻领会中央的要求和对学院的定位，确立了"忠诚教育、能力培养、行为训练"的培训理念。

"忠诚教育"，也是一种价值观教育，旨在坚定领导干部的理想和信念，通过教育培训，使我们的干部"靠得住"，"不变色"。总的来说，就是指按照办学方针的要求，对党政干部、企业经营管理者、专业技术人员和军队干部进行中国特色社会主义的信念和信心教育、执政为民的价值观念和责任意识教育。这是学院办学的一个根本要求。

"能力培养"，就是要通过教育培训，在"靠得住"的基础上，使我们的干部"有本事"。在当代社会，需要具备各种能力，才能适应更加复杂多变的社会。对于领导干部而言，更是如此。大力加强人才资源能力建设，培养人的学习能力、实践能力，提高人的创新能力，培养大批善于治党治国治军的领导人才，大批高水平的专业人才，大批熟悉国际国内市场、具有现代管理知识和能力的企业家，大批高水平的专业人才，是当前社会主义建设和党的建设的需要。党的十六大提出了新形势下领导干部必须不断提高科学判断形势、驾驭市场经济、应对复杂局面、依法执政、总揽全局等"五种能力"的要求。中国浦东干部学院作为培训干部的学院，培训的重心和重点必须放到提高各类干部现代化建设的能力上来，也就是要着重对学员进行"能力培养"，按照办学方针的要求，着力培养学院坚持改革开放的意识和领导现代化建设的能力，尤其要在培养学院的创新能力、驾驭市场经济能力、社会管理能力和国际交往能力等方面发挥重要作用。

行为也是一种能力，更是一种作风，是干部的公众形象。这里，"行为训练"不同于一般国民教育机构的行为规范的训练，而是指要按照办学方针的要求，对学员进行必要的角色规范和行为方式训练，培养他们坚韧不拔、艰苦创业的行为品质，增强他们作为一个领导者所必需的在心理素质、社会沟通和角色行为规范等方面的素养。要通过"行为训练"，培养各类干部正确的角色行为能力和端正的工作作风。另外，树立良好的社会公众形象，也是我们的干部需要具备的。因此，学院也力图通过行为训练，使学员能树立良好的社会公众形象，训练学员的各种行为方式和角色规范，提高领导干部应对各种复杂情景的能力。行为训练作为当前受到人们关注的培训方式，在干部教育培训中颇受欢迎。学院把"行为训练"作为办学理念的一个重要方面，既体现了对当前教育培训大趋势的把握，也表达了对培训模式的一种思考。

"忠诚教育、能力培养、行为训练"的办学理念渗透到了学院工作的各个方面。在培训方案设计方面，以邓小平理论和"三个代表"重要思想为指导，围绕"实事求是、与时俱进、艰苦奋斗、执政为民"的办学要求，从领导干部所应具备的能力出发，以提高中青年领导干部素质和能力为核心。在教学计划设计方面，通过使学员们了解当前的经济发展状况，体验改革开放以来现代化建设的成果，增强学员贯彻科学发展观和构建和谐社会的信心和决心，帮助学员牢固树立"权为民所用、利为民所谋、情为民所系"的信念,"政治上靠得住、工作上有本事、作风上过得硬"。课程设计方面,围绕社会对领导干部的要求,设计了信念与使命、政府治理、经济发展与和谐社会和领导素质等方面内容的课程,在培养学员领导能力的同时,牢固树立科学发展观,加深对社会主义市场经济和现代社会管理的认识,增强履行领导岗位的责任感和历史使命感,体现"忠诚教育、能力培养、行为训练"的办学理念。"信念与使命"模块的课程,通过回顾中国共产党的创建历程,认识中国共产党人的历史使命和时代任务,帮助学员进一步增强建设中国特色社会主义的信念,努力实践"立党为公、执政为民"的宗旨。"政府治理"模块围绕政府职能转变,帮助学员正确认识宏观调控、财政体制及预算管理、依法行政、市场监管、社会管理和公共服务等职能作用。"经济发展"模块帮助学员了解世界政治经济发展趋势,理解社会主义市场经济发展规律。"和谐社会"模块旨在帮助学员树立和落实科学发展观,提高驾驭社会主义市场经济、构建社会主义和谐社会的能力。"领导素质"模块对学员进行战略决策、公共行政和人文素养等方面的训练,帮助学员提高综合素养和领导能力。

(三)学院办学理念的形成

(1)学院办学理念是在贯彻中央的指示精神和办学方针的基础上形成的。

每一所学校都有自己的办学方针。延安时期,抗大有"团结、紧张、严肃、活泼"的八字校训,又有"坚定正确的政治方向、灵活机动的战略战术、艰苦朴素的工作作风"的办学方针。办好三个干部教育培训基地,需要有明确的办学方针。

学院在创办之初,中央领导就对办学方针做出了指示。曾庆红同志在关于三个干部教育基地建设的调研时指出,"艰苦奋斗,执政为民,与时俱进,开拓创新,实事求是"等二十个字覆盖了我们党的思想路线、根本宗旨和精神状况,体现了坚持与发展、继承与创新的统一,可以作为三个基地的办学方针。

随后,"实事求是,与时俱进,艰苦奋斗,执政为民"正式确立为三所干部学院的办学方针。实事求是是毛泽东思想、邓小平理论和"三个代表"重要思想活的灵魂,是党的思想路线的精髓。与时俱进是马克思主义的理论品质,是我们党坚持先进性和增强创造力的决定性因素。十六大报告指出:"与时俱进,就是党的全部力量和工作要体现时代性,把握规律性,富于创造性。"我们党在革命、建设和改革的各个历史时期,都一以贯之地坚持和实践与时俱进。三个基地都要着眼于培养、锻炼和提高干部的创新能力,把与时俱进的教育作为重要内容切实抓好,通过培训使干部在思想解放上有新进步,在开拓创新上有新提高。艰苦奋斗是我们党的政治本色。我们党是靠艰苦奋斗起家的,党和国家的事业是靠艰苦奋斗发展壮大的。从我们党在上海成立到井冈山时期,从遵义会议到延安时期,从西柏坡到夺取全国政权,党的事业的每一步胜利,都离不开艰苦奋斗。执政为民是我们党全心全意为人民服务宗旨的根本体现。十六大报告明确指出,贯彻"三个代表"重要思想,本质在坚持执政为民。在干部教育培训工作中,执政为民的教育要作为重要的课程下功夫抓好。三个基地都要发挥各自的优势,上好执政为民这一课,使干部牢固树立执政为民的思想,认真实践为人民服务的宗旨。

中央要求学院要按照"实事求是、与时俱进、艰苦奋斗、执政为民"的"十六字"办学方针,对学员进行改革开放意识、中国特色社会主义信念、现代化建设知识与能力教育。贯彻这个办学方针,最根本的就是将马克思列宁主义、毛泽东思想、邓小平理论和"三个代表"重要思想作为办学的根本指导思想,作为学员的必修课。要按照中央关于在全党兴起学习贯彻"三个代表"重要思想新高潮的部署和要求,研究浦东干部学院的学习贯彻措施,引导广大学员和教职员工加深对"三个代表"重要思想的理解和把握,推动"三个代表"重要思想"进教材"、"进课堂"、"进学员的头脑",增强实践"三个代表"重要思想的自觉性和坚定性,真正将学习的成果转化为立党为公、执政为民的实际行动。

(2)学院的办学理念是在坚持中央对学院的功能定位的基础上形成的。

干部培训基地作为加强干部培训的重要阵地,对于建设高素质干部队伍有着十分重要的意义。进入新世纪,面对国际、国内形势变化和干部队伍建设的现状,为了更好地实现全面建设小康社会的目标,推进党的建设新的伟大工程,必须进一步加强干部教育培训基地建设,为建设高素质干部队伍提供保证。

加强干部教育培训基地建设特别是浦东、井冈山、延安三所干部学院的顺利建成并如期投入使用,充分发挥学院的独特优势和教学特色,对于更加有力地促进广大党员特别是领导干部加深对"三个代表"重要思想的理解、提高运用"三个代表"重要思想指导各项工作的能力必将起到积极的作用。

建设三所干部学院,是创新干部教育体系的重大举措。目前,我们党和国家在干部培训方面,既有党校、行政学院这些主阵地,又有各部门各系统的干部培训院校和培训中心,也有依托高等院校进行专业知识培训的培训机构。除此之外,还有与国外联合办学的机构,开展远程教育和社会化办学的各种机构。在这样的格局下,中央要求三个基地办学一定要有鲜明的特色,必须对学院的教学和管理工作进行全面创新。建设三个基地,决不是再去复制几个党校和行政学院,也不是再建几个一般的培训中心。三所干部学院和中央党校、国家行政学院的关系,是形成合力,优势互补。这就要求三个基地在办学上一定要有别于党校、行政学院以及其他各类干部院校,一定要有自己鲜明的特色。既要吸收党校、行政学院好的传统,也要进一步深化教育改革,在体制机制上进行创新。要在虚心学习中央党校和国家行政学院好的经验的基础上,要与他们有所区别,要有自己的特色。因此,必须走全面创新之路。比如,在培训时间上,三个基地应以短期的专题培训和专题研究为主,努力成为干部短期培训工作的"示范田";在教学方式上,可以采取授课、研讨与考察相结合的方式,更多地进行直观、生动、形象的教育;在学员选派上,应以县以上党政领导干部为主,也可以选派管理干部和专业技术骨干;在师资队伍建设上,以兼职教师为主,逐步建立起一支水平高、结构合理、相对稳定的兼专职教师队伍;在基地内部管理上,引入竞争机制,规范评价机制,完善激励机制,全面提高教学管理水平等。新建立的这三个培训基地与党校、行政学院和其他干部院校,在功能上一定要各有侧重,互为补充,分别承担干部培训的不同任务。

延安、井冈山、上海,都是中国革命的圣地,这里蕴藏着极其丰富的精神财富,拥有得天独厚的干部培训资源。上海是我们党的诞生地,是社会主义的国际化大都市,而浦东是中国改革开放的象征、上海现代化的缩影。上海既有光荣的革命传统,又有可喜的现代化建设成果及丰富、鲜活的现代化建设经验。中央提出,浦东基地要充分利用上海明显的区位优势,着重对干部进行现代化建设本领的培训和国际通用知识的培训,使广大干部开阔现代化建设的视野,坚定建设中国特色社会主义的信念。还要重视对中西部地区干部的培训,为他们学习新知识、增长新本领提供条件。浦东对全国的辐射作用不仅要体现在经济建设上,还应当体现在干部培训和人才培养上。因此,中央对浦东干部学院的功能定位也不同于其他两个干部学院。中央对于浦东干部学院的定位是:要建设成为具有国际性、时代性、开放性特点的新型干部教育培训基地和开展国际培训交流合作的窗口。按照中央的要求,中国浦东干部学院的领导积极探索办学新模式,实现干部教育培训工作的改革创新。中国浦东干部学院"忠诚教育、能力培养、行为训练"的办学理念的提出,本身就是贯彻中央对三所干部教育培训基地提出的"创新"要求的一种体现,是中国浦东干部学院创新的一个重要方面。

(3)中国浦东干部学院"忠诚教育、能力培养、行为训练"的办学理念,是学院办学模式的一种形象化表达。

学院领导创造性地贯彻执行中央关于学院建设的指示精神,落实办学方针和办学要求,将学院功能定位具体呈现为这个办学理念。在学院开始建设期间,领导就开始关心并考虑学院如何办学、如何加强内涵发展等问题,在抓硬件建设的同时,及时成立了教学工作筹备组,开展教学筹备工作,并对办学模式等问题进行了研究。制定了教学筹备工作计划,学院组织力量到国内外有关教育培训机构进行考察和调研,分析了党校、行政学院的教学布局和特点,研究了国民教育 MPA、MBA 的课程内容和培养模式,借鉴了国外相关院校的办学经验和办学理念,初步形成了中国浦东干部学院教学模式的一些思路。

在中组部《教学工作意见》下发后,学院领导组织力量提出了贯彻实施《意见》的思路,按照教学工作指导思想,紧紧把握学院的基本特色,充分运用上海及周边地区的教学资源和区位优势,力求对学院教学和管理工作进行全面创新,努力走出一条具有浦东干部学院特色的办学之路。按照《教学

走中浦院 教育培训案例

工作意见》,学院的教学工作要全面贯彻中央提出的"十六字"办学方针,加强对学员进行改革开放意识、中国特色社会主义信念、现代化建设知识和能力教育。主要可以表现为三个方面:一是按照办学方针的要求,对学员进行中国特色社会主义信念和信心教育、执政为民的价值观念和责任意识教育。具体说来,就是要教育学员忠诚于党的理想和事业,忠诚于国家和人民的利益,忠诚于领导者的使命和岗位职责。二是按照办学方针的要求,着力培养学院坚持改革开放的意识和领导现代化建设的能力。尤其要在培养学员的创新能力、驾驭市场经济能力、社会管理能力和国际交往能力等方面有所作为。三是按照办学方针的要求,对学员进行必要的角色规范和行为方式训练,锻造他们坚韧不拔、艰苦创业的行为品格,培养他们作为一个领导者所必需的在心理素质、社会沟通和角色行为规范等方面的素养。概括地说,按照"十六字"办学方针的基本要求,浦东干部学院在办学过程中要力求体现三个方面的教育培训功能,即对学员进行忠诚教育、能力培养和行为训练,以增强贯彻办学方针和办学指导思想的针对性和操作性。至此,学院的办学理念基本呈现并明朗化。

学院办学理念提出以后,院领导及时向中央作了汇报,得到了中央领导的肯定。为进一步明确学院的发展思路和功能定位、发展目标和发展模式,将办学理念植根于广大教职员工的内心深处,并转化为学院的办学行为和实践,学院通过团队培训和文化论坛等多种形式研究、阐释"忠诚教育、能力培养、行为训练"的办学理念,不断赋予新的理解和内涵。现在,办学理念已经渗透到学院工作的方方面面,无论是学院"忠诚、创造、和谐、示范"的文化,还是培训方案设计、课程设置等方面,都是以办学理念作为指导,都是办学理念的具体化。

四 本书的基本思路与写作框架

党的十七大根据全面建设小康社会和党的建设的新要求,作出了继续大规模培训干部、大幅度提高干部素质的战略决策。面对新形势新任务新挑战,干部教育培训还有许多不相适应的地方,存在一些突出问题。比如,培训中形式主义、脱离实际的问题还不同程度地存在,一些培训工作与经济社会发展需要和干部学习培训需求贴得不紧,培训内容不新、方法不活,针对性实效性不强,干部最想学的东西不多,适合干部特点的培训方法运用不够,教学缺乏吸引力、感染力;干部教育培训机构重复设置,布局不合理,干部教育培训机构体系的开放度和竞争性不够,优质培训资源不足与资源浪费现象并存,干部多头调训、重复培训与多年不训的现象并存,特别是主要领导、重要岗位干部调训难;不少单位对干部教育培训工作重视不够,重选拔、轻培训的情况比较严重;一些干部参加培训的内生动力不足;一些干部在培训中存在学习功利主义、学习不认真以及学风不正、学用脱节现象,等等。为此,干部教育培训必须改革创新。而认真总结干部教育培训的实践经验,分析干部教育培训存在的问题,是推进干部教育培训改革创新的前提和基础,也是干部教育培训改革创新的重要资源。

本书旨在将干部教育培训实践中一些好的做法,进行个案研究,形成干部教育培训的典型案例,为干部教育培训理论研究和实践创新提供资源。本书既可以作为领导教育专业的教学案例,也可以作为从事领导教育培训工作的理论研究者和实践工作者阅读的材料,以便读者能够从中获取一些启示。在写作过程中,力图涵盖领导教育培训涉及的相关领域和问题,这构成了分析和研究领导教育培训的内在框架;但又不局限于领导教育学学科知识框架,而是力图通过案例,展现出干部教育培训领域的大致轮廓,呈现干部教育培训的新态势,引发读者对相关问题的思考。在案例的选择上,不为面面俱到而影响选材的典型性,或者把一些创新性、具有借鉴或启示的实践创造排斥在外。在编写过程中,注意处理好以下几个问题或关系:一是结构化认识与案例的个别性、典型性和代表性之间的矛盾,如何既呈现出领导教育培训的结构性特征,又体现出领导教育培训的个性化特点?二是模式化、基本规律与创新之间的关系,即如何把创新纳入既有的分析框架之中?三是传统与创新的关系,呈现出突破传统束缚的创新过程。

第一部分　办学体制改革

背景知识

所谓体制,是用来规范人们活动的各种行为准则、规章制度的总和,是指国家机关、企业、事业单位等机构设置、隶属关系、权利划分和管理权限划分的组织制度,规定有层级关系的机构之间的关系。体制是制度的中观层次,可以是某些社会分系统方面的制度,如政治体制、经济体制、文化体制等,也可以是国家机关、企业、事业单位整体意义上的组织制度,如领导体制、学校体制等。体制有如下几个特点。首先,体制是与政府部门的政策紧密相连的,与政策具有同向性的特征。其次,体制是一个政策性概念,并体现利益关系。第三,体制可以制约一项事业的发展速度与发展规模,并对其成败具有决定性的意义。

那么,什么是教育体制?教育体制是一个国家在一定政治、经济制度和科技发展水平基础上建立起来的办学形式、层次结构、组织管理和相对稳定的教育模式。教育体制受政治、经济、科技、文化等多种因素的影响和制约,是与一定的社会历史条件相对应的,有什么样的社会政治经济背景,就有什么样的教育体制与其相适应。改革开放前,在计划经济体制下,国家掌握着包括教育资源在内的全部稀缺资源,包揽了各级各类教育的办学、投资、管理等方方面面,这种体制在历史上尤其是建国初期发挥过积极作用。但随着经济社会发展,其僵化的一面已经越来越明显地暴露出来。首先,由于政府包办教育,导致各级各类学校尤其是大中专院校缺乏办学及管理上的自主权,无法适应环境的变化。其次,随着市场经济体制的建立和发展,学校不能与市场经济相适应的一面也表现得越来越突出。例如,学校在外部运作及内部管理上缺乏竞争机制,导致效率低下,教师教学积极性不高,毕业生不受市场的认可和欢迎等问题广泛而普遍存在。因此,改革开放以来,随着经济体制的不断深化改革,教育体制改革也在逐步推进。1985 年,中共中央下发了《关于教育体制改革的决定》,1993 年,中共中央、国务院发布《中国教育改革和发展纲要》，我国教育改革进入了以改革教育制度为重点，建立适应社会主义市场经济体制需要的新教育体制为目标的新阶段。

教育体制包括办学体制和管理体制两个主要方面。那么，什么是办学体制？教育行政部门为加强学校办学管理，在国家教育基本法规定的原则之下，必然会制定相应的制度体系，对办学主体的组成、权利、义务等做出规定。这就形成了办学体制。办学体制突出强调的是办学主体，即由谁出资，由谁兴办学校，还涉及办学主体办学的制度环境，办学过程中的权利义务，应遵守的规章制度等。办学体制改革是优化教育资源配置，提高教育资源利用率，有效解决教育投入不足与资源相对浪费之间矛盾的重要途径。经过办学体制改革，我国逐步形成了以政府办学为主体、社会力量共同参与、公办学校和民办学校相辅相成的多元化发展道路。

在干部教育培训中，现有的办学体制还是计划经济条件下逐渐形成并成熟的计划体制，政府是干部教育培训唯一的办学主体，各级各类培训机构由政府包揽，干部教育培训任务主要由这些培训机构承担。这种办学体制在干部教育事业初期，借鉴苏联经验的基础上初步建立，到建国后，尤其是在改革开放以来逐渐成熟完善，为党的干部教育事业发挥了重要作用，对于建国初期培训资源不丰富的时期，有利于集中资源办培训，为中国社会主义建设事业和党的建设事业培养了大量干部。

近年来，随着市场经济体制改革日见成效，市场体制逐渐在社会生活各方面产生影响，干部教育培训也不例外。随着改革开放不断深入，对领导干部的要求也越来越高，干部教育培训从以进行知识教育为主，到逐渐转变为提升领导干部素质和能力，满足干部的需求为主。并且，随着改革开放深入和经济社会发展，干部的培训需求也日益呈现出多元化、个性化特点。因此，对于培训机构的选择，对于培训内容和方式的要求，都发生很大变化。原有办学体制难以适应新时期干部教育培训的需要。在办学体制上，逐渐打破原有的计划经济体制下封闭的格局。一些社会培训机构逐渐成立、发展，并在干部教育培训中发挥着日益重要的作用；一些高等院校承担着越来越多的干部培训任务，以满足干部的培训需求；一些培训项目和任务开始在不同的培训机构之间竞争。干部教育培训市场逐渐形成，竞争机制逐渐在干部教育培训中发挥着重要作用。干部教育培训的办学主体逐渐从单一主体向多元主体转变，办学体制逐渐打破原有格局，新的办学体制正在形成之中。本章主要选取几个有代表性的办学体制改革创新的案例，为干部教育培训办学体制的改革创新提供思路和借鉴。

一 广东省创新市县党校办学体制

2004 年以来，广东省根据中央提出的大规模培训干部、大幅度提高干部素质的新要求，针对市县党校办学现状，积极推进以市委党校为主体、以县区党校为依托的总分校办学体制改革。通过几年的改革实践，市县党校办学资源得到整合、培训质量普遍提高，较好地发挥了党校在干部教育培训中的主阵地作用，取得了很好的成效。

■ 创新党校办学体制的背景

党的十六大以来，广东省在加强干部教育培训、推进理论武装、提高干部队伍素质方面做了大量工作，取得了明显成效。但也存在着党校师资力量薄弱分散，教学培训针对性、实效性不够强，办学质量有待进一步提高等问题。为了适应大规模培训干部、大幅度提高干部素质的新要求，切实提高党校的办学实力、教学质量和管理水平，广东省委高度重视干部教育培训和党校建设工作，注重探索党校办学规律和干部成长规律，把加强干部教育培训和党校建设作为提高党的执政能力、促进经济社会发展的战略性措施。按照中央关于大规模培训干部、大幅度提高干部素质的工作要求，省委组织力量对市县党校的办学状况进行了深入调研和全面分析，认为主要存在以下问题：一是管理体制不适应、工作难统筹。市县党校联系不够紧密，业务工作指导不到位，"多头"培训、重复培训等资源浪费现象普遍存在。二是师资队伍不适应，资源难整合。县区党校师资力量薄弱，平均拥有专职教师仅5.2名，少的仅有1名，根本无法进行专业分工和学科建设，有21所县区党校没有高级讲师。三是教学水平不适应,质量难提高。教学方式陈旧、方法单一,习惯于"满堂灌",有的教学内容与现实需要联系不紧,教学干部参训的热情不高。四是基础设施不适应,条件难改善。不少县区党校基础建设落后,有的县区委党校没有固定课室,个别县委党校仍用 50 年代的土坯房上课。针对市县党校的办学现状,省委认为,创新市县党校办学体制是解决市县党校的存在问题的迫切需要,是大幅度提高干部素质的客观要求,是广东争当实践科学发展观排头兵的重要保障,必须下大力气推进市县党校办学体制改革。2004 年 9 月,省委九届五次全会作出了关于"改革党校办学体制,逐步使县级党校成为市委党校的分校"的决策。

为了落实省委的工作部署,确保积极稳妥地推进改革,省委组织部和省委党校组织力量对改革方案进行了反复论证,并通过召开座谈会等方式广泛征求意见。同时,在珠海、佛山两市党校先行试点,在总结经验、完善方案的基础上,召开了专题会议部署市县党校办学体制改革工作。针对有的市委党校怕承担责任、有的县区党校怕多一个"婆婆"、有的教职工怕丢掉"饭碗"、有的地方政府怕增加财政负担等问题,深入细致地做好思想工作,引导大家充分认识创新市县党校办学体制改革重要意义,解放思想,更新观念,从全局出发,从充分发挥党校的主阵地作用的目标出发,全面科学谋划市县党校的可持续性发展,充分调动各个方面参与改革的积极性,确保改革的顺利开展。

为认真贯彻落实中央颁发的《干部教育条例》和《面向二十一世纪加强和改进党校工作的决定》精神,广东省从 2006 年 2 月份开始至 7 月底,积极创新市县党校办学体制,深化教学改革。省委组织部、省委党校于 2006 年 2 月在珠海市召开了由各地级以上市委副书记、市委党校常务副校长参加的全省创新市县党校办学体制,深化党校教学改革工作会议,认真学习贯彻粤办发〔2006〕9 号文件,把大家的思想统一到省委的决策精神上来。省委党校在调查研究的基础上,专门印发了建立市县党校教学"五统筹"工作机制的指导性意见。各级组织部门和党校根据省委九届五次全会提出的"创新干部教育培训的内容和形式,增强教育培训工作的针对性和实效性"和"改革党校办学体制,逐步使县级党校成为市委党校的分校"的指示精神,积极开展创新市县党校办学体制和深化教学改革的工作。各市坚持从实际出发,采取得力措施,加强分类指导和统筹协调,进一步理顺党校办学体制,稳步推进县级党校改设分校的工作,把省委的决策精神落到实处,并积极探索增强教育培训针对性、实效性的措施。

目前,全省需改设分校的 17 个地级以上市已基本完成任务,初步形成了以市委党校为主体、县(市、区)分校为依托、具有鲜明时代特征和党校特色的办学运作新模式。

🌀 主要做法

根据省委的要求,广东省委组织部将全省 21 个地级以上市的 105 个县区党校改设为所在地级以上市市委党校的分校,在市县党校之间形成以市委党校为主体、县级党校为依托的总分校办学体制,市委党校统筹全市党校系统的教学工作,对本校和分校的教学实行"五个统筹"。

为确保创新党校办学体制工作落到实处并取得实效,2006 年 4 月 25日,全省"创新市县党校办学体制,深化党校教学改革"工作协调指导小组根据粤办发[2006]9 号文件关于"市委党校及其教学协调领导小组要统筹安排本校和分校的学制设置、教学内容、教学计划、师资调配和教学考评"(简称"五统筹")的要求,为切实推进市县党校办学体制改革,提高教学质量和办学水平,就建立市县党校"五统筹"的教学协调机制问题,专门下发《关于建立市县党校教学"五统筹"工作机制的指导性意见》。

"五个统筹"的具体内容如下。一是统筹学制设置。按照《中国共产党党校工作暂行条例》的要求和广东的实际,明确规定了各主体班设置,调整了培训对象分工。主体班次按不同培训对象分为进修班、培训班和专题研讨班三种类型,培训时间由两周到 1 个月不等。重新划定市县党校的培训对象,将副科级以上干部提级到市委党校培训,县区分校负责培训当地直属机关其他党员干部和基层党支部书记、村(居)委会主任。二是统筹教学计划。各市成立由组织部和市委党校牵头的干部教育培训领导小组,统一制定和下达全市年度干部教育培训计划。市委党校教学协调小组负责制定学期教学计划和各主体班次教学计划;负责督促各分校统筹安排好相关教学工作,保证教学计划顺利实施;负责组织教学研究工作,及时总结经验,发现和解决问题。三是统筹教学内容。从着眼于教学内容的针对性和教育培训的实效性出发,由市委党校根据不同类别、不同层次班次的特点和要求,统一设计教学内容,组织编写培训教材和案例,建立优秀教学课件和典型案例资料库。四是统筹师资调配。市委党校教学协调小组负责对全市党校系统的师资进行优化整合,市委党校和各分校的专职教师,均按照专业和学科发展的要求,编入相应的专业教研部,开展师资培训,改进教学方法,组织学术研讨、集体备课等活动,调整学科布局,通过竞标上课方式,统一调配全市党校系统的教师交叉任教,形成优秀教师资源共享的机制。五是统筹教学考评。市委党校教学协调小组负责组织本校及各分校的教学日常评估。评估内容包括办学能力、办学水平评估和教学质量评估等,重点是对课堂教学质量进行考评,评估要素包括教学内容、教学方法、教学态度和教学效果四个方面。全省党校系统教学评估由省委党校统一组织,不定期进行。

在组织领导上,市委党校成立在校委会领导下的教学协调小组,统筹全市党校系统的教学工作。教学协调小组由市委党校主要领导或分管教学的领导和各分校主要领导组成,协调小组的办事机构设在市委党校教务处(科)。教学协调小组的职责是:根据市县两级党委关于干部教育培训的总体部署和规划,统筹安排全市党校系统的培训任务;加强对分校教学工作的指导,研究确定分校的班次设置、教学内容、教学计划和专题设计;按照优化整合的原则,在全市范围内调配师资力量;对各分校主体班次的教学质量进行评估。

在学制和办班程序上,按照《中国共产党党校工作暂行条例》的要求,市委党校和各分校的主体班次按进修班、培训班和专题研讨班三种类型设置。班次名称分别为"领导干部进修班"、"中青年干部培训班"和"专题研讨(学习)班"。地级以上市委党校进修类主体班次,学习时间原则上不少于两周,中青年干部培训班学习时间不少于1个月,专题研讨班的学习时间视学习内容和实际需要确定。各分校主体班次的学制由市委党校教学协调小组研究确定。各级党校按照粤办发[2006]9号文件明确的培训职能,组织实施干部教育培训工作。广州、深圳两市市委党校负责培训副处级以上干部和市直机关其他党员干部,区分校负责培训科级以下党员干部。地级市委党校负责培训副科级以上干部和市直机关其他党员干部,县(市、区)分校负责培训直属机关其他党员干部和基层党支部书记、村(居)委会主任。市委党校按照市干部教育培训领导小组和组织人事部门提出的年度培训计划,制定本校的年度办班计划,并负责组织实施。各分校根据本地干部教育培训任务的要求,与县(市、区)组织人事部门研究拟定各分校的年度培训计划和方案,报市委党校教学协调小组。市委党校教学协调小组在研究审核各分校年度培训计划和方案的基础上,统一制定分校的年度培训计划和方案,组织实施。

在教学内容上,市委党校和各分校的培训教育工作应以马克思列宁主义、毛泽东思想、邓小平理论、"三个代表"重要思想和科学发展观为指导,以提高各级领导干部执政能力为重点,以政治理论、政策法规、业务知识、文化素养和技能训练等为基本教学内容。重点进行树立和落实科学发展观、正确群众观、正确政绩观、社会主义荣辱观的教育,夯实理论基础、开阔世界眼光、培养战略思维、增强党性修养,提高各级干部科学执政、民主执政、依法执政的能力。各级党校要围绕省委、省政府关于全面落实科学发展观,建设经济强省、文化大省、法治社会、和谐广东和实现全省人民富裕安康的发展目标组织教学,教学内容要体现不同类别、不同层次班次的特点,把党校的整体培养目标和各班次及学员的个性化需求,作为党校教学内容设计的主要依据,注重教学内容的针对性和教育培训的实效性。提倡开展研究性教学,结合案例教学编写案例培训教材,建立案例教学数据库。围绕中央和省委在各个时期的重大决策,以及经济社会发展中的重大问题和群众关心的热点难点问题,合理设计课程,优化专题培训。并根据不同类型、不同层次干部的特点,确定具体培养目标,有针对性地解决教学内容"上下一般粗、左右一个样"的问题。

在教学计划上,市委党校教学协调小组负责制定以市委党校名义举办的各班次教学计划和教学日程表。各分校负责制定本校自办班次的教学计划,报市委党校教学协调小组备案。各班次教学计划应包括教学目的要求、教学方法、学习时间、教学内容、组织管理和教学日程表等项内容。市委党校教学协调小组负责下达全校（包括各分校）的年度、学期教学计划和以市委党校名义举办各主体班次教学计划；负责督促市委党校各部门、各分校统筹安排好相关教学工作，保证教学计划顺利实施；负责组织教学研究工作，深入调查研究，及时总结经验，发现和解决问题。

在师资队伍建设上，市委党校教学协调小组根据高效精干与专兼职结合的原则，对全市党校系统的师资进行优化组合，调整学科布局，完善学科结构，以学科建设带动师资队伍发展。进一步完善和规范市委党校的专业教研室，原则上应分设马克思主义理论、党史党建、经济学（或管理学）、行政学（公共管理）等教研部（室）。各专业教研部（室）负责组织本学科的教学科研活动，定期组织学术研讨、集体备课等活动。市委党校和各分校的专职教师，均按照专业对口和学科发展的要求，统一编入相应的专业教研部（室）。市委党校教学协调小组根据教学计划的要求，统一调配全市党校系统的专职教师，包括在各分校举办的市委党校班次和各分校自办班次，以形成优秀教师资源共享的机制。鼓励在全市党校系统内实行主体班次教学专题申报和竞争试讲制度，让优秀的教师多上讲台。教师跨校上课的交通、课酬等费用，按照谁收费谁负责的原则支付。市委党校教学协调小组可根据各地实际，协商确定当地的课酬标准。

在教学评估上，市委党校教学协调小组负责组织本校及各分校的教学日常评估。评估内容主要包括办学能力、办学水平评估和教学质量评估等，核心是对课堂教学质量的考评，评估要素包括教学内容、教学方法、教学态度和教学效果四个方面。全省党校系统教学评估由省委党校统一组织，不定期进行。建立和完善教学管理和考核激励机制，把干部培训、考核、使用有机结合起来。改革现行的教学考核办法，大力推行课题招标、竞争授课，分别建立了评教、评学、评管"三位一体"的综合教学评估体系。

同时，加强对市县党校教学"五统筹"工作的指导，发挥省委党校业务指导职能。按照省委提出的"省委党校要在新一轮的教学改革中主动承担起业务指导的职能"的要求，省委党校准备采取以下措施，加强对市县党校教学"五统筹"工作的指导：继续举办全省党校校长培训班，继续举办全省党校系统专业师资培训班、现代培训方法研讨班,建立健全全省党校系统的分学科教学研究会,牵头编写全省党校系统主体班次的系列教材和活页教材。

③ 主要成效

广东省开展市县党校办学体制改革、优化整合培训资源取得了巨大成效。

一是以市委党校为主体、县区分校为依托的办学新模式基本形成。全省除了14所中心城区的区委党校直接并入市委党校外,其他17个地级以上市105个县区党校已改为所在市委党校的分校,实行"两块牌子,一套人马"的体制架构,既打破薄弱分散的办学格局,又保证了改革的平稳推进。改革前,市县党校之间各自为战,改革后,市县党校的整体合力显著增强,特别是市级党校对县级党校的业务指导得到了较好落实,使市县党校之间形成了联系紧密、上下联动、优势互补、分工合作的良好氛围。

二是充分发挥了市委党校的主导作用。通过采取"五个统筹"的措施,使市委党校对分校的指导趋于规范化、制度化。各市委党校对干部培训实行统筹安排,避免过去多头重复培训现象,降低了教学成本。许多市委党校按照不同的学科,重组完善相关教研部门,组织大家开展学术交流,采取集体备课、示范教学、竞争授课等形势,不断提高教师的授课水平和质量。

三是市委党校统一调配师资力量。各市党校在整合资源的同时,统筹师资力量,统一开展教研工作,统一调配教师到市县党校任教,为教学工作引入"活水"。师资队伍建设有了新的增强。改革前,市县教学资源分散管理,教学科研力量的整体优势难以发挥。通过落实教学"五个统筹",各市县党校按照教师不同的学科专业,对教学资源进行优化整合,全省680多名县(市、区)党校教师加入到市级党校学科队伍中,有效促进了师资队伍建设。如,改革前梅州市委党校只有19名教师,由于力量不足,难以开展分类教学和科研活动;改革后他们把全市党校系统的89名教师整合为哲学、经济学、社科、党史党建四个教研部,为开展教学科研工作创造了良好的条件。如梅

教育培训案例

州市委党校通过竞聘的方式,安排一些优秀的分校教师到市委党校中青班和其他分校上课,在全市党校系统引起很大震动。据统计,近两年全省市县党校交叉任教 520 人次,促进了教学水平的提高。

四是进一步提高了党校教育培训的质量。改革前,县级党校师资力量较弱,教学手段单一,与大规模培训干部的新任务和干部素质不断增长的新要求不相适应;改革后,不少市委党校采取集中备课、竞标授课等方式,统一调配市县党校教师交叉任教,充分发挥了优质教学资源的作用。据统计,近两年全省市县党校之间教师交叉任教达到 1100 多人次。同时,将原来由县级党校培训的副科、正科级干部调整到市委党校统一组织培训,在办学条件、教学组织管理、教师授课水平等方面都上了一个台阶。2006 年各市委党校共提级培训科级干部 15300 人次。各市县党校以办学体制改革为契机,积极探索党校教学的规律,推进教学改革,将课堂辅导、现场教学、社会考察、专题研讨等一系列的教学活动以及研究式、体验式、案例式等多种现代培训方法有机结合,初步形成了“以模块式教学为依托、综合运用多种现代培训方法”的教学新模式,进一步加强了干部教育培训工作的针对性、实效性。受训干部普遍反映,市县党校办学体制改革后,教师的授课水平比以前高了,培训内容比以前更新了,研究课题离实际更近了,学到的知识比以前更多了。

五是市县财政支持及基本建设得到很大改善。由于改革举措不触及人、财、物的隶属关系,减少了改革的成本。各市县切实加大对党校财政支持的力度,目前半数以上市委党校的运行经费包括人员经费、培训经费和办公经费已实行全额核拨。相当部分地区还调拨了科研经费和基建经费。有些县级党校从当初怀着“多一个婆婆”的疑虑,转变为感到“多一个靠山,多一方支持”的鼓舞。目前全省市县党校办学体制改革的重心已转移到创新教学机制和推进教学改革上来,大家以昂扬的精神状态,以全新的教学理念投入教学工作,兴起新一轮大规模培训干部的高潮。各市县抓住省委推行市县党校办学体制改革的有利契机,普遍加大了对党校基本建设的投入,根据干部教育培训工作的实际需要,对市县党校的基础设施进行规划调整,新建或扩建校园,不断完善配套设施。省里连续三年每年拨出 1000 万元专款,对经济困难市县的党校建设给予扶持,推动全省党校的基本建设。据不完全统计,近几年,全省市县共投入12.3亿元加强党校基础设施建设,其中深圳市投入4亿元,东莞投入近2亿元建成了环境优美、设施完备的市委党校,许多市县党校的校园建设有了新的面貌。

按照省委的部署要求,省委组织部和省委党校积极做好市县党校办学体制改革的指导和服务工作,定期了解情况,加强督促检查,推动工作落实。各市县周密组织,精心实施,着力推进市县党校办学体制改革,收到了较好的效果。全省改革市县党校办学体制后,有力地推进了干部教育培训工作,市县党校的建设得到了切实加强。各市委对所属市、区提出加大投入、改善分校办学条件的要求,并强调集中力量办好市委党校。如潮州市委、市政府专门划拨了90亩土地为市委党校搬迁、新建校区,并成立"市委学校新校区建设领导小组",确定了新党校的"一揽子"规划。肇庆市委经过反复论证,决定在原址改造市委党校,计划三年内全部完成改造工程。佛山市委为改善市委党校师资队伍结构,打破编制限制,批准市委党校引进10名高学历教师。珠海市委除了给市委党校增加10名专业人员编制外,还每年拨给50万元专项经费,用于外聘专家、教授到主体班授课。

基本经验

在市县党校办学体制改革的实践中,坚持以科学发展观为指导,不断解放思想、深化改革,是促进党校事业健康发展的根本保证;坚持从实际出发,科学整合办学资源,进一步提高党校教学水平和能力,是大规模培训干部、大幅度提高干部素质的重要保障;坚持以人为本,调动积极性,激发创造性,是做好干部教育培训工作的强大动力。只有这样不断坚持改革创新,党校在干部教育培训工作中的主阵地作用才能得到充分发挥。

一是省委高度重视,作出党校办学体制改革的科学决策。历届省委对党校工作十分重视,多次就加强党校建设,提高干部培训质量作出重要指示。2006年1月,省委在学习贯彻《干部教育培训工作条例(试行)》精神中,在广泛听取意见、建议的基础上,对推进党校教学改革,加强干部教育培训工作进行了专题研究。大家清醒地看到,多年来我省各级党校在干部教育培训方面取得了很大成效,但也存在市县党校师资力量薄弱分散,教育培训质量不高的问题。全省 100 多所县级党校平均拥有专职教师仅 5—6 名,有 21 所县级党校连 1 名高级讲师都没有。不少县级党校长年固守"一支粉笔、一块黑板"的落后教学方式,教学的针对性、实效性不强。为了改变这种状况,省委九届五次全会作出了关于"改革党校办学体制,逐步把县级党校办成市委党校的分校"的决定。省委组织部、省委党校随之展开了深入的调查研究,提出了《关于创新市县党校办学体制,深化党校教学改革的意见》,经省委常委会讨论同意后,于 2006 年 1 月由省委办公厅发文,并于 2006 年 2 月联合召开了全省创新市县党校办学体制、深化党校教学改革工作会议,明确改革的目标任务和具体要求,印发了建立市县党校教学"五统筹"工作机制的指导性意见和相关的配套文件。同年 12 月在梅州市召开座谈会,总结交流经验,推动了市县党校办学体制改革的深入开展。

二是突出改革重点,进一步优化整合市县党校教学资源。按照省委的部署要求,省委组织部、省委党校紧密配合,精心组织,加强指导。以提高教学质量为目标,以优化培训资源为重点,按计划有步骤地对市县党校办学体制进行一系列改革。一是调整办学体制,明确职能分工。把各县(市、区)委党校改为所在地级以上市委党校的分校,同时各分校仍为县(市、区)委的党校,其隶属关系、行政级别和财政保障维持不变。进一步规范了市委党校及其分校的职能,副科级以上干部"提级"统一由市委党校负责培训,县级党校负责培训县直机关其他党员干部、基层党支书、村、居委主任等。二是整合师资力量,推进学科建设。省委组织部、省委党校研究建立了市县党校教学"五统筹"工作机制。各市委党校也分别成立协调小组,整合教学资源,统一培养和调配师资力量,统筹安排学制设置、教学内容、教学计划、师资调配和教学考评工作。各市委党校都设立若干教研部,把市县党校的教师按照不同的学科专业方向,编入各相关教研部,在教学协调小组和教研部的统筹管理下开展教学和科研工作,较好地优化整合师资资源,壮大了学科队伍。三是创新培训内容,实施分类施教。根据不同类型、不同层次干部的特点,确定具体培养目标,围绕中央和省委在各个时期的重大决策,以及经济社会发展中的重大问题,合理设计教学课程,增强培训的针对性和实效性。同时,积极探索灵活多样的教学方法,推行以学员为主体、教员为主导的研究式、互动式教学方式,调动学员的学习自觉性和能动性。四是加强制度建设,完善教学管理。进一步建立健全教学管理和考核激励机制,把干部培训、考核、使用有机结合起来。改革现行的教学考核办法,建立评教、评学、评管"三位一体"的综合教学评估体系。

三是加大工作力度,确保党校办学体制改革工作落到实处。省委组织部、省委党校成立了党校改革工作指导小组,下发《关于建立市县党校教学"五统筹"工作机制的指导性意见》和《加强省委党校对市县党校业务指导意见》,制定了全省党校系统教学评估、教学评奖、师资培训、科研立项、科研评奖、学术交流、信息工作等八个方面的具体配套措施,为深化教学改革提供依据,并深入各地了解和指导党校改革工作。21 个地级以上市召开了市委常委会议,以及召开有市县组织、宣传、人事、财政、发改委等有关部门领导参加的工作会议,研究贯彻落实省委的部署。党政主要领导十分重视,亲自参加调研,帮助解决实际问题。各市都成立专门机构,协调各方力量支持党校教学改革工作。要求加大对党校的投入,切实改善办学条件,集中力量把市委党校做大做强。如广州、深圳、汕头、惠州、肇庆等市结合召开党校工作会议,由市委副书记向分校校长挂牌。潮州市专门划拨 90 亩土地为市委党校搬迁、新建校区。肇庆市委经过反复论证,决定在原址改造市委党校,计划三年内全部完成改造工程。佛山、珠海等市还专门增加市委党校教学人员编制,引进 10 名高学历教师,以满足党校教学工作的需要。由于各级党委、政府高度重视,使市县党校办学体制改革进展十分顺利。

2008 年,根据汪洋同志的要求和省委的部署,在继续解放思想,坚持改革开放,努力争当实践科学发展观的排头兵的学习讨论活动中,广东省委组织部组织力量专题调研,以深入学习贯彻党的十七大精神为动力,以思想大解放、全面贯彻落实科学发展观来进一步谋划市县党校的长远发展思路,针对市县党校改革发展不够平衡,措施有待进一步深化等问题,初步确定了下一步的几项措施。一是做大做强市委党校。按照中组部即将进行的对全国干部培训机构考核评估的有关要求,抓好市委党校的规划与建设,结合广东实际,研究制定市委党校建设考评指标体系,在办学的指导思想、培训目标、培训质量、培训周期、队伍建设、学员管理、办学条件和办学特色等方面明确具体标准,并列入对市委、市政府工作的考核指标体系。二是进一步发挥市委党校的主体作用,推动教学"五个统筹"的规范化、制度化,紧紧围绕为科学发展服务、为干部成长服务的要求,推进教学改革和教学方法的更新。同时加强市县党校教师队伍建设,加大优秀人才引进力度,组织全省党校系统教师集中轮训。三是积极探索县区党校在农村社区教育培训工作中的新路子。在抓好主体班次教学的同时,创新工作思路,整合培训资源,延伸培训领域,加大农村、社区基层党员干部和农民的培训力度,积极把培训领域延伸到为新农村建设、和谐社区建设上来。发挥县区党校在基层党员干部现代远程教育中的服务作用。

💭 问题讨论

1. 在创新市县党校办学体制时,如何处理好市委党校和县级党校的关系?

2. 创新市县党校办学体制需要解决哪些主要问题?

参考资料:

中共广东省委组织部、中共广东省委党校:《创新市县党校办学体制,发挥党校的主阵地作用》,参见全国干部教育培训工作会议交流材料《全国干部教育培训工作经验交流汇编》。

中共广东省委组织部:《广东省开展大规模培训干部工作情况及新一轮大规模培训的思路和措施》,"干部教育培训制度改革调研"汇报材料,2008年4月。

湖北省黄石市整合党校资源建立"城区联合党校"

近几年来,湖北省黄石市从优化资源配置、强化党校职能出发,对全市城区的区委党校进行了积极稳妥的体制改革,通过整合资源,联合办学,初步形成了以市委党校为依托的"城区联合党校"办学模式,为充分利用党校资源优势来完成大规模培训干部的任务打下了扎实的基础。

■ 建立城区联合党校的背景

2003 年,中央提出大规模培训干部的要求后,市委及时组织力量,对全市党校教学情况进行了一次专题调研。调研结果表明,传统的按行政区划和行政层级设置区级党校的办学体制,已经不能适应新时期干部教育培训工作的要求。一是办学布局不合理。黄石共有 4 个城区,但城区范围不大,且紧密相连,城区内连同市委党校一起分布着 5 所党校,普遍存在培训生源不足、规模培训少、分层分类培训开展难等问题。二是办学能力有限。4 所区委党校一般每校 3—5 人,师资基本靠"外援",有的硬件先天不足,办学力量不强。教学上,有的长年固守"一支粉笔一块黑板"的落后教学方式,培训内容与实际需要相脱节。三是市委党校"吃不饱"与区委党校"吃不了"的矛盾突出。一方面各区委党校办学条件有限,师资力量、教学手段无法满足实际需要。另一方面,市委党校虽然拥有较雄厚的师资力量、先进的教学设备和完备的教学条件,但实际培训规模远小于其培训能力,培训资源闲置的现象十分突出。

针对这种情况,市委多次组织专题会议,听取各方面意见,研究城区党校的发展和出路。在各种观念的相互碰撞过程中,开始认识到:要想打破过去那种"各自为战"而效果不佳的办学格局,必须树立改革创新、优化资源配置的观念;要想改变过去多头培训而质量不高的局面,必须树立充分整合、联合起来打"整体战"的观念。在此基础上,市委于 2003 年 8 月决定:撤并四个城区的区委党校,依托市委党校成立市委城区联合党校,走联合办学的路子。

主要做法

成立城区联合党校,政策性强,涉及面广。为了保证改革的平稳运作和可操作性,黄石市委组织部精心部署,科学设计,统筹规划,通过优化配置,有效地整合了党校现有的资源和优势。

一是加强领导。在撤并各城区的区委党校、成立城区联合党校的过程中,市委专门成立了领导小组和工作专班,由市委组织部牵头负责,市编委、市财政局、各区委、市委党校及区委党校密切配合,根据各自的职责,及时解决城区党校撤并过程中出现的情况和问题,确保了整合工作的顺利进行。

二是稳妥推进。在成立城区联合党校的过程中,为妥善处理好各区委党校人、财、物等敏感问题,我们综合考虑改革成本等因素,实行"三不增三不要",即对市委党校不增编,不增教职员工,不增经费,城区联合党校教职员工,从市委党校现有人员中调剂使用;市委党校不要原各区委党校的财产,不要区财政拨款,不要各区委党校的人员。原各区委党校教职员工,采取退休、退养、充实到区委机关等三种方式进行安置。各区委党校原有资产及专项培训经费,划归各区委组织部管理,主要用于干部调训工作。由于基本不触及人、财、物的隶属关系,改革成本相对较低,执行起来也就相应较顺利。

三是充分整合。我们将城区联合党校定位为"各城区共同的党校",由市委和各区委双重领导。城区联合党校挂靠在市委党校,实行"两块牌子、两套人马"的管理模式,主要依托市委党校的资源办学。城区联合党校结合各城区提交的干部教育培训计划,统筹安排学制设置、教学内容、教学计划、师资调配和教学考评,统一调配各班次的授课教师。市委党校对城区联合党校具有业务指导职能,根据城区联合党校作出的教学"订单",以其优质的师资及后勤保障,全面承担城区联合党校的教学任务。通过整合,既使市委党校的资源得到了更为充分的利用,为其办大办强奠定了基础;又为各区委精简了机构和人员、提高培训投入效能;同时还提升了参训学员的学习层次,增强了学习效果。

3 规范运作促进联合党校健康发展

为了促进城区联合党校的健康发展,黄石市委组织部通过加强指导、规范管理、完善机制等手段,不断提高城区联合党校的办学质量和水平。

一是优化领导体制。我们把城区联合党校定为副县级事业单位,并推行校委会负责制,由市委党校一名副校长兼任城区联合党校校长,原各区委党校常务副校长,改任各区委组织部副部长兼任城区联合党校副校长。市委组织部干部教育培训科科长和城区联合党校办公室主任为校委委员。通过改革,有利于全市干部教育培训的统筹安排,避免了过去的多头调训现象,保证有效协调、高效运转。

二是规范管理体制。城区联合党校制订了《教学管理办法》、《干部教育培训工作实施方案》、《校委会议事规则》等,对联合党校的办学宗旨、办学方针、基本任务、机构设置,教学科研以及学员管理等方面作出了具体规定。同时,城区联合党校还就班次、学制和调训以及教学组织、教学管理等进行了规范。为加强培训管理,对每一期主体班次,市委党校都要委派一名副校长作为跟班常务副校长,全程参加班务管理工作。通过规范管理,避免过去各城区区委党校应付式教学、松散型管理的现象,实现了城区联合党校高标准教学、高起点管理、高质量收益的良好效果。

三是完善培训布局。市委组织部指导区委组织部作出五年培训规划和分年度计划;城区联合党校会同各区委组织部制定干部年度培训计划,由各区委组织部负责干部调训工作。城区联合党校实行分类办班制,主体班次主要有科局长培训班、中青年干部培训班、社区(村)书记主任培训班、非公企业党建培训班等,培训时间因需而定,短的一周,长的两个月。在教学安排上,根据城区干部的需要,制定教学计划,设计教学内容,增强了教学针对性和实用性。

三年来,城区联合党校已举办中青班、科级班、社区书记(主任)培训班、非公企业党务干部和经营管理者培训班 12 期,培训人员达 687 人(次),达到了培训视野更广、培训范围更宽的预期效果,开创了市委、市委党校、各区委及学员都满意的"四赢"新局面。

✎ 问题讨论

1. 建立城区联合党校,对于推进干部教育培训工作有什么意义?

2. 建立城区联合党校,对于原先的各城区党校而言,需要解决哪些问题?

参考资料:

中共黄石市委组织部:《整合党校资源,实行联合办学》,中共湖北省委组织部干部教育处主编:《全省干部教育培训工作会议交流材料》2007 年 4 月。

三 浙江省杭州市创新党校办学体制

近年来,杭州市在市委市政府的高度重视和大力支持下,根据干部培训逐步走向市场、竞争日趋激烈的实际,按照"大党校、大教育、大队伍"的思路,大力整合干部培训资源,积极探索新形势下党校办学的新体制,取得了较好的成效。

2001 年 9 月,市委做出了市委党校与六城区党校实行联合办校的决定,初步实现资源共享,提升了城区党校的办学水平。

2004 年 2 月,市委又在桐庐召开了干部培训资源整合现场会,进一步推进了区县(市)党校办学资源整合。

2005 年 3 月,市委决定市区两级党校集中办学,市委党校异地重建,投资 5 亿元、占地 300 亩、建筑面积 10 万平方米的市委党校新校区将于 2008 年下半年正式启用,为新一轮大规模培训干部、大幅度提高干部素质创造了良好的条件。

◢ 实行市区党校联合办校的背景

2000 年中央《关于面向 21 世纪加强和改进党校工作的决定》提出"要适度扩大党校办学规模",2001 年浙江省委下发《实施意见》,提出要按"三个代表"重要思想要求加强和改进党校工作,积极推进党校干部培训体制改革,"城区党校原则上并入市级党校"。在 2003 年的全国党校校长会议上,提出要切实发挥党校、行政学院的作用,特别是要解决一些培训机构分工不清、职责不明、简单重复,与党校、行政学院争夺生源等问题。杭州市委根据中央和省委的要求,提出要以新思路、新目标、新举措,争创全国副省级城市一流党校。这些都给党校工作提出了新要求,为市委党校进一步改革办学体制、整合培训资源指明了方向。

杭州市委决定党校整体搬迁,异地重建,扩大规模,改善办学条件,这是实施市区两级党校集中办学的最好机遇。抓住这个机遇,实施市区两级党校集中办学,集中建设一个设施齐、档次高、全国一流的新校园,一方面可以克服重复投资,铺张浪费的弊端。另一方面,将市区两级党校的干部培训资源统一调配使用,有利于扩大办学规模、提高办学效益,也有利于增强城区党校师资力量,提升城区党校的办学档次。

随着市场经济的发展,干部培训逐步走向市场,干部培训的竞争日趋激烈,但城区党校发展的难题却没有从根本上得到解决,主要困难有以下几个方面。一是城区党校队伍建设处境困难。师资队伍比较薄弱,有的城区党校甚至无专职教师,难以承担干部教育培训工作。而教师普遍上课机会少,缺乏教学经验,教学水平难以提高。外请教师成本较大。引进教师,代价太高,且难以留住人才。二是城区党校校园建设举步维艰。城区党校都面临着加快校园基础设施建设的问题,而城区用地都十分紧张,投资成本高。三是城区党校的办学规模难扩大和培训质量难提升。杭州城内有省、市、区三级党校,城区党校如果仅靠现有的人员和设施,显然缺乏竞争的优势,培训的质量也难提高。如果每一个城区党校都走"大而全"的办学路子,就必须

走
中浦院
教育培训案例

配齐配全行政管理人员和教学科研人员,又会造成设施建设的重复和人力资源的浪费。

整合资源、集中办学并不是心血来潮,是杭州市党校办学体制改革的继续和深化,是几年来实践探索的必然结果。特别是 2005 年 3 月,市委决定市区两级党校集中办学、市委党校异地重建后,为市区两级党校集中办学创造了条件。经过一年多的深入调研和广泛征求意见,2007 年 4 月,市委下发了《市区两级党校集中办学的意见(试行)》,明确了集中办学的体制。现在新校园建设已基本完成,市区两级党校集中办学即将付诸实施。

实行市区党校联合办校的主要做法

实行市区党校联合办校,是推进干部培训体制改革,向构建"大党校"目标迈出的重要一步,对于推进新世纪党校事业的发展,优化党校干部培训资源的配置,提高教学质量和办学效益,具有十分重要的意义。因此,杭州市委组织部着重在理顺关系、加强管理、规范运作、提高效率方面下功夫,把市区党校联合办校的工作落到实处,真正达到发挥联合办校的优势、提高市区党校整体办学水平的目的。

一是理顺组织关系。在联合办校组织形式上,以市委党校为主体,城区党校统一改为"中共杭州市委党校 XX 区分校"。分校校牌、印章由市委党校按统一格式制作。各分校列入市委党校发文序列。

二是统一管理模式。在管理上,建立集中与分散相结合、市委党校与城区分校紧密联系的新的管理模式。分校的人、财、物仍由各城区负责管理。建立分校常务副校长联席会议制度,定期研究讨论有关分校工作的重要问题,及时传达上级精神,通报信息、交流情况。经市委分管书记同意,市委党校还可召集各区分管书记(兼分校校长),共同研究、协商有关分校建设发展的重大问题。为加强对各分校业务指导工作,市委党校建立党校工作处,与校办公室合署办公,具体负责对各分校的联系和协调等事项。

三是规范教学要求。市委党校加强对城区分校业务工作的统一指导,做到"五个统一"。一是统一分校主体班次学制。要求各分校举办区管领导干部培训班学制不少于半个月,举办中青年干部培训班学制不少于两个月。二是统一安排分校培训任务。要求每年 12 月,各分校将本区下一年度培训计划书面上报市委党校。市委党校汇总和协调平衡后,统一发文确定新年度各城区分校主体班次的培训计划。三是统一分校教学计划。每年年初,市委党校和各分校一起共同拟定年度教学大纲,分校中青年班教学计划报市委党校批准后实施。其他主体班次教学计划报市委党校备案。四是统一师资调配。市委党校选派教师承担分校部分教学任务。分校每期主体班次,由市委党校教师承担的课程一般要求占总课时的 30% 以上。并且分校之间教师也相互兼课,市委党校也安排分校教师到市委党校任课。五是统一分校教学考评。对市委党校派到分校授课的教师,由分校协助市委党校按规定的程序进行教学质量考评。市委党校指导、帮助分校建立教学质量评估制度,不定期地对分校教师的教学质量进行督察。

四是加强教师培养。市委党校定期举办理论研讨会、教学观摩会、教师备课会等教学科研活动。建立市委党校教研部与分校教师联系、指导制度,分校教师根据专业定位,与市委党校业务对口教研部建立固定的联系,经常性参加教研部的教研活动,发挥市委党校老师的传、帮、带作用,市委党校教师牵头的调研课题,尽可能吸收分校教师参加。

3 市区党校联合办校的主要成效

整合培训资源,实施市区党校联合办校,是我市推进干部培训体制改革的重要举措,是朝建设"上下一体"的"大党校"方向迈出的重要一步,它的优点主要体现在——有利于优化干部教育资源配置,有利于扩大办学规模、提高办学效益,有利于调动市、区两级办学积极性,加强党校的队伍建设和改善党校的办学条件。

一是分校培训工作进一步规范。在实施联合办校之前,各城区党校每年的干部培训任务比较零散,不够明确,也缺乏规范性;举办的主体班次参差不齐,名称缺乏统一性;学制上,各区的主体班次学制不够规范,培训时间普遍较短;教学上,教学计划的制定不够严密,落实不够到位,教学考核也尺度不一。这些都影响了党校作为干部教育培训主渠道、主阵地作用的发挥。实施市区党校联合办校后，统一安排各分校的年度培训任务，明确主体班次的学制，统一分校的教学计划，大大增强了分校办学的规范性，特别是主体班次的教学安排更具系统性、针对性，有力地促进了党校干部培训主渠道作用的发挥，吸引了各区机关、单位更多地来党校办班，扩大了党校干部培训的规模和范围，也为干部培训资源整合创造了良好条件。

二是师资调配更加合理。市区党校联合办校后统一了师资调配，由市委党校教务处统一安排教师到各分校授课，较好地实现了师资共享，给分校在师资的使用上给予了有力支持，也为分校教师创造更多的学习观摩机会，大大提高了分校的教学质量和教学水平。

三是分校教师素质进一步提高。市委党校通过举办理论研讨会、教学观摩会、教师备课会、多媒体课件制作培训和青年教师教学艺术沙龙等一系列教研活动，安排分校教师积极参与，特别是中央重大会议召开后，我校通过举办包括分校在内的区县(市)党校、讲师团系统师资培训会等方式，大力推进分校教师队伍建设，提高教学水平和科研实力。近年来，还安排分校教师到市委党校相关部门挂职锻炼，组织分校教师出国考察，开阔眼界、提高层次。

四是市委党校教研队伍得到锻炼。通过实施市区党校联合办校，市委党校的教师到分校上课，接触基层实际的机会增多，与基层干部交流、掌握信息的渠道不断拓宽，为教师了解市情、提升理论分析能力、更好地发挥决策咨询作用提供了有效的保障，推动了我校教学科研工作的不断创新，促进了学校教学科研质量走在了全国副省级城市党校的前列。

杭州市委党校对集中办学的领导体制、培训管理体制、财务管理体制、人员队伍管理体制和后勤服务管理体制等，进行了一些探索和改革。在领导体制上，8个城区分校(包括行政学校、社会主义学校)统一在新校园挂牌。市委党校和分校均实行校务委员会制，分校校长兼任市委党校副校长，分校常务副校长任市委党校校委委员。建立校长联席会议制度、校务委员会会议制度。市委党校和各分校的本级校务委员会分别负责各校的日常管理、干部人事等工作，处理决定各校校内有关事务，涉及市区两级党校的有关事项提交市委党校校务委员会研究决定。在队伍管理体制上，各分校人员编制保留在各区，根据集中办学的需要，适当调整市区两级党校的机构设置，人员统一安排、打通使用。市区两级党校实行统分结合的日常考核制度，实行统一的教学科研等业务工作奖惩制度，年终考核由市区两级党校根据市委、区委的部署参照日常考核办法分别进行。在培训管理体制上，6个老城区分校的主体班次、部门联合举办的班次、区委委托的临时性班次原则上统一集中在新校园举办。市委党校增设教务二处，专门负责各分校培训的协调管理。在财务管理体制上，财务工作在校长联席会议和校务委员会会议集体领导下，实行统一制度、分级管理、分别核（结）算的财务管理原则。市委党校负责向市财政编制申报市委党校年度经费预算，各分校负责向区财政编制申报分校人员经费主体班次专项经费等。市、区两级党校分别按现行监督和审批制度执行年度预算经费，按市区两级财政渠道实施经费使用过程的审核、结报、核算、决算等工作。在后勤服务管理体制上，统一新校园的物业管理，由市委党校注册成立经营实体，委托专业酒店经营单位管理和经营，卫生保洁、校园绿化、大型设备设施维修维护等委托专业物业服务单位负责管理。统一协调使用教室、会议室、餐厅、宿舍和文体场馆等设施。

◢ 问题讨论

1. 怎样理顺市委党校和区委党校的关系？
2. 市区党校联合办学对于区委党校的发展有什么意义？

四 | 浙江省桐庐县整合培训资源做强县委党校

桐庐县位于浙江的西北部，属杭州市管辖，县域面积1825平方公里，总人口39.5万，辖7个镇、4个乡、2个街道。支柱产业主要是制笔、针织服装、箱包玩具、机械加工、医疗器械、蜂产品加工、茶叶、旅游业等。2007年，全县实现生产总值 141 亿元,财政总收入 13.8 亿元,其中地方财政收入 6.7 亿元。城镇居民人均可支配收入 18179 元,农民人均纯收入 8465 元。从 2003 年起,连续三年位列全国社会经济综合发展百强县(市),先后被评为国际花园城市、国家卫生县城、国家级生态示范区、中国优秀旅游名县、全国绿化模范县、全国文化先进县、中国制笔之乡、中国蜂产品之乡、中国民间艺术剪纸之乡等。

为适应大规模培训干部、大幅度提高干部素质的要求,浙江省桐庐县委、县政府加强对干部教育工作的统一领导,强化党校主渠道作用,从 2003 年 6 月开始,桐庐县委县政府按照党中央"党管人才"的工作要求,确立大教育、大培训的理念,审时度势,作出"以党校为主体、实施干部教育培训资源大整合"的决策,对桐庐县委党校、桐庐县行政学校、浙江广播电视大学桐庐分校、桐庐县教师进修学校、桐庐县卫生进修学校和桐庐县培训中心实行教育资源大整合,形成"六校一中心合一"的大党校模式。按照"整体整合、异地新建"的方案,在县城黄金地段的文教园区征地 104 亩兴建新党校。新校于 2003 年 7 月立项,2004 年 3 月动工建设,2005 年 5 月竣工投入使用。学校整合后主要实行一套班子统一领导,实施校委会制,由县委副书记兼任校长;校委会下设"一办五部":综合办公室、干部教育科研部、电大教务部、社区教育培训部、网络高教部和财务部。资源整合后的新党校,有效集聚了"六校一中心"的人、财、物和管理资源,集教学、科研、服务为一体,从根本上改善了过去党校硬件设施和办学条件落后的面貌,办学条件得到改善,办学力量得到加强,有效拓展了培训渠道,办学成本得到节省,人心稳定,招生、教学、科研等各项工作力量显著增强,资源整合的效应明显凸现,不仅实现了量的扩张,也实现了质的提高,办学实力大大增强,适应了大规模培训干部工作的需要,也为实施"人才强县"战略创造了条件。

◢ 基本考虑

第一,实施干部教育资源整合,是坚持"党管人才"战略和适应新时期大规模培训干部的客观需要。2003 年全国组织工作会议提出,要树立大教育、大培训的观念,放开视野看教育,集中力量抓培训,要求每年抽调五分之一的在职干部参加各类培训,争取五年内使全体在职干部普遍轮训一遍。中共中央《关于面向21世纪加强和改进党校工作的决定》明确指出:要"加大干部培训轮训力度,适度扩大党校办学规模","各级党校要积极扩大办学规模,提高办学效益,按照优化结构、扩大规模、集中办学、资源共享的原则,统一规划培训体制,强化党校干部教育主渠道的办学功能"。中央决定和指示,既给党校提出了新要求、赋予了新使命,同时也给党校发展提供了新机遇。实行干部教育资源大整合,正是根据当时新形势新任务要求,应对大规模开展干部教育培训,更好地实施《桐庐县干部教育培训五年规划》的客观需要。

第二,实施干部教育资源整合,是理顺干部培训体制的有效途径。桐庐县在办学资源整合前,共有20多家单位开展各类教育培训业务,存在着各自为政、多头办学、缺乏统筹、无序竞争的状况。这种培训体制在运作过程中显现出五个方面的弊端。一是分散了财力,多头投资,造成财政资源的很大浪费;二是分散了人力,造成了教职人员配备的重复性,存在人力、智力资源的闲置和浪费;三是分散了物力,造成有的部门教学设备闲置,而有的需要租用宾馆、会议室等场地培训;四是培训质量难以保证,由于人、财、物资源的种种限制,加上存在抢生源现象,影响了培训质量;五是花样繁多的培训,有时造成各类培训相冲突,参加人员重复,教育培训的随意性较大,也给乡镇部门经费支出和工作安排造成压力。同时,收费管理较乱,有的甚至成了单位的福利来源和"小金库"。建立"五校一中心",充分整合各部门有限的教育资源,统一管理和实施全县的干部培训,可以有效地解决长期以来存在的部门多头办学现象。

第三,实施干部教育资源整合,是加强党校主阵地建设的现实需要。资源整合前,县委党校主要存在三个方面的问题。一是"小、低、散"问题。"小"即规模小。老党校(包括行政学校)占地面积仅有5.2亩,建筑面积3914平方米,难以承担大规模培训干部的繁重任务。"低"即教育资源利用率低,工作效率低,教育质量低。"散"即存在各自为政、分散办学现象。二是硬件设施长期得不到有效改善问题。由于投入的分散,加上党校本身办学规模不大,自我创收能力较弱,基础设施投入不足,信息化建设尤其是远程教学网建设明显滞后,严重制约培训质量的提升。三是师资水平得不到有效提高的问题。由于各校分散办学,班次少,教师缺乏实践锻炼的机会,教学经验不足,理论与实践脱节,水平提高不快。并且队伍结构不尽合理,骨干教师年龄偏大。因此,集中财力、物力、人力,做大做强党校,全面提升干部培训教育的质量和管理水平,是党校自身发展顺应时代潮流,承担起历史赋予的使命和任务的需要,也是贯彻落实科学发展观的需要。

主要做法

对原县委党校、县行政学校、浙江电大桐庐分校、县教师进修学校、县卫生进修学校、县社区学院和县培训中心实行教育资源大整合,统一在县城文教园区新建了一个占地 104 亩的新校园。"六校一中心"这些机构整合后,实行一套班子统一领导,建立校委会管理制。校委会共 6 人,其中由县委副书记兼任校长,县人事局长兼任副校长,另有一名副校长兼任县教育局党委委员。

一是确定迁建方案。根据综合分析,桐庐县确定了干部教育培训资源整合的基本思路。按照"优化结构、扩大规模、集中办学、资源共享"的原则,拟定了"整体整合、异地新建"方案(即"五校一中心"合并的"大整合"方案)。由于新建校园投入较大,在资金筹措、土地置换等方面需要做大量的工作。县委书记办公会、县长办公会、县委常委会作了认真研究,谨慎实施"大整合"方案。

二是明确职能定位。根据"大整合"方案,明确资源整合后的新党校(五校一中心)是全县"干部教育培训基地和成人继续高等教育基地"。根据这个职能定位,我们按照"统一协调、力求精简、不拘一格、富有活力"的要求,组建学校组织机构,撤销了原各校的领导班子,实行一套班子统一领导,建立校务委员会管理体制。校务委员会下设"一办五部",即为综合办公室、干部教育科研部、电大教务部、社区教育培训部、网络高教部和财务部对外保留六块牌子,接受上级归口部门管理,建立了"大党校"管理体制,实现领导、管理、师资、人财物四个一体化。

三是完善工作机制。规范干部教育培训管理,实行一个口子集中培训。县委成立干部人才教育培训领导小组,对全县干部、人才教育培训工作进行统筹规划。领导小组由县委副书记兼任组长,常务副县长、组织部长分别担任副组长,办公室设在组织部,由领导小组办公室牵头,在每年年底组织各单位申报次年办班计划,统筹制定年度干部培训计划。经领导小组审定整合后下文(如对某些班次进行整合,以避免干部重复培训),具体培训任务全部由党校来承办。落实县委党校具体实施年度各类干部人才培训任务。对未经领导小组同意部门擅自办班的,培训经费财政不予列支报销,并作为领导班子年度考核的内容。这一做法,有效遏止了原先部门各自为政、多头办班和培训乱收费、私设小金库现象,节省了干部教育培训办学成本。

四是盘活教师资源。针对教师队伍来自原"五校一中心",业务专长和教学能力各不相同,新党校对现有师资根据定编、定岗,优化组合。在保持现有教职员工身份不变条件下,结合事业单位改革,有序开展中层干部竞争上岗和一般教职员工双向选择工作,对符合分流条件的,按照所属关系办理分流手续。激活用人机制,走组织型的路子,按照"不求所有、但求所用"的柔性人才工作原则,建立党政领导干部担任党校客座教授和聘请全国知名高校教授担任协议教授制度。同时要求县委党校教师参加县委理论中心组学习、县委务虚会议,提升师资教学水平。

五是推进多元化办学。资源整合后"五校一中心"始终坚持强力打造"干部教育培训基地和成人继续高等教育基地"品牌,在承担主体班培训对象上,从全县党员干部培训向党政人才、企业经营管理人才、专业技术人才、技能人才、农村乡土人才五支人才队伍延伸,实行一个口子集中培训,统一纳入培训计划,构建起了大培训的工作格局。同时在县卫生进修学校、省广播电视大学桐庐分校、县教师进修学校等其余各校的发展上,坚持走多元化办学之路,建立"继续教育培训在线学习中心",大力发展成人学历教育,提升成人班、职教班等办班力度,并争取知名度高的高等院校到桐庐设点办班,吸引外省市到桐庐异地办班等途径,有效支撑"五校一中心"可持续发展。

全县干部教育培训资源整合后,对党校的干部人才教育培训的服务质量提出了更高的要求。为提高党校的教学质量,增强教学的针对性、实效性,巩固资源整合成果,桐庐县委党校着重在三个方面进行了努力。

1. 努力提高师资队伍水平。一方面积极创造条件,培养本校优秀教师特别是中青年骨干力量。除选派骨干教师优先班子成员到欧美考察培训,选派全校年轻教师到新马泰、港澳学习,选派教师到中央党校、省市党校培训外,学校还注重对教师进行实践锻炼。利用暑期选派 10 名年轻干部到重点乡镇、开发区挂职学习,参与招商引资、征地拆迁、新农村建设等工作;县重点工程抽调人员也主动选派教师参加。同时还选派教师轮流到县信访局接访群众,目前又有 3 位教师被抽调到村级换届指导组和十七大主题宣传教育办公室挂职锻炼。外派的教师都带着课题,明确必须到主体班上课。另一方面县委领导也十分重视党校教师的素质提升。县委理论中心组学习,每月县管干部集中学习,每年的两会和务虚会议,每次都要求党校领导和教师参加。今年县委邀请原国台办副主任王在希向县管以上领导干部讲台海形势,县委书记指名要求全体党校教师参加。实行客座教师制度,补强师资力量。聘请了本县具有一定实践经验和理论素养的党政领导干部、企业家和律师共 42 人担任党校客座教师;同时在乡镇、开发区建立了 8 个教学实践基地,请当地书记兼任基地主任和客座教师,丰富了主体班的教学内容和形式,收效明显。此外还聘请了 2 位长期从事农村工作、有丰富实践经验的县级巡视员担任党校干训工作顾问,参与教师、学员座谈研讨。通过一系列的工作,去年以来学校主体班教学的外请教师已经减少,中青班也只请了 2 人次,出现了学校老师、客座教师争上主体班课的良好氛围。

2. 努力改进培训方式方法。除做好传统的服务工作以外,坚持以学员为中心,以提高能力素质为重点,改进培训方式,做到三个坚持:坚持"红色教育",确保党校姓"党"。除确保党的基本理论、十七大精神、两会精神、党章党史等教学内容上课堂、"三走进"之外,还注重体验教育。主体班学员由教师带队到井冈山、嘉兴南湖,到县内新四军纪念馆,重走"红军路"。每次活动都在路上唱党歌、讲党史,并进行现场点评;同时还开展入党动机辩论等活动,气氛热烈,教学效果明显。坚持"绿色教育",注重城乡协调科学发展教育。坚持把新农村建设、生态、计生、安全生产、国防、廉政教育作为党员干部必修课，结合县情和乡情，围绕县委、县政府的工作中心进行讨论和调研，促使学员不断提高贯彻落实科学发展观的能力、驾驭全局的能力、处理利益关系的能力和务实创新的能力，同时进一步增强学员拒腐防变的能力。坚持"增色教育"，注重干部综合素质提升。一方面开设证券、房地产、计算机网络运用、文学、音乐、艺术鉴赏、文明礼仪、健康保健等课程充实干部素养；另一方面以研究式教学为重点，综合运用案例式教学、现场教学、体验式教学(如赴宁波、温州等地参观企业和新农村)等新的教学方法，提高教育教学的实效性。同时组织开展中央党校、同济大学等异地办班，组织学员到浙江义乌、温岭、奉化等党校听当地党校老师讲课，突出执政能力和现代管理知识的学习，提高干部教育的实效性。

3. 服务于全县工作大局，努力贴近基层群众。去年以来，我们紧紧围绕全县大局，立足于县情、乡情，鼓励教师把研究的重点从理论研究放到理论联系实际，注重解决现实问题的研究上来；把每年的县党代表、人大代表、政协委员的提案建议作为研究的主要内容，并开展有组织有针对性的调研。同时坚持理论课堂下基层，积极选派骨干教师送课下乡。尝试到企业车间上员工素质课，到县重点工程拆迁一线给党员上党课。尝试校企合作培训，开设了企业班组长培训班和企业中层骨干培训班，取得了良好的经济和社会效益。主动承担起全县各社区和人寿、移动等重点企业的每月学习任务。围绕"潇洒桐庐"共建活动，服务于老百姓生活，连续 3 年为全县近 1000 名老干部送两堂大课(形势任务教育)，为全县 9 个社区送 11 堂党课；举办"桐江人文讲堂"，免费向全县市民开放 11 期。此外，还大力培养农民大学生，服务于新农村建设。争取了省委组织部推行的农村干部远程学历教育试点，首批共招 160 余名农村行政管理大专生，学费由省市县委组织部筹措。同时我校向省电大争取了纯农民大学生指标 30 名，学费全部由省财政全额拨款。加上之前已毕业的 90 名农民大学生，我校共培养农村党员干部人才280 余名，为我县村级组织换届工作输送宝贵本土人才。

主要成效

资源整合后的新党校人心稳定,招生、教学、科研等各项工作力量显著增强,资源整合的效应明显凸显。不仅实现了量的扩张,也实现了质的提高;实现了人财物的相互融合和文化的相互交融。主要体现在以下几个方面。

一是党校办学条件得到有效改善。资源整合后,教学场地、设施等改善显著。校园面积由原先的 5.2 亩增加到了 104 亩,建筑面积达 18200 平方米,总投入共 5000 多万元。学校硬件设施明显改善,拥有计算机房 3 个,计算机 260 余台,多媒体教室 23 个,报告厅 1 个,阶梯教室 1 个,餐厅 2 个,有 1 个含 110 张床位的宾馆。此外,有远程教育卫星接收设备 2 套、教学专用网 3 套,配备了一流的网络设备,能够满足全县各类教育培训需求。

二是办学力量得到加强。原党校只有 12 人,而整合后教职工增加到 49 人,其中专职教师 38 人。专职教师中具有高、中级职称的达 90%,其中高级职称的有 12 人,硕士研究生 8 人,本科学历比例达 95%。通过英语六级以上的教师有 4 名,计算机教师有 5 名。整合后,原电大的教师通过努力逐渐走上党校主体班讲台,并参与对外理论宣讲,使得党校主体班和外宣教师由原先的 4 名增加到了现在的 14 名。同时党校教师通过上电大等国民教育系列的课,更新了知识,拓展了视野,增添了理论功底。另外,还聘请了省、市院校和我县党政部门及各行各业的业务精英,担任本校的兼职教师。资源整合以来,干部教育培训明显增量提质。2004 年培训数量达 9000 余人次,2005 年 10132 人次,2006 年 9358 人次。2007 年举办培训班 125 个、培训 10825 人次,是整合前党校每年培训 400 人次的近 30 倍。培训对象涉及党政人才、专业技术人才、企业经营管理人才、技术工人、农村实用人才等五种人才,培训领域涉及各行各业、方方面面,形成了良性循环。这一做法得到了上级有关领导的充分肯定。中组部、中央党校联合调研组、省市领导和省市党校、电大的领导、全国各地兄弟学校领导先后来校检查指导工作,扩大了新党校的影响力。

三是办学渠道得到进一步拓宽。通过资源整合,新党校教育培训向电大开放型学历教育、各类人才培训、社会培训延伸,扩大了党校的培训渠道,拓展了党校的培训功能,有效提升了基层党校服务水平和办学效益,同时也使整合后的党校摆到了全县人才队伍培养的重要位置。该县近几年来积极开展学历教育招生工作,目前在册学员达 3789 人,其中,本科 802 人,专科2740 人,中职 247 人,计 93 个班次,设有理、工、文、经、管理五大类的计算机、建筑施工与管理、汉语言、财会、行政管理等 20 多个专业,基本满足了市场需求,为我县经济社会的发展做出了积极的贡献,也取得了良好的社会效益和经济效益。

四是办学成本得到节省。除人财物资源共享节省成本外,党校函授、电大开放教育、网络联合办学整合后,减少了恶性竞争,节省了招生成本,优势凸现。特别是中央党校停办函授教育后,党校的教师还有用武之地,师资结构调整及待遇相对能平稳过渡。

通过干部教育资源整合以及本校自身的努力,在 2007 年由 2000 多名干部群众参与的对全县机关单位社会评选中,党校位列全县非窗口单位的 22 个机关中的第 5 位,而不满意率在所有机关中是最低的,被县委评为综合考评先进单位,得到了县委领导的点名表扬。

◢ 基本经验

第一,统一思想认识,是实施"大整合"的前提。实施干部教育资源"大整合",是一项涉及面广、触及部门职能和利益的改革举措,需要统一各方面的思想认识。我们把整合方案的选优作为统一思想的载体,在县级领导班子形成共识的基础上,促进部门思想的统一。整合方案确定后,我们及时向省、市委党校领导作了专题汇报,得到了充分肯定和直接指导。上级领导的指示和关心,进一步坚定了我们推进"大整合"的信心,使各个层面的认识更加到位,为各项工作的开展奠定了扎实基础。

第二,创新工作思路,是实现"大整合"的关键。实施干部教育资源整合是一次观念、思路的创新,是机制、体制的创新,是对干部教育培训传统模式的"扬弃"。实施这一方案,也面临着部门利益调整、条块关系、资金筹措、提高质量和效率等方面的矛盾与困难。我们通过深入细致的工作,使一些矛盾得以缓解和突破,从而较顺利地推进了"大整合"方案的实施。在县级区域经济总量和资源有限的情况下,实现党员干部教育和成人教育资源的大整合,降低了行政管理成本,实现了学校发展方式的转变,符合节约型社会的要求。

第三,立足统筹发展,是推进"大整合"的保证。统筹经济社会发展是实现可持续发展的需要。在实施干部教育资源整合过程中,我们审时度势,始终把统筹发展作为出发点,把干部教育培训事业的发展作为实施人才强县战略、加强党管人才的重要举措来抓,正确处理好经济发展与社会事业发展的关系。如在校区规划选址和用地规模的安排上,按照最有利于党校做强做大、最有利于资源共享有效、最有利于持续发展的要求,在用地空间十分紧张、财力比较困难的情况下,在最好的地段,适当超前地落实了校区用地,并且与已建成的新桐庐中学、树人学校和在建的图书馆、文博馆、体育馆等形成文教区块,较好地处理了实现城市土地资源价值与完善城市功能、提高社会效益的关系。

党校作为干部教育的主阵地,是整个干教工作的具体执行者,在宏观上离不开上级管理部门尤其是组织部的指导和协调。特别是县级党校,如果没有组织部的支持,而是把干训工作自行安排到其他培训机构去实施,不进行资源整合,则很容易被边缘化。县级党校作为基层党员干部的教育培训主阵地要有地位、有作为,必须得到组织部进一步的关心和支持,为党校争取更灵活的政策和更广阔的平台,以便更好地发挥党校的作用,发觉干教工作的潜力。

桐庐县委党校在资源整合以来的工作虽然已经初见成效,但是我们也应当清醒地看到自身存在的不足,各种教育资源整合集中后如何确保社会效益与经济效益同步发展的问题;如何进一步提高教学质量,打造干部教育响亮品牌的问题;同时,资源整合对学校的管理提出了新的要求和挑战等。2008年我们将紧紧围绕十七大精神的宣传贯彻,按照科学发展观的要求,进一步发挥好党校干部教育主渠道、主阵地的作用,服从服务于工作大局,争取使干部教育工作再上一个台阶。

🎵 问题讨论

1. 干部教育培训机构如何整合各类培训资源,做大做强?

2. 干部教育培训机构整合培训资源后,如何处理好干部培训与其他培训之间的关系?

参考资料:

浙江省桐庐县委组织部:《整合资源,提升实力,开创干教工作新局面——浙江省桐庐县干部教育培训资源整合工作情况汇报》,2008 年 4 月 1 日在中组部干教局调研座谈会上的汇报。

第二部分　培训模式创新

背景知识

什么是培训模式？概括起来主要有四种观点。一是培训形式论。持此观点者认为采用的培训形式即为培训模式，如脱产培训、在职培训、半脱产培训等。二是培训流程论。持此观点者把培训管理的运作程序看作是培训模式，如确定培训需求、制订培训计划、组织实施培训等。三是学员本位论。持此观点者认为培训模式是由学员的接收情况、培训意愿的强烈程度和培训与工作的相关程度来决定的，如学员低意愿—低能力—高工作相关为一种模式，高意愿—高能力—低工作相关为另一种模式等等。四是培训方法论。持此观点者把采用的具体培训方法看作是培训模式，如课堂讲授模式、角色扮演模式、情景模拟模式等。

培训模式与培训形式、培训流程、培训方法等紧密相关，也与学员在培训中的主体地位有密切关联，但培训模式不等同于培训形式、培训流程和培训方法。培训模式是各种培训要素的组合。

培训模式是相对稳定的、可供参照的一系列教学培训行为的组合，有一定的逻辑线索可以依据，它指向整个培训过程，是在一定教育思想、教学理论和学习理论指导下，为完成特定培训目标和任务，在一定环境下展开的培训活动进程的稳定结构形式，是开展培训活动的一套方法论体系，是基于一定培训理论而建立起来的较稳定的培训活动的框架和程序。培训模式是培训理论的具体化，同时又直接面向和指导教学实践，具有可操作性。

由于教育培训活动依据的教育培训思想或理论的不同，培训内容和目标的不同，教育培训实践活动的形式和过程必然不同，从而形成不同的培训模式。从不同角度看，培训模式的分类方法也不同。例如通常所说的"以教师为中心"、"以学生为中心"和"教师为主导，学生为主体"的双中心教学模式，是从教学系统的结构关系不同来分类的；班级教学、小组教学、个别化教学是从教学组织形式不同来分类的；以问题解决、行动学习或在研究中发展思维的培训模式,则是从教学目标的不同来分类的。

在干部教育培训中,各种要素组合构成了不同的培训模式。比如专题研讨式培训、研究型培训、课题式培训、体验式培训等。在各种培训模式中,都包含培训专题确定、课程设置、培训师资选择、教学方法选择等环节。近年来,各地大胆探索,创新实践,根据不同层次类别干部的特点,灵活运用多种培训方法和手段,形成了一些行之有效的培训模式,比如研究式培训、分段式培训、专题式培训、体验式培训、在线式培训等。本部分所选取的相关案例,旨在让读者对主要培训模式有基本了解,掌握基本的做法,并在案例中呈现培训相关环节的组织实施与基本要求。

一 | 全国县委书记、县长建设社会主义新农村专题培训班

◢ 全国县委书记、县长建设新农村专题培训的背景

新中国成立以来特别是改革开放以来,我国农业和农村发生了历史性的深刻变化,农村经济社会发展取得了举世公认的伟大成就。农产品由长期短缺变为总量基本平衡,丰年有余,农村第二、第三产业蓬勃发展,农民生活水平显著提高,农村社会事业不断进步,农村民主法制建设和精神文明建设全面推进,农业和农村呈现出蓬勃发展的局面。

农业和农村的好形势,对保持国民经济平稳较快增长和社会稳定,发挥了重要的支撑作用。但是,目前我国农业和农村发展仍然处在艰难的爬坡阶段,制约农业和农村发展的深层次矛盾尚未消除,促进农民持续稳定增收的长效机制尚未形成,农村经济社会发展滞后的局面也还没有根本改变。一是农业基础薄弱,生产力水平较低。我国农业总体上仍然是靠天吃饭,手工劳动仍占不小比重。二是农民收入水平较低,城乡居民收入差距拉大。三是农村公共事业发展滞后,城乡面貌反差较大。四是农村安定和谐面临许多压力,存在不少不稳定因素。五是农村体制机制不健全,发展的内在活

力不强。全面建设小康社会，最艰巨最繁重的任务在农村；加快推进现代化，必须妥善处理工农城乡关系。

中央高度重视"三农"问题，改革开放以来，关于农村问题，中央颁发多个一号文件。1982年1月1日，中共中央发出第一个"一号文件"，对迅速展开的农村改革进行了总结，并对当年和此后一个时期农村改革和农业发展作出了具体部署。之后，连续4年的中央"一号文件"都是关于农村政策的。这五个"一号文件"，在中国农村改革史上成为专用名词——五个"一号文件"。

1982年的一号文件，突破了传统的"三级所有、队为基础"的体制框框，明确指出包产到户、包干到户或大包干"都是社会主义生产责任制"。这个文件不但肯定了"双包"（包产到户、包干到户）制，而且说明它"不同于合作化以前的小私有的个体经济，而是社会主义农业经济的组成部分"。

1983年1月，第二个中央一号文件《当前农村经济政策的若干问题》正式颁布。这个文件从理论上说明了家庭联产承包责任制"是在党的领导下中国农民的伟大创造，是马克思主义农业合作化理论在我国实践中的新发展"。

1984年1月1日，中共中央发出《关于一九八四年农村工作的通知》，即第三个一号文件。文件强调要继续稳定和完善联产承包责任制，延长土地承包期。为鼓励农民增加对土地的投资，规定土地承包期一般应在15年以上，生产周期长的和开发性的项目，承包期应当更长一些。

1985年1月，中共中央、国务院发出《关于进一步活跃农村经济的十项政策》，即第四个一号文件。文件的中心内容是：调整农村产业结构，取消30年来农副产品统购派购的制度，对粮、棉等少数重要产品采取国家计划合同收购的新政策。国家还将农业税由实物税改为现金税。

1986年1月1日，中共中央、国务院下发了《关于1986年农村工作的部署》，即第五个一号文件。文件肯定了农村改革的方针政策是正确的，必须继续贯彻执行。针对农业面临的停滞、徘徊和放松倾向，文件强调进一步摆正农业在国民经济中的地位。

2004年1月，第六个"一号文件"认为促进农民增收是有效解决农业农

走中浦院

教育培训案例

村中其他问题的关键。2005年中央"一号文件"——《中共中央国务院关于进一步加强农村工作提高农业综合生产能力若干政策的意见》1月30日正式公布,明确了2005年农业和农村工作的总体要求。这是继2004年后中央"一号文件"再次锁定"三农",旨在促进中国农业持续发展。

建设社会主义新农村是我国现代化进程中的重大历史任务。2005年10月,党的十六届五中全会召开,会议通过了《中共中央关于制定国民经济和社会发展第十一个五年规划的建议》,明确提出今后五年我国经济社会发展的奋斗目标和行动纲领,提出建设社会主义新农村的重大历史任务。这是我们党在深刻分析当前国际国内形势、全面把握我国经济社会发展阶段性特征的基础上,从党和国家事业发展全局出发确定的一项重大历史任务。2005年底中央召开农村工作会议,2006年中央颁发一号文件《中共中央、国务院关于推进社会主义新农村建设的若干意见》,对当前和今后一个时期建设社会主义新农村的主要任务作出了部署。

建设社会主义新农村,县一级是关键。县一级在我国政权结构中处于非常重要的位置,起着承上启下的作用,是我国经济发展、社会安定和政权稳固的重要基础。县委书记、县长在建设社会主义新农村的进程中担负着十分重要的职责。建设社会主义新农村对县委书记、县长的素质和能力提出了更高的要求。

2006年1月28日,胡锦涛同志视察中国延安干部学院时,作出了开展县委书记、县长"建设社会主义新农村"专题培训的重要指示。为贯彻落实党的十六届五中全会和胡锦涛同志的指示精神,中央决定于2006年对全国5300多名县委书记、县长进行建设社会主义新农村专题培训,使县委书记、县长深刻领会建设社会主义新农村的重大意义,准确把握建设社会主义新农村的内涵、目标和要求,进一步增强建设社会主义新农村的责任感和紧迫感,统一思想,提高认识,深入学习和研究建设社会主义新农村的重大理论和实践问题,提高建设社会主义新农村的本领,把社会主义新农村建设的各项任务落到实处。全国县委书记、县长建设社会主义新农村专题培训正是在这样的背景下进行的。

以邓小平理论和"三个代表"重要思想为指导,全面贯彻落实科学发展观,对县委书记、县长进行建设社会主义新农村专题培训,是推进社会主义新农村建设的一项重大举措。对全国5300多名县委书记、县长集中进行专题培训,这是改革开放以来的第一次。这次专题培训,是加强县级党政正职队伍建设,提高县委书记、县长建设社会主义新农村本领的重要途径。为加强县级党政正职队伍建设,经中央批准,中组部印发了《关于进一步加强县(市、区、旗)党政正职队伍建设的意见》。中央在作出建设社会主义新农村的战略决策后不久,在新农村建设刚刚起步的关键时期,在县级党委、政府换届后,组织全国县委书记、县长到国家级干部院校集中统一进行"建设社会主义新农村"的专题培训,是新形势下扎实推进社会主义新农村建设的再动员,也是在县级党委、政府换届之后对新任县委书记、县长的一次上岗培训,充分显示了以胡锦涛同志为总书记的党中央对社会主义新农村建设的高度重视,充分说明了县一级在建设社会主义新农村中的重要地位和作用,充分体现了中央对县级党政正职队伍建设的高度重视和对县委书记、县长的关心和爱护,对于增强新一届县委书记、县长建设社会主义新农村的本领,团结带领广大干部群众扎实推进新农村建设,必将发挥重要的作用。

2006年4月21日至27日,全国县委书记、县长"建设社会主义新农村"专题培训第1、2期试点班分别在中央党校、中国延安干部学院成功举办,拉开了全国县委书记、县长"建设社会主义新农村"专题培训的序幕。

建设新农村县委书记、县长专题培训班的设置

一是明确专题培训班的指导思想。中央对这次专题培训高度重视。确立了县委书记、县长建设社会主义新农村专题培训的指导思想,即以邓小平理论和"三个代表"重要思想为指导,全面贯彻落实科学发展观。

二是制订培训实施方案。中央组织部在摸底调查的基础上,会同中央党校、中央农村工作领导小组办公室、中国浦东干部学院、中国井冈山干部学院、中国延安干部学院、农业部、国家行政学院,对全国县委书记、县长"建设社会主义新农村"专题培训工作进行了认真研究,制定了《全国县委书记、县长"建设社会主义新农村"专题培训实施方案》。胡锦涛、温家宝等中央领

导同志审批了专题培训实施方案。建立专题培训工作联席会议,统一组织安排教学的各项准备工作。联席会议成员对如何贯彻落实好实施方案进行了讨论,提出了意见和建议。中央党校等5所干部院校根据教学大纲要求,分别制定具体的教学方案,经中央组织部审核批准后组织实施。

三是编写教学大纲。由中央党校牵头,与中央农村工作领导小组办公室、中国浦东干部学院、中国井冈山干部学院、中国延安干部学院、农业部、国家行政学院、国务院发展研究中心、中国农业科学院、中国农业大学等单位,共同研究制定了《全国县委书记、县长"建设社会主义新农村"专题培训教学大纲》。

四是设置培训班次。这次专题培训的对象是:全国各县(市、区、旗)委书记、县(市、区、旗)长(不涉及农村工作的市辖区的区委书记、区长除外),新疆生产建设兵团各团(场)政委、团(场)长(以下统称县委书记、县长),共5300人左右。根据县委书记、县长的工作职责不同,东、中、西部不同地区"三农"工作的现状和建设社会主义新农村要解决的问题也各有不同,将县委书记、县长分开培训,并按东、中、西部地区分别编班。其中,中央党校16期,每期150人左右,学员为县委书记。国家行政学院、中国浦东干部学院各11期,中国井冈山干部学院、中国延安干部学院各6期,每期100人左右,学员主要为县长。在国家行政学院、中国浦东干部学院举办的培训班中有5期学员为县委书记。

五是明确培训目的。对县委书记、县长建设社会主义新农村进行专题培训的目的是:通过专题培训,使县委书记、县长深刻领会建设社会主义新农村的重大意义,准确把握建设社会主义新农村的内涵、目标和要求,进一步增强建设社会主义新农村的责任感和紧迫感,统一思想,提高认识,深入学习和研究建设社会主义新农村的重大理论和实践问题,提高建设社会主义新农村的本领,把社会主义新农村建设的各项任务落到实处。

六是选择培训内容。培训内容主要有三个方面。一是学习中央关于建设社会主义新农村的重要文件和中央领导同志重要讲话。学习《中共中央关于制定国民经济和社会发展第十一个五年规划的建议》(中发〔2006〕1号文件)学习胡锦涛同志在党的十六届五中全会上的重要讲话、温家宝同志

《关于制定国民经济和社会发展第十一个五年规划建议的说明》,学习胡锦涛、温家宝同志在中央经济工作会议和省部级主要领导干部"建设社会主义新农村"专题研讨班上的重要讲话,学习温家宝同志在中央农村工作会议上的重要讲话,深刻领会中央关于建设社会主义新农村的一系列重要指示精神,准确把握建设社会主义新农村的内涵、目标和要求,把思想和行动统一到中央的决策和部署上来。二是研究建设社会主义新农村的重大理论和实践问题。每期培训班通过视频方式安排学习回良玉、贺国强同志的辅导报告。围绕中央提出的"生产发展、生活宽裕、乡风文明、村容整洁、管理民主"的要求,开设 5 个专题讲座,即:推进现代农业建设,促进粮食稳定发展和农民持续增收;大力发展县域经济,促进农村经济繁荣;加强农村基础设施建设,改善农民生产生活条件;落实党的农村政策,全面深化农村改革;加快发展农村社会事业,推进农村精神文明建设。三是学习借鉴建设社会主义新农村的经验。在全国范围内,由中央农村工作领导小组办公室、农业部推荐一批建设社会主义新农村先进典型,分别安排到每期培训班进行经验介绍。办班期间,在各班范围内,也安排建设社会主义新农村的典型经验进行交流。

七是创新培训方式。采取视频学习、专题讲座和分组讨论相结合,研究式、案例式和体验式教学相结合的方式进行。一是采取视频学习方式。组织学员学习胡锦涛、温家宝同志在省部级主要领导干部"建设社会主义新农村"专题研讨班上的重要讲话和回良玉、贺国强同志的辅导报告。二是采取研究式教学方式。在专题讲座的基础上,开展 3 次分组研讨、1 次全国先进典型经验介绍、1 次全班典型经验交流、1 次学习体会交流,充分调动学员的积极性、主动性,集思广益,深入研究,促进教学相长、学学相长、教教相长。三是采取案例式教学方式。办班前,由中央党校等 5 所干部院校组织专人深入调查研究,形成培训班教学案例。办班期间,通过典型案例分析,组织学员研究国内外建设新农村的经验教训,深入剖析在建设社会主义新农村过程中遇到的突出矛盾和问题,提出解决问题的思路和办法。四是采取体验式教学方式。组织学员考察 1 个在社会主义新农村建设方面取得显著成效的县(市、区),现场学习和感受社会主义新农村建设好的做法和经验。在中国浦东干部学院、中国井冈山干部学院、中国延安干部学院举办的培训班,安排半天时间进行革命传统教育。

八是组织教学力量。从中央宣传部、中央农村工作领导小组办公室、国家发改委、财政部、农业部、中国社会科学院、国务院发展研究中心、中国农业科学院、中国农业大学等单位选调一批具有一定理论功底、熟悉中央农村政策、对"三农"问题和社会主义新农村建设有深入研究的同志,组成专题培训师资力量,承担部分专题讲座的教学任务。同时,充分发挥 5 所干部院校师资的作用,由 5 所干部院校提出讲课人选名单,报中央组织部审核,确保教学质量。

九是编印培训教材。将中央关于建设社会主义新农村的有关文件和中央领导同志重要讲话,省部级主要领导干部"建设社会主义新农村"专题研讨班上的 2 个辅导报告和 5 个专题讲座,《〈中共中央、国务院关于推进社会主义新农村建设的若干意见〉干部读本》等汇编成教材,另外,根据教学大纲要求,组织有关部门的专家学者,编写这次培训的专题讲座提纲。

3 建设新农村专题培训班的成效与经验

从 2006 年 4 月开始,中央党校、国家行政学院、中国浦东干部学院、中国井冈山干部学院、中国延安干部学院先后举办 50 期培训班,培训县委书记、县长 5474 人。通过这次专题培训,县委书记、县长更加深刻地认识到了在建设社会主义新农村中肩负的重要职责,更加深刻地理解了建设社会主义新农村的重大意义,深化了对建设社会主义新农村机遇和条件的认识,进一步增强了使命感和责任感,进一步增强了信心和决心;通过这次专题培训,县委书记、县长更加明确了中央关于建设新农村重大部署和要求,深化了对建设社会主义新农村科学内涵的认识,更加全面地理解了中央关于建设社会主义新农村的方针政策,深入研讨了建设社会主义新农村的重大理论和实践问题,进一步明确了新农村建设的目标任务、工作重点和方法步骤,进一步理清了发展现代农业、加快发展农村社会事业、全面深化农村改革的思路,进一步推进了培训成果在指导社会主义新农村建设实践中的落实。

这次专题培训班的设置有如下几条经验。

一是领导高度重视。胡锦涛同志对全国县委书记、县长建设社会主义新农村专题培训工作作出重要指示。胡锦涛、温家宝、曾庆红、回良玉、贺国强等中央领导同志亲自审批专题培训实施方案。曾庆红同志主持召开专题培训班学员座谈会，并作重要讲话，对做好专题培训工作作出重要指示。贺国强同志多次在全国县委书记、县长"建设社会主义新农村"专题培训工作联席会议作重要讲话，对搞好这次专题培训工作提出明确要求。

二是举办试点班。为确保这次专题培训的圆满成功，在中央党校、中国延安干部学院举办试点班，请中央国家机关部委有关部门负责人、5所干部院校教学部门负责人和承担教学任务的讲课人现场观摩，通过教学实践总结经验，进一步研究完善教学方案，对下一步培训工作作出安排，为整个专题培训打下坚实基础。

三是坚持围绕党和国家重大战略部署开展培训，把全面准确地理解中央精神贯穿始终。这次专题培训，把全面准确地学习把握中央关于建设社会主义新农村的一系列指示精神作为首要任务，在方案设计、教学组织、质量评估等各个方面，认真贯彻落实中央要求，达到了武装头脑、指导实践、推动工作的目的。

四是坚持理论联系实际，把发扬马克思主义学风贯穿始终。这次专题培训，把学习和运用理论解决实际问题贯穿培训全过程，注重引导学员从理论和实践的结合上，深入研究新农村建设的有关理论问题和实践中遇到的热点难点问题，强调成果的转化和运用，收到了较好的效果。

五是坚持按需施教，把提高干部的能力贯穿始终。这次专题培训，注重结合县委书记、县长的岗位特点和个性化、差异化的培训需求，设计培训方案、安排培训内容，着眼于提高广大干部的能力，引导学员自觉将学习成果转化为正确的工作思路，转化为具体的政策措施，转化为解决问题的实际能力。

六是坚持改革创新，把提高培训质量贯穿始终。这次专题培训，着眼于提高培训质量，在很多方面进行了改革创新。比如，综合运用案例教学、现场教学、研讨互动等多种现代培训方式，使教学更加形象、生动、直观，增强了培训的吸引力和感染力；充分发挥培训对象的主体作用，让他们既当学员又当教员，达到了教学相长、学学相长的目的。

七是坚持严格要求，把加强管理和考核贯穿始终。这次专题培训，中组部、五所院校和各省区市党委组织部从一开始就制定了严格的规章制度，对学员、教员和工作人员提出明确要求，特别是注重加强对学员的管理和考核。各院校根据教学评估和学员反馈，及时调整充实教学计划和授课人员，保证了教学效果。

八是坚持加强领导，把形成合力贯穿始终。这次专题培训，由多个单位和五所干部院校组织开展。为此，建立了县委书记、县长"建设社会主义新农村"专题培训工作联席会议，成员由中央办公厅、中央组织部、中央宣传部、中央党校、中央农村工作领导小组办公室、中国浦东干部学院、中国井冈山干部学院、中国延安干部学院、农业部、国家行政学院等单位的领导同志担任。在专题培训班办班期间，中央组织部适时组织召开联席会议，通报培训情况，及时总结经验，不断完善教学，保证了专题培训紧张有序、有条不紊的进行。各省区市党委组织部要按照实施方案的总体安排，根据换届工作的实际情况，做好每期班的学员选调工作。同时，安排好学员学习前的准备工作。中央党校等五所干部院校把这次培训作为一项重要任务，根据东、中、西部地区经济社会发展特点和县委书记、县长的职责要求，有针对性地做好培训方案，结合各自优势组织各项工作，保证了专题培训任务的顺利完成。

◢ 问题讨论

（1）在全国县委书记、县长建设社会主义新农村专题培训中，如何将党和国家的中心任务转化为培训专题？

2. 在全国县委书记、县长建设社会主义新农村专题培训班的设置中，哪些做法确保专题培训目标顺利实现？

参考资料：

《中共中央关于制定国民经济和社会发展第十一个五年规划的建议》。

《中共中央、国务院关于推进社会主义新农村建设的若干意见》,2005年12月31日。

《关于进一步加强县(市、区、旗)党政正职队伍建设的意见》,2006年1月。

《全国县委书记、县长"建设社会主义新农村"专题培训实施方案》。

《全国县委书记、县长"建设社会主义新农村"专题培训教学大纲》。

二 浙江省绍兴市开展研究型培训

党的十六大以来,绍兴市认真贯彻落实《干部教育培训工作条例(试行)》和中央、省委关于大规模培训干部的一系列指示精神,整合培训资源,创新培训方式,强化宏观管理,积极探索研究型培训的有效方法与途径。累计培训各类党政干部17万余人次,企业经营管理人员近7万人次,专业技术人员26.7万人次,在大规模培训干部、大幅度提高干部素质方面取得了较好成效。特别是2004年以来,绍兴市以专题研修班为载体,积极推行研究型培训,进一步提高了领导干部运用科学理论解决实际问题的能力,受到了广泛好评,产生了积极影响。领导干部公共管理高级研修班被清华大学公共管理学院的专家们誉为专题研修的"绍兴模式"。

1 开展研究型培训的背景

经过几年的快速发展,绍兴经济社会发展正在转入科学发展、和谐发展的关键时期,面临着产业层次不高、城市规模和集聚能力不强、民生问题不断涌现、社会不稳定因素增多等许多深层次的矛盾和困难。要解决这些困难和矛盾,推进绍兴科学发展,对各级领导干部的能力素质提出了更高的要求,尤其需要着力提高领导干部运用科学理论研究解决实际问题的能力。

自中央提出实施大规模培训干部任务后,绍兴市在实践和调研中深刻感受到,在大规模培训干部中如何大幅度提高干部素质,面临着许多新情况、新问题、新挑战,需要不断探索创新。绍兴市委组织部结合绍兴经济社会发展和干部教育实际,确定了干部教育培训重点需要解决的两个问题:一是服务绍兴经济社会发展,二是提高干部能力素质。这两个问题的结合点,就在于通过教育培训提高干部运用理论解决重大问题的能力,增强干部教育培训的针对性和有效性。为此,绍兴市积极突破单一的理论学习培训模式,引入以解决实际问题为基础的行动学习理念,针对经济社会发展中的突出问题,探索开展了研究型培训。

◢ 研究型培训的基本思路

为搞好研究型培训,绍兴市以县处级领导干部和后备干部为主体,对干部培训需求进行了调研。调查显示,干部对培训机构的要求日趋多样化,到高等院校和专业培训机构培训的愿望较为迫切;对师资的要求越来越高,知名专家教授、有丰富实践经验的领导干部和成功企业家深受他们的欢迎;对教师的讲授内容,已不满足于理论层面,而要求教师能联系实际,看问题视角新,信息量大;对脱产学习与专题研讨、实践锻炼相结合的培训形式以及专题讲座、案例教学、讨论交流等教学方法越来越受到学员的青睐。69.50%和74.52%的干部分别把提高解决问题的能力和公共管理水平作为参加培训主要动机,80.08%的干部希望培训能增强理论与实践、学习与工作的结合,55.07%的干部要求除在党校培训外,还能到高等院校、专业机构参加培训,等等。根据调研结果,绍兴市重点就研究型培训的主题、办班模式、培训内容、要素保障等方面进行了反复探讨,形成了"服务发展大局、研究重点问题、满足个性需求、强化学用结合、提高能力素质"的总体思路。

按照这个思路,绍兴市围绕经济社会发展大局,坚持边实践边探索,着重解决学思结合、学用结合问题,在充分调动学员的积极性和创新性方面下功夫,采取统筹安排、分段实施的方式,每期研修班都坚持研究和解决一个突出问题,每个学员都围绕这个突出问题开展一个子课题研究。逐步探索出了"集中授课、现场教学、专题调研、研讨答辩"四合一的培训模式,进一步凸现了研究型培训的自主性、研究性、实践性、互动性、开放性等鲜明特点。

3 研究型培训的主要做法

绍兴市认真抓住精选主题、创新模式、整合资源等关键环节,通过精细化管理提高研究型培训成效。

第一,围绕科学发展和干部需求,精心选定主题。选好主题,是研究型培训取得实际成效的前提。每年初,根据中央、省委、市委的重大决策精神和干部教育培训工作的总体要求,紧密结合市委、市政府工作重点和基层干部群众关注的热点难点,会同市委党校广泛征求市级机关相关部门和县(市、区)的意见,通过上门走访、召开座谈会、问卷调查、专题研究等途径,广泛征求市领导、市级机关相关部门和县(市、区)的意见,做好需求调研,初步提出研修专题。市委组织部组织召集市委党校、有关综合部门和高校院所的相关人员进行研讨,梳理一批绍兴在科学发展、和谐发展中的重点难点问题,报市委领导审定后,作为当年的研修专题。为了增强教学的时代性、前瞻性和实效性,绍兴市委党校建立健全了教学调研制度。在制订教学计划前,由校领导带队,组织有关教师和管理人员,到市内有关部门和单位开展教学需求调查,了解干部教育培训的组织需求和个人需求,摸准基层干部究竟需要解决哪些思想疑惑。同时,开展学员个体的需求调研。通过问卷、访谈、素质分析等途径,充分了解不同层级、不同岗位、不同年龄阶段、不同学历层次干部的培训需求。绍兴市委党校积极鼓励学员参与教学设计,培训前在寄发入学通知时,就一并寄发选课单,要求学员在报到之前必须寄回,根据学员的建议,调整教学内容确定课程和师资。组织座谈会,及时听取学员对教学情况的意见和建议,局部修改个别教学设计,不断完善教学内容,使培训内容最大限度地符合学员的需求。2005 年以来,绍兴市先后选择"构建社会主义和谐社会、创新要素集聚与区域竞争力提升、建设资源节约型与环境友好型社会、全民就业与民生保障"等 30 多个重大问题作为研修主题。

在清华大学领导干部公共管理研修班方面,在学好公共管理核心课程的基础上,每期确定与公共管理关联度较大、与绍兴经济社会发展结合度高的4个问题,作为学员研究的专题,至今已就"领导干部执政能力、构建社会主义和谐社会、循环经济与可持续发展、经济发展方式转变"等12个课题进行了研究。2008年,又围绕"创业富民、创新强市"总战略的实施,确定了"经济发展方式转变与生态文明建设、创新要素集聚与区域竞争力提升、政府职能整合与政府成本管理、全民就业与民生保障"4个专题。在市委党校举办的专题研修班方面,2005年至2007年,先后选择确定了"社会主义新农村建设、自主创新与区域竞争力、建设资源节约型与环境友好型社会"等12个重大问题作为研修班的主题。2008年,又选择确定了"发展现代服务业、节能降耗减排与经济发展方式转变、生态文明建设"等5个研修主题。

第二,围绕主题,细化培训方案。要高质量举办专题研修班,制定一个科学性、针对性、可操作性强的培训方案十分重要。每年各类专题研修班方案的制订,绍兴市委组织部都要花很大的力气,精心谋划、反复论证、周密安排。由市委组织部会同职能部门形成初步方案,然后召集相关部门进行修改完善,提交市委干部教育培训工作领导小组审议通过。清华大学领导干部公共管理研修班一般提前半年时间,由市委分管领导带队,与清华公共管理学院就培训的总体思路、研究专题、办班模式、课程设置、师资安排、调研组织、研讨答辩、项目管理等环节进行反复商讨,形成正式方案。对于市委党校专题研修班方案,一般分三步进行:一是由市委组织部根据市委确定的主题,会同相关职能部门研究每期研修班的总体思路及办班要求,形成初步方案;二是由组织部牵头,召开由政研室、发改委等综合部门、相关职能部门、党校负责人参加的研讨会,就方案的各个环节进行认真论证,对方案作进一步修改完善;三是提交市委干部教育培训工作领导小组审议通过。每个专题研修班方案,都经过了反复论证、层层把关,保证了方案的科学性、合理性,为提高办班质量奠定了良好的基础。

第三,注重行动学习,创新研修模式。在研究型培训实施过程中,绍兴市采取"集中授课、现场教学、专题调研、研讨答辩"四合一的研修模式,做到理论与实践、讲授与研讨、学习与思考的有机结合。通过精细化管理,着力提高培训的质量和效益。

一是集中授课。集中授课重点是解决系统学习理论问题，为深入研讨打下理论基础。对核心、重点课程，确保优质师资授课。把系统理论辅导作为集中授课主要内容，采取分段授课的方式进行。如清华大学公共管理研修班的集中学习，第一阶段，集中两周时间，让学员在清华较为系统地学习政治理论和公共管理的15门核心课程；第二阶段，结合专题调研，由清华大学教授来绍兴授课和讲座，每个班一般安排四次；第三阶段，安排两周时间，组织学员赴美国乔治·华盛顿大学系统学习公共管理前沿理论和经典案例。对在市委党校举办的专题研修班，一般安排两周时间，集中学习"三个代表"重要思想、科学发展观和研修主题相关的核心课程。加大优质师资的外聘力度，党校主体班次外聘师资的比例已经达到50%以上，有些专题研修班达到90%以上。对授课教师进行随堂评分，对分数较低者下次不再聘用。创新集中授课方式，实施"2＋X"教学模式，每次授课前采取前2小时由教师主讲，留出时间让师生就有关问题进行自由交流与探讨；开设学员论坛，组织学员围绕一个主题进行即兴发言；采取案例教学、经验介绍等手段，拓展学员的思路，增强研讨的针对性。

二是现场教学。现场教学重点是拓宽学员视野，增强学员感性认识。绍兴市把现场教学作为专题研修班的一个重要环节，把实证分析、情景体验作为现场教学主要任务，根据不同的研修班主题和教学需要，开展相应的现场教学。对清华大学领导干部公共管理研修班，注重利用国内外优质资源开展现场教学，根据培训的实际需要，选择清华、北大重点实验室，微软研究院开展现场教学，增强学员的创新意识，选择北京现代、联想集团、蒙牛集团开展现场教学，学习借鉴现代企业管理经验；选择华盛顿特区规划中心、美国政府机构、世界银行等地开展现场教学，使学员更好地体验美国公共管理的实践运作，培育世界眼光与战略思维；选择袍江新区、中国轻纺城等地开展现场教学，增强学员转变经济发展方式、提升自主创新能力的紧迫感与责任感。对在市委党校举办的专题研修班，注重整合市内外优质资源开展现场教学，如新农村建设专题研修班到绍兴县新风村等示范点开展现场教学，文化产业发展、创新要素集聚、中心镇建设、生态文明建设等专题研修班，分别到浙江东阳横店影视城、上海张江高新园区、广东东莞、国家首家循环经济生态试点城市——贵阳市进行现场教学。通过现场教学，使学员学习了经验、拓宽了思路、找到了差距、明确了方向。

三是专题调研。专题调研重点是为了让学员在系统学习理论的基础上，进一步深入实践，发现工作中存在的实际问题，通过分析思考提出有针对性的对策建议，达到理论与实践、学与思、学与用的有机结合。在调研选题上，每个专题研修班都有一个研究主题，在培训前告知学员，让学员事先收集资料、提前调研思考；在集中学习期间，根据研修主题，把每个研修班分成几个小组分别明确研究方向，每个学员根据小组的研究方向，结合岗位工作实际自主选择相应的子课题，既强化了课题研究的系统性，又使课题研究符合学员的工作实际和需求。在调研方式上，清华大学领导干部公共管理研修班采取了导师制调研方式，每一小组指定一名教授担任指导教师，学员调研期间，导师来绍兴开展调研辅导，举行大型讲座，帮助学员明确调研重点，梳理调研思路，加强对学员调研的指导。对市委党校研修班，注重市内与市外、省内与省外调研相结合，由党校组织相关教师组成教学指导小组，指导学员紧密结合工作实践开展专题调研。如发展现代服务业专题研修班，针对绍兴市服务业发展的重点和难题，分别组织学员在本地和杭州进行生产性服务业调研、到江苏苏州和无锡考察服务业集聚区、到大连考察服务业外包、到深圳考察现代物流业和总部经济等。在调研成果上，要求学员在高质量完成专题调研报告的基础上，加以提炼和深化，可以形成对市委、市政府的建议，也可以编写成典型案例或外地成功经验对绍兴的启示。调研结束后，在完成专题调研报告的基础上，加以提炼和深化，形成对市委、市政府的建议，或编写成典型案例，并将学员研修成果汇编成册，送市委、市政府有关领导参阅。

四是研讨答辩。研讨答辩既是对学员的一种激励，也是质量管理的一个抓手，更是研究型学习的一次提升。对清华大学领导干部公共管理研修班，答辩一般按课题组进行，每个课题组由2—3名专家担任评委，每位学员围绕论文的核心观点与精华内容，利用8—10分钟左右的时间进行答辩，评委现场点评，并提问相关问题，在研讨答辩的基础上评选出优秀调研成果。

对在市委党校举办的专题研修班,由市委党校牵头,组织专家教授、相关部门领导组成答辩委员会进行答辩。今年,绍兴市还作了新的尝试,每期专题研修班都请一名市领导担任答辩评委。从这几年看,每位学员对研讨答辩都非常重视,调动了学员学习思考的自觉性和主动性,实际效果明显,学员和导师普遍反映良好。

第四,统筹整合资源,强化要素保障。整合优势资源,优化要素配置,是开展研究型培训、提高研修班质量的重要保障。绍兴市加大对各类教育培训资源的整合,保证了研究型培训在组织管理、学员选调、师资选聘、基地建设等方面取得实效。一是培训组织体现全程参与。领导干部公共管理研修班由清华大学公共管理学院承办,境外培训由美国乔治·华盛顿大学承担,市委组织部和清华大学公共管理学院共同负责教学组织管理工作。对市委党校专题研修班,由组织部门牵头,注重发挥相关职能部门的作用,让他们全程参与培训方案的制定、培训的组织实施和跟班管理。其他专题研修班由相关职能部门全程参与方案的制定、实施和跟班管理。实行"培训项目组"制度,每期研修班均成立项目组,具体负责教学计划的组织实施。建立行政班主任、教研班主任双重管理制度,对学员进行"党性锻炼、理论学习"双百分考核和学时、学分制考核。二是学员选调体现结构互补。根据研修主题,每年两次发文提出选调意向,在县(市、区)相关部门推荐申报的基础上,有针对性地集中选调与研究专题关联度较高、不同层级、不同类别的干部参加培训。参训学员既有市级机关领导干部,又有县(市、区)领导班子成员和局办、乡镇(街道)正职,既有从事政策研究的干部,又有实践经验丰富的一线干部。这些学员从不同视角、不同层面共同探讨解决问题的对策,既增强了研究成果的专业性和有效性,又起到了互相学习、互相借鉴、共同提高的作用,增强了研究效果。三是师资选聘体现专兼结合。在加快培育党校品牌师资的同时,注重从各类专题研修班的实际出发,坚持按需、择优选聘师资,选聘国内外优质师资为研究型培训所用。为了适应清华大学领导干部公共管理研修班的需要,集聚了国内外资深专家、教授、企业家等优质师资,作为研修班的导师。清华大学危机管理专家薛澜、公共财政专家王有强、宏观经济学专家胡鞍钢,美国乔治·华盛顿大学公管学院原常务副院长

走
中浦院

教育培训案例

詹姆士、哈佛大学肯尼迪政府学院行政主任安诺德等国内外一批顶级教授，先后为学员讲课，实现了学员与大师间的零距离交流与沟通。为了满足市委党校各类专题研修班的需求，在加快培育党校品牌师资的同时，已建立起由近200名各类专家组成的兼职师资库，既有实践经验丰富、理论水平较高的政府官员、专家教授，也有优秀的企业家。同时，还实施了市领导、市级部门和县（市、区）"一把手"到专题研修班讲课制度。研究型培训外聘师资比例在50%以上。每期专题研修班都邀请一位市领导讲课，学员反映良好。四是培训阵地体现合作共享。在强化党校主阵地作用的同时，积极加强与中国浦东、井冈山、延安干部学院，国内外著名高校和专业培训机构的合作，构建一个开放型的培训基地体系，满足研究型培训的需求。以清华大学为依托举办清华大学公共管理研修班，充分利用北大、人大、乔治·华盛顿大学等国内外著名高校的优质教育资源，构筑起一个开放性的学习培训基地。加大本地现场教学基地的开发力度，目前已开发25个涉及经济发展、文化建设、社会管理、党的建设等领域，具有绍兴特色的现场教学基地，其中，绍兴县的现代纺织业的成长与发展、诸暨市大唐镇的"小袜子、大市场"等现场教学点，成为中国浦东干部学院的现场教学点。

第五，深入研究教学方法，进一步增强实践性。在实施研究型培训过程中，绍兴市委党校根据教学内容和教学对象的需要采取灵活多样的方法。总的原则是：基本理论和已达成共识的问题及教师有一定科研成果的内容，采用讲授为主的形式；属重大现实问题和尚未定论的问题，则采取以师生一起交流研讨为主的互动教学；对学员成分单一、工作性质相似的班次，教学活动以课堂研讨为主；其他情况的以小组研讨为主，实行小组研讨与课堂交流相结合等。近年来，积极引入启发式、案例式教学，开设情景模拟、学员论坛、现场教学、同伴教育、社会实践、文学艺术鉴赏等活动，有效激发学员的学习兴趣，提高学习研究效果。一是深化现场教学。依照灌输变互动、素材变教材、现场变课堂、实践者变教师的思路和师资配套规范、教学内容规范、教学程序规范的要求，在全市范围内开发出经济发展、和谐社会、政府管理、新农村建设、文化建设五大类20多个现场教学基地，并建立了制度化、规范化的运作机制。这些现场教学基地由市委组织部、宣传部、市委党校三家单位共同开发,主持人分别由现场教学点的相关领导、市委党校教师、县级党校教师担任,通过隆重的授牌仪式和有针对性的讲解,提高了基地单位的社会关注度和影响力。同时,也推进了现场教学点的工作。二是完善案例型教学。在行政法、公共管理、公共政策、公共经济学等课程中,通过教师讲解、学员讨论、小组辩论、情景模拟等手段,进一步完善案例教学,增强教学的互动性。在案例教学中,采取灵活多变的方式。例如,建立案例教学项目组进行案例教学,由项目组策划案例,安排多位教师,从不同专业、不同侧面探讨问题,从而更大程度地拓宽学员的思维,效果比较好。三是实施体验式教学。根据不同班次的需要,将专题辩论、封闭式军训、远程教育等现代教学手段引入培训课堂。如在主体班次中深化 2＋X 教学,重点做好 X 这篇文章。针对学员情况熟悉、学历和整体素养越来越高等特点,一改以往学员提问教师回答的传统做法,倡导教师提问学员回答、学员提问学员回答等新形式,努力抓好 X 环节。不断完善中青班 1＋3 培训模式,加强对中青年干部的磨炼式培训。在中青班教学中,组织学员到武警支队集训基地进行封闭式军事集训,到井冈山干部学院参加革命传统教育,到农村、企业参加学工学农活动,到省监狱进行警示教育。在中青班和初任公务员班开设拓展训练课,培养学员团队意识。这种以开发学员潜能为核心的教学形式,获得了学员的好评。

第六,精心组织,突出教学的有效性。研究型培训最基本的要求是研究式地教和研究式地学。为了做到这一点,绍兴市委党校重点抓"实施前的模块筹划、实施中的教学互动和实施后的总结评估"等三个环节。一是筹划模块教学。2006 年以来,在中青班、专题研修班中实施课题研究式教学,在市级机关中层正职(科级)办、县(市、区)正局(科级)班开展案例研究式教学。在实施课题研究式教学的班级中,学员在入学时就确定课题研究方向,5—10人为一个小组,学校确定 1 名骨干教师自始至终参与指导。在党校进行专题辅导之后,分组深入基层单位进行调研、资料的收集工作,期间进行专门的讨论和分析,事后写出专题报告,然后集中到党校进行答辩。在案例研究式教学中,在给学员发入学通知时,就要求准备案例,到党校进行系统学习后再思考,分析案例中的处置是否妥当,并在班级中进行交流评比。这

走
中浦院

教育培训案例

种教学模块既强化了教师的主导作用,也突出了学员的参与性,使学员在实践中积累的问题,在党校培训时找到答案。目前,比较成熟的模块主要有科学发展观与绍兴区域发展,建设资源节约型与环境友好型社会,枫桥经验创新与和谐绍兴建设,政府体制改革与服务型政府建设,党性锻炼与党性修养等等。二是激发学员兴趣。在课堂上,要求教师必须组织好教与学的互动,尽最大努力把学员吸收进来,调动起来,进行研讨,积极参与研究式"教"与"学"。不论采用何种研究式教学的方式,都要积极地培养学员的研究兴趣,引导学员独立思考的习惯,为学员提供能充分展现个人研究成果的机会和舞台,在教与学的互动中实现理论与实践研究成果的互学共享。比如,在初任公务员班尝试案例教学"AB 角"上课,由领导科学、公共管理学的两位教师在同一堂课中,对同一案例从不同的角度进行分析,加深了学员对同类问题处置的认识。三是加强总结考核。要求教师对课堂研究式的"教"与"学"作出实事求是的分析总结,及时表扬和鼓励在研究式学习中表现好的学员,肯定和支持学员中有代表性、创新性的研究成果,对课中的特点进行归纳,及时提出深化教与学的指导意见。针对班级的不同特点,选择"双百分"或"单百分"考核。针对不同的培训主体,选择考试结业、答辩结业、汇报交流以及上交调研报告、政策建议材料等方式进行考核。由于教学形式灵活多样,使教学过程既有针对性,又有实效性,培训效果明显,深受学员欢迎。

第七,强化管理,突出教学的协调性。在实施研究型培训过程中,绍兴市委党校在加强知识能力考核、党性锻炼与修养的同时,坚持以人为本的管理导向。重点是加强制度建设,努力实现教学管理的服务化、制度化、规范化。一是实行"双班主任管理"。即每个班配备行政班主任和教研班主任。行政班主任具体负责日常管理,如学员报到、日常考勤、生活服务等工作;教研班主任由专职教研人员担任,负责教研项目管理,向学员提供学习资料,组织学员开展教研活动,解答疑难问题等。通过教研人员与学员开展一系列活动,为教研人员提供与学员交流与沟通的平台,达到了了解学员心理,掌握社会实际,提高教学效果的目的。此举在全省党校系统属首创。二是实行"班级民主管理"。坚持用学员的评价作为衡量教学管理成效的标准,推进教育管理逐步向以学员为中心的服务型转变。凡学员论坛、班组交流、同伴教育等活动均由学员自己组织,教师只充当观察员或指导员,角色的及时转换,较好地处理了学校要求和学员需求的矛盾。同时,也有利于充分发挥班委在管理和服务中的作用。三是实行"课程竞标制度"。为确保教学质量,对专题课实行竞标制度。每学期初,所有专职教师根据教学计划总体要求和自身研究特长申报专题;教研室负责人根据学校培训班次教学计划初步方案,负责提出涉及本教研室单元设计的专题;最后由校"课程竞标领导小组"确定。四是实行"培训项目组"制度。每个主体班均确定一个项目组负责人,以自愿为原则组成3—5人的项目组,负责教学计划的具体组织与实施,促使教研人员既参与教学,又参与管理,更主动自觉地加强教与学之间的联系,积极组织教学活动。学校定期召开由各项目组与各部门负责人参加的联席会议,强化协调机制,协同管理,各司其职实施教学计划。

第八,巩固培训效果,拓展培训成果。提高研究型培训的成效,不仅要提高集中研修阶段的成效,更要注重在专题研修结束后把这些成果巩固好、运用好、发展好,实现研究型培训的效益最大化。为此,绍兴市从以下几个方面进行了探讨。一是注重把研修成果转化为市委市政府的决策参考。每位参加专题研修班的学员都按要求完成一篇调研报告,2005年以来,学员在对经济社会发展热点难点问题认真研究思考的基础上,共完成各类调研报告434篇,这些文章大多是对经济社会发展热点难点问题的剖析、思考及对策建议,不少调研报告见解独特,针对性、指导性、操作性较强,很多文章对市委、市政府决策以及一些难题的破解起到了积极的借鉴作用。二是注重在应用反馈中促进工作成效和自身能力的提升。绍兴市把学员能否在工作岗位上继续深化研修成果不断解决实际问题,作为检验专题研修班绩效的重要标准,进一步加强对学员应用研修成果情况的了解和反馈,对优秀的学员加大培养选拔的力度。通过研究型培训,学员的工作理念、思维方式、工作能力都得到了有效提升。正如有些学员所说,"我们回到工作岗位后,都自觉不自觉地运用清华所学的公共管理理论,指导自己的工作实践。在这几年我市开展的危机管理、社保改革、环境治理、城市建设、中介培育等许多工作中,都可以看到清华班学员的思想成果。"由于实际成绩明显,清华大学公共管理研修班130多名学员中,已有36%得到了提拔或转任重要领导岗位,树立了良好的导向。三是注重在发扬优良学风中推动学习型机关、学习型社会建设。许多学员把参加清华班等专题研修班的学习培训,作为自己终身学习一个新的起点,把清华的校风、培训期间形成的良好学风和方法,带到培训之后的日常工作之中,进一步提升自身的学习能力,带动和影响了身边的一批干部。2005年以来,全市副处以上领导干部每年结合工作实际选择一个课题进行调研,形成了1500余篇调研文章,对实践的追问、问题的求解,已成为许多干部的一种工作方式。为了更好地满足领导干部专题研修后的学习需求,2005年以来,绍兴市共举办市委中心组各类专题讲座近40场,听讲领导干部达1.6万人次;建设开通了绍兴市干部教育培训网络学院,8个多月来,登录学员已超过48.7万人次;整合相关论坛资源,开设了"越州大讲堂",包括市委中心组创业创新发展论坛、市级机关中层干部夜学讲座、企业经营管理人才曰商论坛、专业技术人才自主创新论坛和国学知识讲座;还在市管领导干部中开设了音乐艺术鉴赏,对培养学习型干部、建设学习型组织起到了积极的推动作用,为领导干部继续搞好学习拓宽了平台,创设了条件。四是注重在发挥示范引领作用中推进干部教育培训质量的全面提升。研究型培训为领导干部提供了一个更新理念、深化理论功底、拓展专业视野、推动前沿知识与实际工作相结合的全新平台。以行动学习为理念,探索创新专题研修模式,受到了领导干部的好评,也得到了社会的认可。特别是清华大学公共管理研修班,从第二期开始,就成了绍兴领导干部争相"抢"读的精品班。正如许多学员所言,"清华班已成为一个干部教育培训的品牌,成为一项干部学以致用的实践,成为干部推进工作的一种资历,更成为干部参加培训的一种期待"。在市本级开展研究型培训的示范与带动下,各县(市、区)先后成功举办了30多期专题研修班,促进了全市干部教育培训质量的全面提升。这种培训模式还被清华大学公共管理学院运用到其他20多个省市的100余个班次中,均取得了明显的成效。同时,绍兴市还把这种培训模式运用到干部挂职中,针对外地要求派干部到我市挂职多、接收压力大的情况,以"集中辅导、导师制调研、对接交流、研讨答辩"的研究型培训替代挂职,经过两年多的实践,得到了挂职干部派出单位的高度认可,不仅提高了"挂职"成效,还有效减轻了绍兴市的挂职工作压力。

4 开展研究型培训的经验与启示

绍兴市开展研究型培训的实践,积累的经验与启示主要有以下几个方面。

第一,实施研究型培训,必须围绕经济社会发展中的重点难点问题来开展培训。近年来,绍兴市积极适应绍兴经济社会发展的阶段性特点,先后选择了一批经济社会发展中的重点难点问题,作为研究型培训的主题,使培训的过程成为深入研究、探索解决问题的过程,从而提升了干部教育培训围绕中心、服务大局的水平。

第二,实施研究型培训,必须贴近工作实际、符合干部需求。研究型培训之所以受到学员的欢迎与认可,一个重要的原因,就是注重从干部的多样化、个性化需求出发,根据不同专题,科学设置培训内容,精心选择国内外优质培训机构,选聘一批高质量的师资,采用案例教学、现场教学等方法,较好体现了培训的自主性、实践性、互动性、开放性,促进了干部的自身成长。

第三,实施研究型培训,必须在学思结合、学用结合上下功夫。在研究型培训中,绍兴市注重让学员带着问题学习理论,带着问题开展调研,带着问题现场求证,针对问题提出对策,有效提高了学员的学习能力和研究解决现实问题的能力,实现了培训由拓宽干部知识面向开发干部潜能、激发干部创造力转变。

第四,实施研究型培训,必须建立一个开放、竞争、择优的培训工作格局。开展研究型培训,必须在发挥党校主渠道作用的同时,积极利用市场化的手段,统筹整合培训资源和工作力量。这样,有利于提高培训的实际效果,促进党校办学水平的提高,推进干部教育培训体制机制的改革创新,也有利于形成开放创新、资源整合、上下联动、分级管理的干部教育培训新格局。

第五,实施研究型培训,必须不断完善干部教育培训的体制机制。研究型培训作为干部教育培训的一种新模式,必须有相应的制度环境和体制机制条件。如何通过体制机制的创新,使研究型培训更好地与科学发展要求相符合,与经济社会发展需要相一致,与干部成长规律相适应,与国际先进理念和方式相接轨,需要在今后的实践中进一步加强探索。

第六,实施研究型培训,必须不断强化教育培训的要素保障。相比其他培训而言,研究型培训对基地、师资、课程等方面的要求更高,如何通过多种途径,更好地整合国内外优质教育资源,为高质量实施研究型培训提供保障,需要在今后的实践中不断加以完善。

第七,实施研究型培训,必须不断提高教育培训工作者的素质与能力。研究型培训作为一项系统工程,对组织者、承办者的工作理念、理论水平、组织实施能力提出了更高的要求,如何采取有效措施,让更多的干部教育培训工作者成为"眼界宽、思路宽、胸襟宽"的干部,成为理念新、业务精、能力强的干部,是当前一项十分重要的任务。

♫ 问题讨论

1. 绍兴市在开展研究型培训中,如何做到干部教育培训与经济社会发展和干部培训需求相结合?

2. 研究型培训如何做到研究与培训紧密结合?

3. 研究型培训如何更好地整合培训资源?

参考资料:

中共绍兴市委党校:《绍兴市委党校积极探索"研究式教学"的情况汇报》,绍兴市委党校 2008 年 4 月 1 日在中组部干教局调研座谈会上的汇报。

方建平:《绍兴市开展研究型培训的情况汇报》,2008 年 4 月 2 日在中组部干教局调研座谈会上的汇报。

三 | 江苏省开展城市规划建设专题培训

◢ 开展城市规划建设专题培训的背景

城市化是江苏省经济社会发展的五大战略之一。"十五"期间,江苏省的城市化进入了高速发展时期,城市化水平以每年 1.8 个百分点快速提升。2000 年底,城市化水平为 41.5%。城市化已成为全省经济社会发展的主要动力和支撑。到 2010 年,江苏城市化水平将达到 55% 以上,到 2020 年达到 65% 以上,全省形成空间布局合理、基础设施完善、人居环境良好、城乡发展协调的格局。但与此同时,城市化水平与经济发展水平不相适应,明显滞后于工业化的进程,影响了资源、资金、技术、人才、信息等要素的合理集聚和工业经济结构的优化、产业结构升级,影响了农村剩余劳动力的转移、农业劳动生产率和农民收入的提高,影响了第三产业的发展,成为江苏经济发展和社会进步的重要制约因素。同时,随着城市化和城市现代化快速推进,城市规划建设管理工作要求越来越高,一些市长的眼界、知识能力还有许多不适应的地方,搞城市化不懂城市规划,规划的权威性不强,严肃性不够,执行不严格,还是比较普遍的现象。比如,从南京市的交通情况来看,不到 10 年,与北京、上海交通堵塞的情况相比,南京路通车畅。然而,今天南京上下班高峰道路拥堵的程度,一点不亚于京、沪。就路堵的原因来看,车多、人多的确是不争的事实,但城市规划的失误更是难辞其咎。就城市建设和发展而言,规划是第一要素,做好、做精城市规划,是城市政府的第一责任。

城市的领导者,特别是书记、市长,是城市发展的策划者、决策者和管理者,是城市发展的责任人。"一个市长的眼界,就是一个城市的面貌。"城市规划在城市建设与发展中起着"龙头"作用,可良好地调控引导城市经营、塑造城市特色、优化城市形象。随着江苏省新一轮城市发展高潮来临,在推进城市化进程和进行城市现代化建设中不断出现了许多新情况、新问题。因此,迫切需要城市领导者不断地学习新知识、积累新经验、增长新本领,不断地开阔眼界、开阔思路,用科学的理念、先进的方法来规划、建设和管理城市。提高各级城市干部尤其是书记、市长的综合素质和规划水平,比过去任何时候都显得更加紧迫、更加重要。

举办城市规划专题研讨班,对提高江苏城市综合素质、提升市长管理城市水平,加快实施城市化战略,具有十分重要的意义。江苏省委、省政府决定培养具有"世界规划眼光"的城市领导者和决策者,把举办城市规划专题培训班作为培训高层次管理人才的重要内容之一,旨在进一步提高各级领导对城乡建设中具有前瞻性、战略性的重大问题的认识,全面掌握城乡建设领域的新知识、新理念,提高各级各有关部门领导指导和组织实施城乡建设工作的水平,科学推进城镇化和城市现代化。

2000 年全省城市工作会议要求加大力度培训城市领导的规划建设能力。前省委书记李源潮同志曾两次批示,要求加大对市县委书记、市县长城市规划知识的培训,派各市书记、市长出国学习城市规划。

根据新形势、新任务的要求,2001 年以来,江苏省按照省委、省政府的要求,紧紧围绕"两个率先"大局,以城市规划建设专题培训为载体,把市县领导干部城市规划专题培训作为推进江苏城市化和城市现代化的重要措施来抓,与省建设厅共同举办市县党政"一把手"和分管市县长城市规划专题研讨班,采取境内外学习、研讨和考察相结合的方式,着力推进城市化战略,努力增强市、县党政领导的城市规划意识,提升他们的"规划眼界",让更多的"行家里手"来推动江苏的城市化进程,取得了明显成效。

❷ 城市规划建设专题培训的主要做法

1. 深化认识,强化培训

城市是人类文明发展的重要标志,集中体现了一个地区的综合实力、政府管理能力和竞争力。进入新世纪,江苏省委、省政府把城市化作为全省经济社会发展的五大战略之一,摆上重要位置。加快推进城市化和城市现代化,是促进经济社会发展的主要动力和支撑,也是实现"两个率先"的重要内容。贯彻落实科学发展观,建设社会主义新农村,必须将城乡建设统筹考虑,形成城市与农村一体化发展的新格局。

市、县领导,特别是党政"一把手",是城市发展的策划者、决策者和管理者,是城市发展的责任人,他们对城市规划认识的水平,对城市建设规律把握的程度,直接影响一个城市的发展质量,影响当地经济社会发展。江苏省委组织部有关负责人曾在专题培训班开班式上指出,市长是城市发展的策划者、决策者和管理者,是城市发展的责任人。一个市长的眼界,就是一个城市的面貌。但是,从江苏省城乡建设的现状来看,存在四个明显滞后,规划制定明显滞后于城市发展,功能提升滞后于规模扩张,环境改善滞后于市民需求,基础设施滞后于建筑增加,这些已成为影响经济发展和社会进步的制约因素。产生这些问题的原因之一是,一些市县领导的眼界、知识和能力与城市化的快速发展不相适应。加强对市县领导干部的教育培训,提高他们的规划意识,提高他们领导城市化和城市现代化建设的能力,显得十分紧迫和重要。

为此,2001 年以来,江苏省紧紧围绕"两个率先"大局,提出了"用三年时间,将分管城市建设的市长轮训一遍"的工作目标,到 2004 年基本完成将分管城建市县长轮训一遍。

2004 年 4 月,前省委李源潮书记专门就进一步开展城市规划专题培训工作作出批示,要求再用三年时间,培训 100 名市长。2005 年初又提出,组织市县长去美国学习城市规划有明显成效,还要选派各市书记出国学规划。

按照省委的要求,2005 年,江苏省建设厅与省委组织部一起,制定新三年城市规划专题轮训计划,重点对市县党政一把手进行以城市规划为主要内容的专题培训,从 2005 年起至 2007 年,每年举办两期城市规划专题研讨班,将所有市县党政"一把手"和新任的分管市县长轮训一遍。

为推动城市化和城市现代化,江苏省把城市规划作为一项重要工作来抓,把开展城市规划专题培训作为其中一项重要任务来落实。省委、省政府多次召开城乡建设工作会议,把开展城市规划专题培训作为城乡规划工作要点和干部培训工作要点。比如,2005 年 11 月,省委、省政府召开全省城乡建设工作会议,提出了实现城乡规划全覆盖的重大任务。2006 年 3 月召开的全省城乡规划工作会议,对规划全覆盖工作进行了全面部署,会后下发了

走
中浦院

教育培训案例

《省政府关于进一步加强城乡规划工作的通知》(苏政发〔2006〕51号),明确要求在2007年底前,基本实现全省区域性城镇体系规划和重大区域基础设施规划全覆盖,城镇总体规划和各项专业规划全覆盖,城市近期建设用地控制性详细规划全覆盖,历史文化和风景名胜区保护规划全覆盖,镇村布局规划和村庄建设规划全覆盖。2007年3月8日召开全省城乡规划工作会议,研究部署2007年全省城乡规划全覆盖工作任务。明确提出,2007年是全省实现城乡规划全覆盖的关键之年,要加大人员培训和宣传教育力度。要结合规划工作需要,分层次组织相关人员培训。一是继续组织好市、县领导干部城乡规划建设专题研讨班,采用国内短期集中、国外学习考察相结合的方法,学习规划领域的新知识、新理念,交流城乡规划工作的新思路、新方法,借鉴国内外先进的城乡规划工作经验,提高各级领导干部规划意识和工作水平。二是分期分批对各级城乡建设部门、规划部门的负责同志和省级重点中心镇的负责同志进行培训,不断充实和更新城乡规划业务知识,提高管理和服务水平。三是加大城乡规划管理人员、规划设计人员的专业培训。结合推进城乡规划全覆盖,有针对性地开展技术培训,提升城乡规划队伍整体素质,提高规划编制质量。另外,在会议期间,组织城乡建设专题培训班,邀请建设部领导和省内外知名专家进行专题培训。

省领导高度重视城市规划专题培训工作。前省委书记李源潮同志多次参加城市规划班开班仪式和学习成果汇报会,强调城市规划是城市发展的方向,是城市建设的目标,也是城市建设和管理的法规。建设现代化的江苏城市,关键要有一批真正懂城市化规律、懂城市规划的城市领导者。要学习借鉴国际城市规划建设先进理念和成功经验等人类文明成果,选择国际上既有可比性又有前瞻性的先进城市作为座标,着力推动国际城市先进经验江苏化。要按照科学发展观的要求,充分发挥规划的调控和引导作用,着力提升城市发展模式,全面提高城市发展的质量和水平。要从江苏实际出发,学习和借鉴人类城市发展的先进理念和成功经验,以科学规划引领城市发展,建设人民满意的宜居城市。省长梁保华也多次出席开班仪式和学习成果汇报会,强调城市规划是一项全局性、战略性、综合性的工作,做好新形势下的城市规划工作,充分发挥规划的引领作用,对于提高城市化和城市现代化水平至关重要。要充分认识规划在城市化和城市现代化中的引领作用，坚持以科学发展观指导城市规划，努力提高城市发展水平。城市化是江苏五大发展战略之一。在加快城市化和城市现代化的进程中，城市规划处于龙头地位，是政府指导城市建设和管理城市的基本手段。城市发展的决策者和管理者的理念和眼光往往决定着所在城市今后的发展方向和水平。规划不仅是指导城市发展的蓝图，也是政府一项重要的公共政策，是政府合理配置资源、调控经济发展、维护公众利益的重要手段。要求拓宽培训渠道和形式，增强针对性和实际效果。

2. 科学谋划，精心组织

江苏省根据形势的发展和变化，开展调研，掌握需求，科学谋划，精心组织，合理安排，确保培训工作有的放矢，取得实效。

第一，精心设计培训内容。为了帮助市县领导干部掌握城市规划建设的基本理论和实务知识，江苏省精心设计培训内容，重点在帮助领导干部树立先进理念、增强规划意识、培养世界眼光、提高领导能力上下功夫。把培训分为国内集中理论培训、省外参观考察与国外参观考察三个阶段。在国内阶段，以理论知识讲授为主，重点围绕城市化战略、城市规划理论与实践、城市规划建设的法律法规、城乡建设的热点难点分析等专题设计培训内容，学习城乡规划、建设、管理、经营知识和有关行政法规，其中规划课占70%以上，为市长们系统地讲授当前国内城市化所面临的任务和挑战，介绍国外城市规划的历史和基本知识，使市长们掌握城市规划和建设的法律法规、基本理论和基本知识，专题研究建设工作的难点、热点问题。在国外阶段，以现场教学为主，通过对美国、加拿大或新加坡等国家具有鲜明特点和代表意义的城市参观考察，重点围绕城市规划、环境交通、历史文化街区保护和土地资源等设计教学内容，系统学习国外城市化发展的先进理念和经验，讨论城乡规划建设工作的难点、热点问题及重大政策，研讨江苏城市发展的对策和措施。每期研讨班都开设了近50个城市规划建设与管理方面的专题讲座。通过三个阶段的学习考察，使市长们既全面系统地了解了城市规划的理论与实务，又直接置身于先进地区和世界发达国家中了解其城市化建设的经验。

第二,精心选择授课教师。选择一流的授课教师是保证培训质量的关键。主要从两个方面来选择:一是从全国范围挑选城市规划建设方面最优秀的专家教授来授课,他们从不同角度讲述了城市化发展的理论、战略及对策,观点鲜明,见解独到,澄清了市长们在实际工作遇到的许多疑问和模糊认识,提高了理论水平和管理能力。二是从全国建设系统邀请领导和专家来授课,每期都请建设部分管部长、司局长、总经济师、总规划师以及建设部所属科研院所的专家来讲课。在国外培训期间,精心挑选方方面面具有代表性的专家学者,为研讨班授课的既有著名规划设计师、大学教授,还有州长(市长)、议员、著名开发和设计公司负责人、经纪人。通过接触不同层面的政府官员、教授学者和公司职员等,多角度地了解国外城市发展的趋势和方向。对国内外所有授课教师进行教学质量评估,满意度不高的及时进行调整。

第三,精心开展教学培训。不断创新培训方式,注重增强培训的针对性和实效性,一是理论讲授和研讨交流相结合。每期培训班,都组织学员学习城市规划建设的基本理论,研究最新发展动态。围绕热点难点问题进行交流研讨,省建设厅的领导和业务处室负责人每期都与学员共同研讨。二是课堂教学与现场教学相结合。在课堂教学中,采取老师授课、经验交流、分组讨论等多种形式开展教学活动。为了更好地把理论讲授运用到城市规划建设的实践中,把一半以上的课程安排在现场,组织学员到上海、广州、大连、深圳等城市参观考察,省建设厅领导随班现场讲评,解惑答疑。三是国内培训和国外培训相结合。在国内进行理论培训和现场教学的基础上,组织学员到美国、新加坡等发达国家学习先进理念和经验。实践证明,这种"三结合"的教学方式,有效地调动了大家学习的积极性,学员普遍认为感触深、理解透、效果好。

第四,精心设计考察路线。第一期、第二期研讨班在南京大学进行20天理论学习后,先后到上海、大连、深圳、广州等城市实地参观考察,去新加坡和香港特别行政区进行15天的培训考察。从第三期研讨班开始,市长们在省内培训后,安排赴美国进行考察学习。国外考察期间,每一个城市设立一个专题,如旧金山的主题是城市设计,芝加哥的主题是远景规划的编制,纽约的主题是城市设计与可持续发展，圣安东尼奥的主题是历史保护与规划，华盛顿的主题是城市化与公共政策。通过实地考察城市规划与建设，考察港口码头、车站广场、滨河地带、道路交通、污水处理等重大基础设施项目和历史街区保护项目，详细了解相关城市的街道景观、历史人文、规划变迁，了解美国城市化的发展历程，掌握世界发达国家城市规划建设的发展趋势，开阔眼界。从第六期开始，又将国外考察改为加拿大、新加坡等国，进一步丰富了考察学习内容。

第五，突出交流研讨。注意从当今世界城市发展的现状出发，针对本省城市规划建设中迫切需要解决的问题，把课堂教学、案例教学与现场教学充分结合起来，加强交流研讨，丰富培训内容，拓宽培训渠道，提高培训实效。培训中，既有大量的理论学习和阐述，更注重以现场讲解、案例分析的方法，解惑答疑。省建设厅负责人陪同学员去国外考察，进行现场点评，这种研讨式的培训，为市长们提供了一个学习提高的难得机遇和交流探讨的极好平台。通过灵活多样的教学形式，启发了思考，使之学时快乐，用时不忘。市长们也十分珍惜宝贵的学习机会，学习积极性高，学习氛围浓厚，始终保持旺盛的学习热情，带着使命、带着责任、带着思考、带着创新认真学习。研讨中理论联系实际，各抒己见、畅所欲言，提出了许多富有开拓性和前瞻性的意见和建议。选择针对性比较强的典型现场教学，通过看、听、议、思，使其始终处于感受新经验、接受新理论之中，可以更好地促进交流，启发思考，更加深刻地研究和借鉴先进地区的成功经验，探索适合我省城市发展的规律。

第六，注重跟踪调查。在合理安排学习内容与培训形式之外，将学习过程和学习效果充分结合。随着城市化和城市现代化的推进，城市规划建设管理工作也越来越复杂，市长们基本上是带着解决问题的心理来参加培训的。因此，只有掌握市长们的需求，培训才能取得实效。通过发放调查问卷，了解市长关心的问题和对培训的需求，让市长参与教学计划设计，共同制订教学计划和设计培训课程。培训结束，要求每位市长紧密结合工作实际，总结经验，分析问题，研究对策，形成论文，较好地做到了学以致用。同时，加强对培训效果的调查和跟踪反馈。通过发放调查问卷，对培训内容、授课老师以及考察线路等进行测评,力求培训内容多元,授课老师优秀,学有所用。通过召开座谈会,了解学习培训的效果、收获和体会,分析培训中存在的不足,提出改进建议,促进培训工作的进一步深入开展。

第七,精心做好服务管理。不管是在国内培训,还是到国外考察,都认真做好各项服务工作,尽力满足学员的培训需求,做好生活后勤等服务工作,努力营造一个良好的学习环境。培训结束后,及时把授课内容、学习资料等刻录成光盘发给学员,方便学员进一步深入学习思考,并把论文汇编成册,促进相互交流,扩大培训效果。开展对培训效果的调查和跟踪反馈,通过发放意见调查表、召开座谈会,了解学习培训的效果、收获和体会,分析培训中存在的不足,提出改进建议,促进培训工作的深入开展。在培训过程中,建立了一整套严格的管理制度,如点名调训制度、请假制度、安全保密制度等。研讨班成立班委会(临时党支部),强化学员自我管理。每期研讨班,建设厅和省委组织部都选派一名处级以上干部跟班服务,确保了培训任务的圆满完成。

3 城市规划建设专题培训的主要成效

开展城市规划(建设)专题培训的目的,是为了培养江苏省城市领导者和决策者更为深远的"规划眼界",使其具有"世界眼光",来推进城市化和城市现代化进程。通过学习培训,市长们比较系统地学习了城市规划建设管理方面的理论和法律法规,比较全面地把握了国内外城市化进程的最新特点和发展趋势,系统了解了国外城市化进程中的成功经验与深刻教训,清醒对比了江苏及各地与先进地区在城市化方面存在的差距,增长了见识,开阔了眼界,增强了加速推进城市化、实现"两个率先"的坚定信心。

第一,城市规划意识得到提高。城乡规划是城乡建设的蓝图,是政府指导和调控城乡建设的基本手段,对经济社会发展具有先导性作用。培训中,市长们了解到,美国许多城市到现在还在执行20世纪20年代制定的规划。可见其规划一旦确定后,很难随意更改,并且执行十分严格。经过培训,市县领导对"规划是政府的第一资源,做好规划是政府的第一责任"理解更加深刻,普遍认识到城市规划是城市建设的龙头,没有规划,建设就会失去方向,管理就会失去依据。在认识上实现从"纸上画画,墙上挂挂"到"画得好才能建得好"的根本性转变,深刻认识到城市规划是百年大计,必须规划先行,认识到必须以增强规划的前瞻性、科学性、民主性和法定性为目标,全面提高规划水平,使城乡规划经得起实践和历史的检验,经得起当代和后代人的评说。很多市县领导学习后,对本地的城市规划做了进一步研究论证。

第二,城市规划能力得到增强。通过培训,系统学习了国内外城市化进程中的成功经验和先进理念,理性分析了江苏省与发达国家之间城市化方面存在差距和原因,对国内外城市化新趋势的认识明显提高,比较全面地把握国内外城市化进程的最新特点和发展趋势,进一步增强了加速推进城市化和城市现代化、实现"两个率先"的信心。通过学习,市县领导认识到城乡规划影响长远,城市建设投资量大,与老百姓的利益密切相关,一旦决策失误,损失巨大。要提高规划和建设的科学决策水平,就必须建立和完善前期调研、专家论证和市民参与的决策机制,特别是在影响城市发展的重要决策中,要充分尊重专家和市民的意见,使决策工作从封闭运行向公开透明转变,减少决策的主观性和随意性,提高决策的科学性。

第三,城市人居环境得到改善。考察中,市长们看到,美国在城市规划中,处处体现出人文关怀的色彩,强调人与自然、环境的和谐协调。随处可见蓝天碧水、绿树成荫,城市公共设施,许多地方都能与环境融为一体。通过培训,市长们认识到,一个城市向哪个方向发展,建设一个公园、开发一片小区等,都首先考虑提升居民的居住环境质量。过去五年,全省城市市政公用基础设施建设累计完成投资 3550 亿元,占全社会固定资产投资的 8.2%,建设领域小康目标进程实现了新跨越,列入全省全面建设小康社会四大类18 项 25 条指标中的城镇人均住房面积、农村人均住房面积、城镇人均道路面积和城市绿化覆盖率等 4 项指标,全部提前超额完成。城市功能逐步完善,人居环境质量不断提高,至 2007 年底,城市污水处理率达到 82%,全国最高;垃圾无害化处理率 70%,全国领先。流域城镇污水处理设施建设取得突破性进展,城市水环境综合整治成效明显。苏南区域供水全面实现,苏中、苏北区域供水稳步推进。五年里,建成区绿化覆盖率提高 6.7 个百分点,人均公园绿地面积达到 11.8 平方米。扬州市获联合国人居奖,张家港、昆山市获中国人居环境奖。

第四,城市化健康快速推进。近年来,全省各地把城市化和城市现代化作为经济社会发展的重大战略积极推进。全省城镇空间布局渐趋合理,初步形成与现代化进程相匹配,与产业布局相呼应的城镇体系框架,促进了生产要素向各级城镇集聚,有力地推动了全省城市化进程。城市化水平由 2000 年底的 41.5% 提高到 2007 年的 53.2%,高于同期全国城市化平均水平 8.3 个百分点,成为全国城市化水平上升最快的省份之一。城市化进程的加速,有力地促进了工业化、信息化、国际化、市场化,拉动了投资,刺激了消费,在经济社会发展进程中发挥着越来越重要的作用。

江苏省举办城市规划专题培训的实践表明,紧紧围绕江苏省"两个率先"的实际培训干部,是城市规划专题培训充满活力和生命力的关键;领导高度重视和大力支持,是办好城市规划专题培训的重要保证;部门相互配合,各自发挥自身优势,是办好城市规划专题培训班的基础。今后,将继续按照省委、省政府要求,进一步推进市县领导干部城市规划专题培训,推动城市化和城市现代化健康发展,为"两个率先"作出积极贡献。

◢ 问题讨论

1. 城市规划建设专题培训对于围绕中心服务大局设置培训专题有怎样的启示?

2. 在设置专题培训班次时,怎样处理好干部层次与类型之间的关系?

参考资料:

《仇和副省长在全省城乡规划工作会议上的讲话》,载《规划动态》(第 20 期),如皋市建设局,2007 年 4 月 5 日。

《省建设厅周游厅长在全省城乡规划工作会议上的讲话》,载《规划动态》(第 20 期),如皋市建设局,2007 年 4 月 5 日。

杨洪海、蔡雨亭:《江苏对市县党政领导开展规划培训》,载《中国建设报》,2006 年 10 月 16 日。

中共江苏省建设厅党组:《扎实开展城市规划专题培训 全力推进江苏城市化健康发展》,载《江苏干部教育》2006 年第 12 期。

《王国生同志在省干部教育培训领导小组会议上的讲话》,2007 年。

《王国生同志在省干部教育培训领导小组会议上的讲话》,2008 年。

四 | 福建省推行"一班一策"增强培训的针对性实效性

■ 推行"一班一策"的背景

党的十六大以来,福建省认真贯彻落实中央大规模培训干部、大幅度提高干部素质的战略部署,干部教育培训工作取得很大成效。然而,长期以来,干部教育培训不同程度地存在着"上下一般粗、左右一个样"的问题,不能很好地满足不同层次、不同类别和不同岗位干部的培训需求,影响了培训的吸引力;培训班次设置与党委政府中心工作和干部本人的需要存在一定差距,相当一部分培训班次参训对象不加区分,课程设置"大一统",教师授课远离实际,培训方式单一化,考核评估不健全,干部学后感到不解渴;由于存在培训体制机制问题,尽管采取了一些改革创新的举措,但不能很好落实,特别是对如何办好每个培训班次还缺乏有力的制度保证。

为认真贯彻落实中央提出的科学发展观等一系列重大战略思想和胡锦涛总书记关于"联系实际创新路、加强培训求实效"的重要指示,在干部教育培训中更好地贯彻落实科学发展观,遵循干部成长规律,满足干部个性化、差异化的培训需求,进一步提高干部教育培训质量和实效,福建省委提出了"学用结合、注重实效"的要求,于 2006 年下半年明确了实行"一班一策"的思路,即以班次为基础,分类指导,采取不同的办班对策,做到"需求不同、专题不同、教材不同、师资不同、地点不同、方法不同",根据不同的培训需求设计不同的培训专题和课程,选聘不同师资,确定不同的培训方式方法。从创新办班工作机制入手,对办班的相关制度进行改革,建立新的工作制度体系,推进干部教育培训机制创新。

"一班一策"首先在全省乡镇党委书记新农村建设专题轮训班上实行,并逐步向全省推开。推行"一班一策",坚持以需求为导向,分类指导,因人施教,针对不同层次、不同类别、不同岗位干部的班次,采取不同的对策,实行精细化培训,增强了培训的针对性,提升了培训实效,使干部教育培训工作更好地服务科学发展,服务干部成长,让干部满意。

2007年5月,福建省委印发了《2007—2010年福建省干部教育培训规划》。《规划》强调,要把提高质量和实效摆在更加突出的位置,注重在培训中提高干部的素质和能力,在实践中锻炼和考验干部。实行"一班一策",搞好各级各类干部培训需求调研,合理设计培训专题,开发培训课程,选聘培训教师,改进培训方式,进一步增强干部教育培训的实用性和针对性。同时把干部参加培训情况的考核与年度考核、试用期考核和届中、换届考核挂钩,把考核结果作为干部考核定级、评优评先、职务职级晋升的重要依据之一。

2007年8月29日,福建省政府办公厅转发省人事厅制定的《福建省"十一五"行政机关公务员培训纲要》,明确提出要紧紧围绕党委、政府的中心工作,围绕实现"十一五"期间经济社会发展的战略目标,全面部署和推进行政机关公务员培训工作,把研究和解决海峡西岸经济区建设面临的重大理论和现实问题作为重要课题,引导广大公务员牢固树立科学发展观,掌握"四个重在"的实践要领,努力为海峡西岸经济区建设服务;始终坚持把公务员培训工作的目标、内容、方式和公务员能力建设紧密结合起来,努力提升全省行政机关公务员的政治鉴别能力、依法行政能力、公共服务能力、调查研究能力、学习创新能力、沟通协调能力、处理复杂问题能力以及心理调适等方面的能力,将公务员能力培养贯穿于培训工作全过程,遵循公务员培训规律,坚持规模和质量、效益的统一,增强培训的针对性、实效性;围绕海峡西岸经济区建设重大战略部署和公务员的工作实际,按照"要精、要管用"的原则和"一班一策"的要求,确定培训重点和内容,着力培养和提升公务员的理论水平和解决实际问题的能力,做到学以致用。同时,坚持从实际出发,适应经济社会发展需要,积极探索公务员培训的新思路、新途径和新措施,努力创新培训模式、内容、方法和机制,增强培训工作活力,使公务员培训工作充分体现时代性、把握规律性、富于创造性。

2 "一班一策"的主要做法

在开展干部教育培训过程中,福建省委组织部立足于办好每一个培训班次,按照"六个不同"的要求,把"一班一策"贯彻落实到办班的全过程。采取的做法主要有如下几个方面。

一是深入开展调研,把握培训需求。每年年底或年初,福建省委组织部会同省直有关部门和省级干部培训机构组成调研组,深入各地各部门开展专题调研,走访各层次干部,听取意见和建议。在此基础上,研究提出新年度培训计划和专题研修重点。在全省乡镇党委书记新农村建设专题轮训前,省委组织部先通过市、县(区)委组织部,对近千个乡镇进行调查摸底,摸清乡镇党委书记的培训需求;在举办全省组织部门领导干部能力建设专题研讨班前,通过问卷调查、走访座谈等形式,了解学员对课程设置、培训方式等的需求;在省委党校、行政学院举办培训班前,专门设计和发放问卷调查表,派专人进行专题调研,对每一个培训班次学员的专业背景、工作经历和参加培训情况进行分析,把握不同层级学员的培训要求,针对不同地区乡镇工作的特点,分别设计不同的培训专题,一期突出一个专题,一期抓住一个重点,做到需求清楚,有的放矢。

二是坚持"为大局服务、为干部成长服务",精心设计培训专题和课程。福建省增加专题研讨,增设学制10天左右的专题研讨班,结合不同阶段党和国家重大部署、省委省政府重大决策和工作重点开展专题培训,进行短时间主题集中的学习研究,以深入研讨,提高认识,思考对策,形成共识。省委组织部围绕推动科学发展、促进社会和谐、加快海峡西岸建设的需要,先后设计了"落实科学发展观"、"构建社会主义和谐社会"、"海峡西岸社会主义新农村建设"、"县域经济发展"、"城市规划、建设与管理"、"突发公共事件应急管理"、"企业发展战略"等重点培训专题；根据新农村建设的要求和不同地区乡镇工作的特点，围绕新农村建设，分别设计了"创新农村工作机制"、"推进民营经济发展"、"促进农民增收"、"深化闽台农业合作"、"加强村镇规划与建设"等不同的培训专题；围绕加强组工干部能力建设，设置了"信念与使命"、"国际国内形势分析"、"业务能力培养"和"领导力建设与提升"等四个专题。在干部教育培训中，做到一期突出一个专题，一期抓住一个重点。省委党校进一步完善"分类别、分层次"的教学体系，把全校主体班次分为进修类、培训类、专题研讨类和岗位培训类四种类型，以此作为定位不同类别培训性质的基本依据，分别对其教学内容进行重新定位。同时，根据学员是否参加过党校系统培训，分设 A、B 类班次，安排不同的教学内容，以提高教学的针对性和实效性，增强学员自主选学的选择性。省行政学院专门成立了培训课程开发策划组，围绕重点培训专题，开发相应的培训课程。

三是自主选择学习专题。省委组织部和省委党校、省行政学院、省直机关党校提供培训专题菜单，让各地各单位选择。参训干部，可根据工作需要和个人实际自主择训。如，县（市、区）常委分别参加组织、宣传、纪检等专题培训；县（市、区）长参加"推进行政管理体制改革"和"城市规划、建设与管理"等专题研讨；分管的副县（市、区）长分别参加"县域经济发展"、"现代农业发展"等专题研修。以农业为主的乡镇党委书记，选择参加"促进农民增收"、"深化闽台农业合作"专题学习；而工业发展有一定基础的乡镇党委书记，则参加"推进民营经济发展"专题学习。

四是坚持专兼结合，加强师资队伍建设。省委组织部改变过去培训以专家、教授讲课为主的方式，选择一流的授课师资，既在校（院）内聘请，也面向社会选聘，突出实际工作者授课。2007 年初，建立了由省内外专家、教授、领导干部、优秀企业家和基层干部等组成的福建省干部教育培训师资库，供各地、各部门和各类干部培训机构选聘。省委党校、省行政学院根据培训专题和课程需要，定期聘请中央、国家有关部委领导，省委、省政府和省直部门有关领导到校作专题辅导。根据乡镇党委书记工作特点，把培训班办到发展独具特色的乡镇、村、企业，先后聘请了120多名来自省直单位、县(市、区)、乡镇、村、企业负责同志作专题授课。为提高师资队伍水平，省委组织部实施了"骨干教师培训计划"，建立专职教师知识更新和实践锻炼制度，坚持每年举办1期干部教育培训师资境外培训班，依托省委党校、省行政学院各举办1—2期师资骨干班，选送市、县(区)党校、行政(干部)院校分管领导和骨干教师参加学习。省委党校、省行政学院和社会主义学院普遍推行专职教师聘任制、公开竞课、教学质量考核评估制，对教师教学质量进行综合量化测评，测评结果与职称评聘、课酬津贴挂钩。省行政学院对每一堂新课进行试讲评比，逐层选拔和配备院内师资，还通过网上报名选拔培训专题班次课程开发项目负责人。

五是推行"三位一体"，创新培训方式。省委组织部积极推行课堂讲授、现场教学与专题研讨"三位一体"的培训方式，突出现场教学互动。省级干部培训机构的主体班次普遍采取课堂讲授、现场教学与专题研讨"三位一体"培训方式。为了推动现场教学，省委组织部在省内分别建立了10多个县处级以上干部培训现场教学点和150多个农村基层干部培训现场教学点；充分利用上海、江苏、浙江、广东等地现场教学点40多个，组织学员实地学习借鉴省内外推进改革开放和科学发展的典型经验。如省行政学院组织县(市、区)长专题研修班学员到上海、江苏、浙江等地学习考察，拓展改革开放和科学发展的新视野；在组织乡镇党委书记专题轮训时，为学员安排了88场现场教学互动，专门邀请与乡镇工作联系紧密的省直部门职能处室负责同志进行面对面解疑释惑。对任职培训班，普遍采取团队组建、课堂教学、案例互动、学员论坛和视频点播等教学组织方式，把课堂学习与案例分析讨论、理论学习与能力训练结合起来；对全省乡镇党委书记新农村建设专题轮训，加大现场教学的比重，把班办到乡镇、村和企业；对全省组织部门领导干部能力建设专题研讨班，现场教学占培训课程的1/3强。全省各级培训机构也积极推行现场教学和案例式、研究式、体验式、情景模拟式等教学方法，充分利用网络培训、远程教育、电化教育等现代化教学手段开展教育培训。

六是实行项目管理，加强学员考核。省委组织部对各类培训班次，实行培训项目负责制。从制订方案、需求调研、课程设计、教师聘请、班务管理，到办班总结,由项目责任人全面负责,分工协作。同时,在一些培训班次中加强学员参加学习培训情况的考核工作。2008年初和7月,分别对省委党校第31、32期中青班学员学习情况进行考核;2008年4月,对第6—10批出国留学干部的学习研究情况组织了答辩和汇报会。各省级干部培训机构也对原有的培训班次学员考核制度进行完善、细化,提出了新的要求,做到在每一期主体班次结束时,普遍对学员学习成效进行考评。

福建省委党校为实行主体班次教学"一班一策",全校主体班次按以下类型设置。

第一,进修类班次。定位于在岗轮训。教学内容侧重于充实提高理论水平,提高领导与管理能力,学习和研讨重大理论与现实问题。厅级干部进修班A班,学制设定为1个月。教学内容主要是结合各个时期中央的大政方针和省委的重大部署,结合省情和重大现实问题,以及学员自主选学的需求分若干研究方向进行专题学习和研究。厅级干部进修班B班,学制设定2个月。教学内容较之A班增加1个月的以马克思主义中国化最新成果为主要内容的基本理论以及领导与管理知识等课程。县处级干部进修班,分在职学习和脱产学习两大类。脱产班分设A班和B班。A班学制1—2个月,根据学员所从事的工作分设若干研究方向的班次,如政治建设、文化建设、社会建设、公共管理、经济管理等等,分别调训(与自主选学结合)党政部门、企事业单位从事党务工作、宣传文化工作、公共管理工作、经济管理工作的处级干部,重点学习与其工作相关的理论和知识,研讨本领域共同关注的重大现实问题。B班学制2个月,教学内容包括以马克思主义中国化最新成果为主要内容的政治理论学习、党的路线方针政策和国家法律法规、提高领导干部素质和能力的专题以及学习研讨全省重大现实问题。在职班专为确定无法脱产参训的省直机关、福州市直机关单位的处级干部设置,学制3个月,教学内容与B班相同。乡镇书记进修班,在安排政治理论学习和领导干部素质、能力专题教学的基础上,着重围绕海峡西岸社会主义新农村建设,学习研讨乡镇工作的难点热点问题,交流乡镇党委书记实务和经验。

第二,培训类班次。定位于任职培训,主要培养后备干部。其中,中青年干部培训班A班学制设定为2个月,教学内容:一是学习党的路线方针政策和国家法律法规;二是提高领导干部素质和能力的专题;三是围绕省委的战略部署,从政治、经济、社会、文化、党建等确定某一两个方面进行专题学习研究;四是安排半个月左右的异地培训和考察;五是提高党性修养和拒腐防变能力的教育专题。B班在A班教学内容基础上增加一个月左右以马克思主义中国化最新成果为主要内容的政治理论培训,并适当延长异地培训和考察时间,相应增加其他模块的教学内容。党政干部培训班,调训对象为各地市推荐的处级后备干部。学制一年,每2年举办一期。教学内容:一是进行系统的政治理论培训;二是党的路线方针政策和国家法律法规培训;三是拓展视野的当代世界和中国的相关知识;四是提高领导与管理素质能力的课程;五是增强党性、提高拒腐防变能力的忠诚教育专题;六是省情与重大现实问题专题;七是提高科学文化素养专题;八是安排一个月左右的异地培训与考察。

第三,专题研讨类班次。定位于专题研究。专题研讨班具有时间短,针对性强,主题集中,效果明显的特点。主要根据各个阶段党和国家大政方针和省委省政府重大决策和工作重点,确定专题研讨的主题。计划每年举办5—6个专题研讨班,学制10天左右。

第四,岗位培训类班次。定位于岗位业务培训。其中,部门岗位培训班,属于党校与部门联合办班的性质,教学内容立足岗位培训需要,具体计划由党校和主办部门共同研究商定。新任职领导岗位培训班,主要针对党政机关新任厅处级领导职位的岗位业务培训需要开设,教学内容主要是履新应掌握的政治理论、政策法规、业务知识等。

3 "一班一策"的主要成效与启示

福建省推行"一班一策"以来,有效地激发了干部参加学习培训的积极性和主动性,广大干部的思想政治素质明显提高,运用理论分析解决实际问题的本领显著增强,有力地推动了全省建设又好又快发展,促进了教育培训工作的改革创新,凸显了办班成效。一是突出了培训实践性,提高了干部推动科学发展的能力。通过现场教学及互动,学员们实地去听、去看、去体验科学发展的典型,增强了科学发展意识,学到了运用科学发展观指导和推动工作的实际本领。二是突出了培训针对性,更好地调动干部参加学习的积极性。通过按需施教,干部参加培训收获大,学用结合紧,管用、有效,激发了干部学习的内在动力和潜能。据对40多个培训班次的抽样调查,学员满意率在96%以上。三是突出了培训制度创新,形成新的工作机制。在推行"一班一策"的过程中,始终把制度创新作为重要任务来抓,逐步建立起需求调研、自主选学、资源整合、培训项目管理、质量评估和学员考核等有关制度,初步形成了科学的办班制度框架。

福建省推行"一班一策"的实践,给我们以如下启示。

第一,必须坚持以人为本、按需施教。"一班一策"之所以一开始就产生较好的影响,在于它坚持以干部培训需求为导向,根据不同层次、不同类别和不同岗位干部的特点和实际需要,做到干什么学什么、缺什么补什么,围绕专题精心设计班次、开发课程,较好地满足干部个性化、多样化的培训需求,增强了培训的针对性和实效性。这是成功之所在,也是导向之所在。必须牢固树立以人为本的思想,切实转变观念,改进工作,分类施教,从根本上激发广大干部参加学习培训的内在动力和潜能。

第二,必须坚持"两个服务",以需求为导向。"一班一策"之所以一开始就产生较好的影响,在于它充分体现科学发展观的要求,坚持以人为本、按需施教。这就要求服务科学发展和干部成长,来谋划办班工作,坚持以我们正在做的事情为中心,抽调最需要培训的干部参加培训,做到科学发展需要什么就培训什么,干部在成长过程中缺什么就补什么,更好地适应推动科学发展的需要和干部个性化、多样化的培训需求。

第三,必须坚持立足班次、提升实效。搞好干部教育培训,班次是关键。必须坚持"六个不同",以班次为基础。这就要求我们必须把办好每一个培训班次作为提升培训质量和实效的立足点,针对干部的不同需求,分析不同班次的特点,准确把握办班的关键环节,设计不同的培训专题和课程,选聘不同的师资,选择不同的现场教学点,采取不同的培训方法,选调干部参加不同专题的培训,着力研究解决办班过程中存在的突出问题,切实增强不同班次培训的针对性和实用性。

第四，必须坚持统筹兼顾、整体推进。实行"一班一策"，涉及教学组织管理的各个环节和相关要素，只靠单方面改进，难以取得实效。这就要求我们必须针对各个班次的实际，分析各环节和要素之间的内在联系，进行统筹考虑，在科学开发专题、精心设计课程、择优选聘师资、改进培训方式、加强学员考核等方面进行全面改革，使"一班一策"落实到位。

第五，必须坚持整合资源、凝聚合力。从省一级情况看，目前单个培训机构拥有的教材、师资、管理等优质培训资源参差不齐。这就要求干部培训机构必须更新办学理念，走开放式办学路子，多渠道、多形式地利用各种优质资源，特别是优质师资和现场教学点资源，做到为我所用、资源共享、共同提高。

第六，必须坚持制度改革、创新机制。提升办班水平，最终要靠制度和机制创新。实行"一班一策"，关系干部教育培训管理部门、干部教育培训机构和学员各个方面，这就要求我们必须立足于班次的实际，及时对办班中的好经验、好做法进行提炼，进行制度创新，在优化教学流程、完善教学组织、加强学员管理等方面建立起一套职责清晰、运转科学、高效可行的工作机制，不断提高各类培训班次的规范化运作水平，确保办班质量和实效。

推行"一班一策"需要解决的问题

推行"一班一策"还存在一些亟待解决的问题。一是发展不平衡。在省级干部培训机构和省委组织部举办的重点培训班次中落实比较到位，在各市、县（区）和省直各部门举办的培训班次中推动力度不够。二是教师队伍的能力和素质有待进一步适应。一些实际工作者授课技巧有待提高，党校、行政（干部）院校教师的培训理念、教学方法和因材施教能力还不适应"一班一策"的要求。三是干部学习主动性有待增强。一些参训干部对新的培训方式不适应，表现在教学互动中，提问还不够积极主动，针对实际问题深入思考不够。

要确保"一班一策"取得更大实效，必须坚持以党的十七大精神为指导，以提高质量和实效为中心，以制度改革为重点，在深化上下功夫，始终把"一班一策"作为培训的新理念、新要求贯穿到干部教育培训的全过程,体现到办班的每一个环节中去。当前和今后一个时期,要着力抓好以下几项工作。一要持续深化思想认识。适时召开深化"一班一策"座谈会,组织各级党校、行政(干部)院校分管领导和干部培训管理者认真总结交流,进一步统一思想,提高认识,把握规律,切实把"六个不同"的要求落实到办班实践中去。二要持续加强师资队伍建设。加大党校、行政(干部)院校和现场教学点教师的培训力度,切实转变培训观念,改进教学方法,提高授课技能,解决好"不适应"的问题。三要持续提升培训管理者推动培训创新的能力。一方面要充实人员,保证必要的工作力量,另一方面要加强教育培训和实践锻炼,不断提升培训管理者调查研究、统筹协调、课程开发、项目管理和开拓创新的能力。四要持续推进制度创新。抓紧研究制定深化"一班一策"的专门意见,进一步健全完善需求调研、资源整合、质量评估、考核跟踪、经费保障等有关配套制度,形成长效机制。

问题讨论

1. 推行"一班一策"对于增强培训的针对性实效性有什么意义?

2. 推行"一班一策"需要解决怎样的问题? 在实践中怎样才能使"一班一策"取得实效?

参考资料:

马郁葱:《福建省委党校实行主体班次教学"一班一策"》,载《学习时报》2007 年 11 月 6 日。

《"一班一策"轮训乡镇党委书记》,载《中国人事报》2008 年 2 月 15 日。

蔡茂楷:《注重实效一班一策——福建省专题轮训全省 937 名乡镇党委书记侧记》,载《农民日报》2007 年 12 月 10 日。

五 | 湖北省襄樊市委党校开展主题教学

◢ 开展主题教学的背景

中共襄樊市委党校（襄樊市行政学院、襄樊市社会主义学院）位于襄城区利民街，占地90亩，建筑面积60030平方米。其前身是创建于1948年12月的"鄂北军政干校"，1949年5月中共襄阳地委成立，改名为"襄阳地委党校"。1983年10月，随地市合并改名为"中共襄樊市委党校"。1984年4月经湖北省干部教育工作领导小组审查批准为大专体制党校。2002年，按照襄办文〔2002〕85号文件，中共襄樊市委党校兼办襄樊市行政学院、襄樊市社会主义学院。目前现有教职工114人，其中专兼职教师51人，教授10人，副教授27人。我校认真贯彻中发〔2000〕10号文件精神，紧紧围绕市委的中心工作，提出了"质量兴校、科技强校、从严治校"的办校指导思想，确立了"以优良的校风影响人，以优秀的授课吸引人，以优惠的政策调动人，以优质的服务温暖人，以丰富的活动陶冶人，以铁的纪律管好人"的办校新思路；制定了打造名牌党校的奋斗目标。

地（市）级党校在学习和传播马克思主义中国化的最新成果上，如何联系实际创新路、加强培训求实效？如何既围绕党和国家中心工作大局，又结合地方实际，服务于当地经济社会发展，这是地（市）级党校教育培训工作中面临的主要问题。襄樊市委党校把学习和传播马克思主义中国化最新成果作为中心内容，围绕服务市委、市政府的中心工作，结合地方实际，科学确定教学主题，组织学员开展主题教学实践活动，把教学主题作为主体班开展教学科研活动的统领，作为深化党校教学改革、提高干部教育培训的针对性和实效性的红线，不断增强学员用马克思主义中国化最新成果武装头脑指导实践推动工作能力，取得了明显成效，走出了一条紧贴中心、符合实际、运作有效的可持续发展新路，丰富了教学内容，提高了培训质量。2006年全年举办春秋两期主体班14个，共培训学员707名，学制基本上都是2个月。2007

年举办了高新区村(居)委会两委班子成员培训班,学制为 20 天。教学测评满意率在 95% 以上。

2 根据马克思主义中国化最新成果,科学设定教学主题

传统的教学存在着"理论一条腿长、时间一条腿短"、"教学内容上下一般粗、左右一个样"、"理论与实践脱节"等问题。

襄樊市坚持在每期培训班都确立一个贯穿于教与学全过程的教学主题,为教与学双方提供研究问题的平台。确立教学主题的依据主要是科学发展观、构建社会主义和谐社会等马克思主义中国化最新成果,同时紧密结合市委、市政府同时期的中心工作和学员、群众普遍关心的重大社会现实问题,并在广泛征求意见的基础上提出。

设立教学主题是在党校学习和传播马克思主义中国化最新成果上,联系实际创新路、加强培训求实效的具体体现,是对马克思主义中国化最新成果的生动、集中体现。教学主题的设立是马克思主义中国化最新成果和本地实际相结合的产物,是马克思主义中国化最新成果的本土化、具体化运用,具有鲜活性、针对性和时效性,较好地解决了理论与实践脱节的问题。主题教学为马克思主义中国化最新成果的学习和传播提供了新平台,也为理论与实际的联系提供很好的载体。

近几年来,襄樊市委党校的教学主题分别为 2003 年春季"学宝钢、看襄樊、谋发展"、秋季"解放思想大讨论";2004 年春季"我为项目年献一策"、秋季"科学发展观与加快襄樊发展";2005 年春季"科学发展观与加强党的执政能力建设",秋季"构建和谐襄樊";2006 年春季"我为建设和谐襄樊献一策"、秋季"加快襄樊县域经济发展";2007 年春季"学理论、看襄樊、谋发展"、秋季"开放与发展"等。教学主题一般由市委副书记、党校校长在开学典礼讲话中向全体学员提出,要求学员围绕主题开展调研活动,深化学习成果,提高运用理论解决实际问题的能力。这些教学主题既具有时代意义,又具有本地特点,体现了马克思主义中国化最新成果在党校教学中的中心地位。

3 围绕教学主题，推进教学改革

党校培训关键在教学，落实教学主题的关键也在教学。与之相适应的教学内容和教学方式是主题教学取得成效的基础和关键。教学主题确立后，围绕教学主题，深化教学改革，促进主题教学的深入开展，提高干部教育培训工作的质量和水平。

第一，以教学主题为中心，科学设置教学专题。党校教育培训实行专题教学，教学主题确立后，首先把教学主题落实在教学专题上，并且以教学主题为中心设置教学专题。一是突出教学主题的中心地位。长期以来，党校教学内容涉及方方面面，学员对于每类知识的掌握都是较零碎的，不太系统。在教学专题的设置上，坚持以马克思主义基本理论为主课，开设有"马列主义基本问题"、"毛泽东思想基本问题"、"邓小平理论基本问题"等专题。同时突出马克思主义中国化最新成果的中心地位。这样，使学员既掌握了马克思主义基本原理，又重点学习了马克思主义中国化最新成果，对于马克思主义中国化的基本历程有了较为清晰的把握。在确定教学主题后，将其分解为系列教学专题，作为该期培训班培训内容的重心。这样，每期学员对于反映马克思主义中国化最新成果的某一方面知识的掌握就较全面、系统。比如今年春季，学校依据党的十七大报告和"开放与发展"教学主题，开设了"推进社会主义文化大发展大繁荣"、"以改革创新精神推进党的建设"、"努力实现国民经济又好又快发展"、"襄樊对外开放市情分析"、"襄樊市经济运行形势分析"、"新型工业化与襄樊工业化"等系列专题，使学员较为全面、系统地掌握了科学发展观的有关知识以及襄樊市情。二是规定所有授课教师都把教学主题作为课堂讲授的重要内容。除了直接冠以教学主题的专题外，还要求其他专题授课教师也要从本专业本课题的角度，研究、讲授教学专题，提高学员多角度、多层面把握马克思主义中国化最新成果的能力。三是聘请市委、市政府或有关部门领导作形势报告。为了促进马克思主义中国化最新成果的具体化、本土化，学校有针对性地聘请市委、市政府或有关部门领导围绕教学主题就襄樊市的相关情况作形势报告，促使教师和学员们增强对本地实际的了解,提高学员用马克思主义中国化最新成果分析问题、解决问题能力。

第二,创新教学方式方法,提高主题教学效果。实施主题教学是对传统教学内容和方式的重要改革,只有不断创新与之相适应的教学方式,才能使主题教学取得实效。一是坚持互动式教学。传统的"你讲我听"式的教学虽然有一定的积极作用,但效果也不太好。学校要求教师利用课堂、课间休息时间或者召开座谈会等形式与学员展开面对面的交流,展开教与学之间的良性互动,促进双方的信息交流,实现知识共享,教学相长。二是坚持开放式教学延伸教学平台。学校开放式教学主要采取点师授课、开门聘师等方式进行。点师授课就是由学员挑选老师或专题。近年来,学校在每期课程安排表上都设立占总数15%以上的专题采用市场配置的办法,由学员根据需要自主选择教师或专题。课程安排表后附30余个供选择的教师和专题。开门聘师就是有计划有针对性地邀请外地专家、领导基本实现(市)区主要负责人或市直部门负责人来我校作专题讲座,并与学员对话交流。近几年来,中央党校副校长王伟光、原副校长刘海藩、中央党校教授卓泽渊、著名经济学家樊纲、温元凯、王东京,省委党校副校长顾杰、中南财经政法大学、湖北大学等高校领导或教授,都来我校作过精彩讲学。市直有关部门负责人,也开设了国防教育、计划生育、防艾、保密、台湾问题等相关知识讲座。他们的讲授,视野开阔,信息量大,学员们很受启发。三是开展案例教学提高教学吸引力。近年来,学校坚持把案例教学作为党校教学改革的重要形式大力实践,逐步完善。学校的案例教学主要包括教师用案例授课和学员制作案例两种形式。学校提倡教师用案例诠释理论,引发学员思考、讨论,提出多种对策,不作结论性评价,增强课堂讲授的效果。学员制作案例是学校案例教学的特色。与通常所说的案例教学不同的是,学员制作案例是指在学制较长的班次(如中青班)开展案例制作活动,侧重于围绕教学主题,研究本地实际和为基层单位提供策划指导。

第三,以教学主题为中心开展"双带"活动,提高教师主题教研能力。实行主题教学,对教师的教研能力提出了新的更高的要求。通过主题教学,加强教师队伍的教研能力建设,努力造就一支政治强、业务精、作风正的教师队伍。党校教师在理论上有一定的优势，但是实践经验不足，理论联系实际的能力不强，与主题教学的要求有不少差距。为此，学校以开展主题教学为契机，加强教学科研一体化建设，构筑大教学、大科研格局，实行教学出题目，科研出成果，成果进课堂。教学主题既是党校的主题，也是教师开展科研活动的主题。近几年来，坚持围绕教学主题开展"双带"（带着课题下基层，带着专题进课堂）活动，每年利用暑假时间，组织任课老师集体到沿海发达地区和革命老区以及市内企业、乡村等处参观考察，实地了解和感受先进典型的发展经验和本市发展实际，获取第一手的感性材料，深化了对教学主题的理性认识和实践感知，丰富了讲课素材。各调研小组还根据调研结果撰写高质量的理论研究文章，有的研究文章还在《光明日报》、《党建研究内参》、《武汉大学学报》等高层次的报刊上发表，调研文章质量较高的直接转化为教学专题，促进了教学与科研的融合，提高了教师的主题教研能力。

▰ 主题教学活动的主要流程

第一，精心制订主题活动方案。开班伊始，学校精心制订教学主题的活动方案，将开展活动的目的、内容、意义、方法和步骤作详细规定，发到各班。让学员进行讨论，制订本班的具体方案。

第二，开展调查研究活动。在教学计划中安排 2—3 天时间，要求学员下基层调研。各班根据实际情况，分成若干个调研小组，分赴与课题内容相对应的工厂或农村进行深入细致的调查研究活动。调研结束后，每个学员都围绕教学主题，结合教师所讲的理论，联系本地区、本部门、本单位情况和调研的第一手材料，用马克思主义中国化最新成果为理论武器，深入分析问题、剖析问题，并提出解决问题之道，形成有分量、有见解的研究文章。然后以班为单位进行论文交流评比，教师作为评委参加班上的论文评比，根据发言质量和论文质量评出一二三等奖。

第三，组织理论研讨。每班推荐 2 名学员参加学校组织的大会交流。近几年来，每年在全校交流的论文质量和演讲质量都比较高，既有理论深度,又有深刻的实践基础,还有高超的演讲艺术。演讲不时引起大家的共鸣,赢得阵阵掌声。

通过开展主题活动,提高了学员运用理论解决实际问题的能力,并推出了一批有见地的好成果。其中不少论文有自己的独特见解,展示了学员较强的理论水平和分析问题、解决问题的能力。这些论文紧密结合襄樊实际,各自从不同高度提出了襄樊落实科学发展观的具体建议。学校还根据教学主题,组织相应理论研讨活动。如 2005 年上半年的教学主题为"加快襄樊县域经济发展",组织了全市性的"加快襄樊县域经济发展理论研讨会",襄樊各地的理论与实际工作者 40 余人参加研讨会,市委领导亲自到会并发表讲话,北京、广州等地的专家学者也撰写文章参加会议,对加快襄樊县域经济发展产生了积极的促进作用。有的论文还得到市委、市政府领导的高度评价,引为决策参考。

通过这几年的实践,学校围绕教学主题开展活动,深化教学改革,着力探索大规模培训干部的方式方法,受到了中央党校和省委党校及市委、市政府的充分肯定,学员的理论素质和实战能力有较大提高,较好地完成了干部培训任务。开展主题教学活动,要求教师和学员都要开展调查研究工作,并形成有理论深度、有实践价值的研究成果,调动了教师和学员双方开展科研活动的积极性,推动了教学科研一体化建设。对学员调研成果,在《襄樊论坛》上选录一部分,对其中的大多数成果,组织教师进行编辑,先后出了几本书,分别起名《学习研究参考》、《春思》、《感悟襄樊》、《闪光的主题》、《亮点纷呈》,寄送市委、市政府领导和作者以及下期主体班学员,指导学员开展调研活动,为襄樊经济社会全面发展作出了应有的贡献。

问题讨论

1. 怎样结合当地实际,根据党和国家大局设置教学主题?

2. 主题教学需要从哪些方面改进干部教育培训工作?

参考资料：

中共襄樊市委党校：《认真开展主题教学活动，不断增强武装头脑　指导实践推进工作能力》，2008 年 3 月 27 日在中组部干教局调研座谈会上的汇报。

第三部分　培训方式方法创新

背景知识

　　培训方式方法是组织实施干部教育培训活动的途径、手段、措施的总称。培训方式方法是保证教育培训取得实效的重要环节,是影响教育培训成败的关键。在普通教育和成人教育中,通常采用的教学方法主要有讲授法、讨论法、现场教学法、谈话法等等。这些方法在干部教育培训中也常运用。在以往的干部教育培训中,主要采用的是讲授法,即主要通过课堂教学中教师的讲授来进行。经过多年的实践,基本上形成了脱产培训与在职自学相结合的培训方式。近几年来,干部教育培训中各种培训方式方法得到广泛采用,尤其是案例式、研究式、情景模拟式、现场教学法等,在各级干部教育培训中,教师根据自身情况与培训内容和培训任务的需要,加以运用并进行创新,形成了各种行之有效的培训方式方法。当然,这些方法,有的是运用以往的理论成果加以实践,有的在实践中吸取经验并逐渐得到推广,有的需要进一步健全和完善。

　　本章主要选取近年来在一些培训机构中创新并得到广泛运用,受到干部欢迎的培训方式方法作为典型案例,一方面引发对这些培训方式方法的进一步关注,推广成功经验;另一方面,引发大家对这些方法的进一步思考和讨论,从而完善培训方式方法。

一 | 中国浦东干部学院的"三位一体"教学模式

　　作为国家级干部培训学院,中国浦东干部学院从大规模培训干部、大幅度提高干部素质的战略要求出发,聚焦干部教育培训的针对性和有效性,在创新培训内容和改进培训方式等方面进行了积极的探索。"三位一体"教学模式正是中国浦东干部学院在干部教育培训教学创新方面的一项积极探索。实践表明,这种教学模式能够有效地聚焦教学主题、深化培训内容、增强教学效果、提升培训质量,且在促进整合教学资源、优化培训队伍、加强师资建设等方面也有着积极的意义。

◢ "三位一体"教学模式产生的背景

中共中央总书记胡锦涛在中国浦东干部学院、中国井冈山干部学院、中国延安干部学院开学之际发来贺信,强调新时期的干部教育培训要"创新培训内容,改进培训方式,整合培训资源,优化培训队伍,提高培训质量";并在视察中国延安干部学院时提出干部教育应该"联系实际创新路、加强培训求实效",不断增强创新意识和实效意识。中共中央颁布的《干部教育培训工作条例(试行)》指出,干部教育培训工作要坚持"与时俱进,改革创新",要"适应经济社会发展需要,创新培训内容,改进培训方式,整合培训资源,优化培训队伍,推进干部教育培训的理论创新、制度创新和管理创新"。干部教育如何联系实际、改革创新,从而不断适应新时期干部教育培训的需要成为一项迫切任务。中国浦东干部学院经过教学创新实践,初步探索了一种新的教学模式,即"三位一体"教学模式。"三位一体"教学模式是针对干部教育培训的需要,以培训理念为先导,通过拓展教学内容,整合教学方式,创新教学机制,进而将相互联系的多种教学资源有机地整合,从而形成的教学合力的一种教学新模式。

◢ "三位一体"教学模式的培训理念

创新的培训理念是"三位一体"教学模式的先导与统率。中国浦东干部学院根据中央领导的指示精神,认真遵循办学要求,体现办学特点,发挥学院办学优势,将历史与现实、理论与实践紧密结合起来,创造性地提出了"忠诚教育、能力培养、行为训练"三位一体的培训理念,从而为学院"三位一体"教学模式的创新提供了先导和统率。

"忠诚教育、能力培养、行为训练"是适应新时期干部培训需要的创新理念。"忠诚教育"是通过革命信念教育和党性锻炼对学员进行价值观教育，所解决的是"不变色"、"靠得住"和"为谁干"的问题，简言之，就是坚定信念，强化责任。"能力培养"是通过知识学习、思维提升、现场体验、互动研讨、案例分析等多种方式，全面培养和提升领导干部解决问题的本领、能力与综合素质。"行为训练"是通过行为规范和专项技能的培训，提高领导干部的职业素质。行为训练注重内在行为的调节、外在行为的规范和岗位技能的提升，着重增强领导干部的心理素质、角色意识和应变能力。

"忠诚教育、能力培养、行为训练"是"三位一体"的培训理念。"忠诚教育、能力培养、行为训练"三者互为联系、相互促进，统一整体。其中，"忠诚"是先导，是灵魂，统率着素质与能力、行为技能；"能力"是主体，是理想信念的支撑和保障；而"行为"则是信念和能力的外化与表象。"忠诚教育、能力培养、行为训练"培训理念的提出奠定了"三位一体"教学模式的坚实基础。学院的教学实践证明，三位一体的培训理念既符合中央关于干部教育的总方针与总要求，又符合中央对中国浦东干部学院的功能定位和特色要求。

3 "三位一体"教学模式的主要内涵

"三位一体"教学模式的基本思路是：针对干部教育培训的现实需要，创新教学形式，拓展教学资源，并围绕特定的教学主题，将相互联系的多种教学形式和多种教学资源有机整合起来，形成教学合力。从系统论的角度来看，"三位一体"教学模式是一个有机的系统，在该系统中存在着各种教学形式和教学资源的简单之和所不拥有的教学合力，即"整体大于部分之和"的"系统质"。

"三位一体"教学模式具有丰富的内涵，可以表现为多个方面，它既可以表现为教学内容上的"三位一体"，也可以表现为教学方式上的"三位一体"，还可以表现为教学机制上的"三位一体"。

第一，"三位一体"的教学内容是一套能力培养的体系

中国浦东干部学院针对干部培训需求与特点，以"改革创新"的时代精神为教学主线，围绕学院培训理念，在教学实践中形成了"3＋X＋G"的"三

位一体"的教学内容布局。"3"是指按照培训理念的外延建设的"信念与使命"、"素质与能力"、"行为与技能"三大课程模块,这是教学内容的主体,又是一种"三位一体"的结构。"X"是指根据不同培训对象的岗位要求和需求特点,以及党和国家一定时期的中心任务而确定的专题模块。"G"则是指体现国际性内容的课程。

学院认真分析培训计划,研究不同班次定位与特点,实施教学内容布局。下面以"信念与使命"、"素质与能力"、"行为与技能"三大课程模块加以说明。(1)"信念与使命"课程模块是"三位一体"教学内容的基本要求。学院通过中共"一大"、"二大"会址等革命传统教育的现场教学,通过先进共产党人的精神学习等,对学员进行信念与使命的教育。(2)"素质与能力"课程模块是"三位一体"教学内容的主体。从纵向层次上看,干部的能力可以分为经验能力、知识能力和思维能力。"三位一体"的教学内容布局正是为了培养干部的这一能力体系而创新发展的,它是实践经验、理论知识和思维方法在"能力"上的有机统一。从能力的横向结构上看,领导干部的能力可以分为驾驭市场经济、构建和谐社会、发展民主政治、建设先进文化和增强国际交往的能力。学院紧紧围绕党和国家的大局,设置相应专题研究班次,如"构建社会主义和谐社会"、"建设社会主义新农村"、"提高自主创新能力"等专题培训班。学院还开设"浦东开发开放与服务政府建设"等100多个现场教学点,开设了"领导干部的法律思维"等思维类课程,对学院进行全方位的能力培养。(3)"行为与技能"课程模块是"三位一体"教学内容的重要构成。这类课程从日常行为着手,努力将学员的理想信念和素质能力落脚为学员的行为规范和专项技能。中国浦东干部学院在教学实践中逐步开发了"领导沟通技巧"、"领导压力缓解与调适"、"媒体应对情景模拟"、"团队训练"等一系列课程,丰富和完善了教学内容的整体布局。

中国浦东干部学院通过"3 + X + G"的教学内容满足学员多样化需求与课程规范化、标准化之间的关系,构建"3 + X + G"的课程体系,用3类基本课程体系,进行模块化组课,实施标准化课程、教材建设。

第二,"三位一体"的教学方式是实现教学的基本路径

"三位一体"的教学方式是现场教学、专题讲座和互动研讨等多种教学方式的统称。"三位一体"的教学模式最直观地表现为教学方式上的"三位一体"。(1)现场教学是将课堂搬到了改革开放和现代化实践的第一现场,让学员在现场亲身体验改革开放实践的巨大成就,从现场的冲击与震撼中直接获得个人的启迪,在听取实践者介绍自身的成功经验与失败教训中,启发思维、开阔视野、升华认识。(2)专题讲座是邀请具有深厚理论知识和丰富实践经验的专家学者、高级官员以及学者型官员,围绕某一教学主题,将理论知识和实践经验有机结合起来,通过课堂讲授的方式向学员进行系统的传授。(3)互动研讨是在现场教学和专题讲座的基础上,围绕理论和实践中的某一热点难点问题,让学员有组织地开展多种形式的互动讨论,在思维的碰撞中对所学所思所想进行有效的梳理、总结和提升。

"三位一体"的教学方式是现场教学、专题讲座、互动研讨等教学方式的有机统一。在中国浦东干部学院的教学实践中,专题讲座、现场教学、互动研讨等教学方式并不是互不关联的个体,而是有机统一的整体,它们共同统一于"问题",也就是教学主题。"三位一体"的教学模式就是在问题的统率之下,围绕某一问题安排若干在课堂教学讲授的专题讲座、若干到现场体验的现场教学,以及若干在专题讲座和现场教学的学习心得基础上进行的小组研讨或学员论坛,从而集中解决问题。比如,围绕"如何发展循环经济"这一重要问题,将专题讲座"循环经济的理论与实践"、"中国循环经济发展的路径选择",现场教学"循环经济产业链的构建"、"发展循环经济,建设环境友好型城区",以及学员论坛"落实科学发展观,推动循环经济建设"、"城市循环经济规划与实践"等不同形式的课程有机组合起来,形成围绕该专题的"三位一体"的教学模式,从而更有效地开展循环经济专题的研究式培训。"三位一体"的要求既可以体现在不同教学方式的课程之间,也可以集中体现在某一种教学方式的课程中。比如,一个成功的现场教学本身就应该包含实践者的讲授、现场考察的体验以及实践者与学员之间的互动研讨等多个教学环节。现场教学本身就应该是一种"三位一体"的教学方式。"三位一体"的教学方式贯穿了中国浦东干部学院的教学实践。

第三,"三位一体"的教学机制是教学运行的重要保障

　　为了保障"三位一体"教学模式的顺利运行,中国浦东干部学院通过三年多的实践探索,逐步建立起了内外合作的资源整合机制、条块合作的沟通协调机制与团队合作的项目运行机制"三位一体"的教学机制。

　　内外合作的资源整合机制是"三位一体"教学机制的核心内容。首先,"三位一体"教学机制有助于实现专家资源、现场资源与学员资源的高度整合。在"三位一体"教学模式的框架下,专家的授课内容联系实践,必须建立在对培训主题充分了解的基础上;现场教学点也不再是孤立的个案,而是被放入教学的整体背景中,努力从特殊的经验中抽象出一般的理论。在学员互动中还可以发现典型的案例和优秀的师资,从而在未来教学中转化为教学资源。其次,"三位一体"教学机制有助于推动专职教师队伍与兼职教师队伍的高度整合。在"三位一体"教学模式中,兼职教师必须加强与专职教师之间的沟通,充分了解教学主题和教学目的,专兼职教师共同拟定教学方案,从而形成事实上的教学伙伴关系。这种伙伴关系有助于兼职教师更好地融入教学体系,也有助于专职教师更好的成长。再次,"三位一体"教学机制有助于推动理论资源与实践资源的有效整合。干部教育要求理论与实践的有机整合,"三位一体"的教学机制为问题的研究开辟了广阔空间,有助于真正实现"教学出题目,科研做文章,成果进课堂"。

　　条块合作的沟通协调机制是"三位一体"教学机制的运行保证。为保证"三位一体"教学机制的顺利运行,需要整合各方面的资源,需要各部门的协调配合,学院在实践中逐步建立起畅通的信息沟通渠道和反馈机制。一是学院以"训前需求调研,训中科学施教、训后延伸服务"的"培训链"保证教学运行顺畅。二是学院以"稳定的职能、柔性的边界"为原则,积极推进职能管理和项目管理相结合的管理模式,形成了日常工作以职能管理为主,重大任务以项目管理为主的管理格局。在教学管理工作中,积极推进职能管理与项目管理相结合的管理模式,形成了日常工作以职能管理为主,教学培训以项目管理为主的管理格局。

　　团队合作的项目运作机制是"三位一体"教学机制的实施载体。"三位一体"教学模式的成功实施,有赖于教学计划和教学管理的无缝衔接,有赖于教师、学员和相关行政人员的通力合作。实践证明"多方参与式"的项目运作机制是"三位一体"教学模式创新的有效载体。首先,由教学研究部的专职教师、培训部等部门的相关行政人员组成班部,形成项目组,自始至终负责各班次的培训。教学研究部的教师主要负责综合协调各项教学活动,及时了解和反馈教学情况、化解问题。培训部的行政人员则作为该项目的班主任,依照"服务人性化、管理精细化、手段现代化、组织高效化、要求严格化"的原则,负责学员的日常管理。其次,在学员入院培训伊始,项目组吸收学员作为班委,鼓励引导学员培训期间的自我管理。最后,在贯彻落实教学计划的过程中,不断建设与兼职教师、现场教学点等外在教学资源的双向良性互动关系。

◢ "三位一体"教学模式的初步效果

"三位一体"教学模式重实践性、时代性、针对性和国际性的有机统一,在教学实践中取得了很好的效果。培养效果的获得主要取决于学员接受培训后的反馈。许多学员认为,"忠诚教育、能力培养、行为训练"的培训理念既有普适性,又有鲜明的时代特征;教学内容聚焦在改革开放和现代化建设中形成的经验与教训背后带有规律性的原理,以科学发展促社会和谐,切实树立科学发展的意识,探索科学发展的方法、牢记科学发展的责任。内容贴近需求,务实管用,既有针对性强、信息量大的专题讲座,又有好看、好听、好用且互动热烈、点评到位的现场教学,还有主题鲜明、组织严密的学员论坛和小组讨论,以及能够"体现中央和国家重大方针政策"和"反映上海及周边地区改革开放的最新成果"的课程。教学形式丰富多样,整体组合具有创新性;具有实战特点的行为训练与情景模拟效果非常好。学员们认为,中国浦东干部学院的教学既捕捉到了来自实践的呼声,又有针对性地带来了启迪思路、转换观念的"及时雨"。许多学员把自己在中国浦东干部学院所学习到的先进理念、有效经验等融入到自己的实际工作中,取得了良好的效果。学员的实际行动成为了教学成效的最好诠释,经济社会发展中涌现出许多把学习成果转化为实践成果的鲜活实例充分展示了干部教育培训的综合效益。

⏰ **思考与讨论**

1. 教师在"三位一体"教学模式中扮演着十分重要的角色。如何发挥专职教师的主导作用,如何引导兼职教师参与"三位一体"的教学活动?

2. "三位一体"教学模式中,学员既是学习的主体,也是自我管理的主体,如何更好地发挥学员的主体作用?

3. "三位一体"教学模式是一种高度整合资源的模式,也是一种高度信赖校外资源的模式。如何优化教学资源的整合管理机制?

参考资料:

中国浦东干部学院教研部:《干部教育培训"三位一体"教学模式初探》,载《全国干部教育培训教学方式创新研究会论文集》,2007 年 7 月。

中国浦东干部学院教研部:《创新求实,多元统一———中浦院"三位一体"教学模式释要》,中国浦东干部学院第五期创业示范团队培训班材料之五。

二 | 中国浦东干部学院的情景模拟式培训 *

情景模拟是一种让学习者进入教师所设置的情境中,使他们通过角色置换、角色扮演感同身受的教学方式。由于比较真实的情景模拟需要一定的场地、技术等的支持,因此在教学中被采用的比较少。中国浦东干部学院在干部教育培训中率先推出情景模拟教学,取得了良好的效果,值得学习与借鉴。下面以媒体沟通情景模拟教学为例,加以介绍。

---

* 本案例根据中国浦东干部学院情景模拟培训的相关材料编写。感谢中国浦东干部学院周光凡老师的帮助。

◢1 情景模拟教学的背景

在深入贯彻落实党中央大规模培训干部的要求的大背景下,中国浦东干部学院努力实现干部培训内容上、形式上、管理上的创新和突破。在教学方式的改革与创新方面,中国浦东干部学院为有效提高干部教育培训效果与质量,为突破传统的以讲授为主的教学方式,努力进行教学实验改革,探索新的教学途径,媒体沟通情景模拟教学即是其中的一项重要内容,并且是中国浦东干部学院进行教学实验改革的重点项目。

现代传媒对领导干部提出了新的要求,对干部工作提出了新的挑战。现代社会领导干部往往通过新闻媒体来沟通群众、宣传政策,民主行政、树立形象,化解矛盾、协调关系,所以领导干部能否处理好与新闻媒体的关系,直接影响到政府自身的改革与形象,影响到政府职能的转变、政府目标的实现。而领导干部在这方面的知识与能力相对薄弱。为适应时代发展,特别是媒体时代的要求,增强领导干部媒体沟通的能力,中国浦东干部学院创造了情景模拟教室,开设了情景模拟教学。

总而言之,中国浦东干部学院的情景模拟教学是在深入贯彻落实中央大规模培训干部背景下,在中国浦东干部学院进行教学实验改革的探索中,为适应时代发展对领导干部提出的新要求的背景下产生的。

◢2 媒体沟通情景模拟的准备

情景模拟教学的实施离不开相关基础设施的支持。中国浦东干部学院教学实验中心构建了三个现代化的情景模拟实验教室。实验教室具备多种功能,可以胜任现实情景模拟、音像情景模拟等多种情景模拟教学。除设备准备外,媒体沟通情景模拟前还需要做好相应的准备工作。这可从教师团队与学员准备两方面来理解。

媒体沟通情景模拟课程的教师由一个教师团队构成,成员有备课教师、点评教师、技术支持教师。备课教师负责课程内容的设计、课程资料的准备等。点评教师主持课堂教学,对学员表现进行点评,并做出指导。点评包括学员表现的优点与不足,指导包括进一步的改进与理论提升等。技术支持教师负责模拟现场的技术支持、设备正常运转等。

为保证教学模拟的效果,课前会给学员相应的准备,让学员明白课程的基本情况,主要有如下内容。(1)上课形式。媒体应对情景模拟课的教学方式是学员全体全程参与体验,每人至少有一次参与模拟的机会,各人模拟的角色可能不同。学员分别在情景模拟一室和情景模拟二室参加模拟体验,时间过半、稍事休息后进行教室对换。(2)学员着装。学员一律着正装,无论男女学员均可适当化妆。(3)准备口径。新闻发布会的情景模拟,每场4人参加,凡参加新闻发布模拟的学员须至少提前一天根据发布会的主题和自己将要模拟的角色熟悉背景材料、利用网络等媒体自行搜索和分析最新舆论动态,4人之间还要开碰头会预测记者可能提出的问题,并对每一个问题事先统一口径,达成共识。参加演讲、电视专栏访问和会见等情景模拟的学员可以根据教案和自己将要模拟的角色事先单独准备应对内容。(4)学员分组名单。一般将学员分为A、B两组。

3 情景模拟教学的实施

媒体沟通课程内容主要包括4个板块:新闻发布会、演讲、电视专栏访谈和会见。

A组学员进行模拟新闻发布会和模拟演讲,B组学员模拟电视专栏访谈和模拟会见。两组同时开始。时间过半、稍事休息后两组交换场地与内容。

(1)新闻发布会的模拟

新闻发布会情景模拟现场设有摄像机、显示屏幕等设备,发布台上有发布人的姓名牌、摆放的鲜花等,发布台背后有新闻发布的主题背景。一切都按照现实生活中正式发布会的情境布置,以帮助学员进入"现场"、进入角色。

新闻发布会模拟前先确定模拟人员、每场4人参加,分配模拟角色。每位学员都被分配以不同身份的模拟角色。向学员提示模拟背景(材料已于前一天或更早发给学员）。这些模拟背景一般是现实生活中真实发生的案例，有的则经过教师的改编。在新闻发布会前，教师提供部分相关参考资料。下列材料是学员需要参考的。

新闻发布会前期准备事项一览表

操作流程	操作要领
1. 跟踪信源	跟踪信源，就是要求发言人想方设法掌握让你的发言百无一失的所有信息。发言人跟踪信源，一是列席重要的会议、见证重大决策的早期讨论和产生过程，信息始自领导者；二是每日追踪媒体的报道了解舆论的热点和焦点问题；三是到事发现场进行调查获取信息；四是与其他人和其他部门协调口径
2. 分析舆情	舆情分析的主要任务指对收集的报纸、电视、网络上的信息加以分析，为新闻发布和回答记者提问提供参考。分析舆情是为了下一步策划新闻发布的方式和时机
3. 准确押题	事先猜测记者的问题，就是押题，像学生在考试前的押题一样。新闻是贬值最快的商品，时效性很强。一般来说，记者的兴趣和注意力主要放在临近新闻发布会的一两天内发生的事情上。因此，这些问题在准备时应给予充分细致的考虑。由近及远、主次分明，这样做既可节省精力，又少有疏漏
4. 准备口径	无论新闻发言人对发布的新闻内容多么熟悉，都要准备答问口径。敏感问题的口径，常需要请示高层领导同意或与其他部门会商。跨部门问题的答问口径一般需要与有关部门协调确定或向高层领导请示。突发事件发生时，发言人应该立即拨通负责官员的电话向其索要发言口径
5. 把握时机	选择发布时机的原则：1. 以掌握舆论主动权为原则，在重要会议召开、重大政策出台或重要事件发生后及时发布；2. 突发公共事件发生时利用首因效应在第一时间发布信息；3. 避免与预期中的重大新闻事件的发生时间撞车；4. 避免与其他重要部门的发布会举办日期撞车；5. 媒体吹风会在行动付诸实施前发布；6. 避免召开没有新闻的发布会，不能为了保持影响力时不时地随意召开发布会；7. 发布会一般应尽量安排在上午举行，以方便媒体发稿
6. 确定人选	确定人选就是确定发言人和主持人。主持人一般由组织的宣传负责人担任，有时候发言人和主持人是同一个人。当主持人不负责发言的时候，发言人一般由组织的主要负责人担任，应尽量邀请级别高、有权威性的组织负责人。发言人旁可配设助理人员，如果邀请外国记者参加可以考虑使用口译员

走
中浦院

教育培训案例

（续表）

操作流程	操作要领
7. 准备文稿	发布会之前应该准备的文稿包括新闻通稿、背景材料、发言提纲、开场白等。需要散发给记者的主要是新闻通稿和背景材料。新闻通稿原来是新闻通讯社使用的工具。通讯社在采访到一些重要新闻以后，会以一种统一的稿件方式发给全国的需要稿件的媒体，这就叫做通稿。一个组织在对外发布新闻的时候，为了统一宣传口径，也会组织新闻通稿，以提供给需要的新闻媒体。背景材料应该包括与发布信息有关的更多的细节
8. 邀请记者	邀请记者要注意以下事项：1. 制作请柬，注明发布会主题、举办的时间、举办地点及简易地图、发言者身份；2. 星期一记者往往忙于检查上周工作、周五很多记者正考虑如何过周末，周二至周四开发布会较合适；3. 发布会一般上午10点或下午3点开始，持续时间一般为1—2小时，如想在当天晚报或晚间电视新闻中报道，最好安排在上午；4. 提前一周送达请柬，联系较多的媒体记者可以直接电话邀请；5. 发布会召开前一、二天电话通知确认
9. 模拟彩排	如果发布会十分重要，或者发言人觉得没有经验，没有把握，或者将要出席发布会的领导专家缺乏应对媒体的经验，在镜头前说话不够自然，那么就有必要进行模拟发布会的彩排

新闻发布会现场操作流程一览表

操作流程	操作要领
1. 设计形象	人的形象包括仪容仪表仪态三方面，仪容指身材外貌，仪表指着装打扮，仪态指言谈举止。设计能够吸引记者的自我形象是发言人对记者发挥影响力的过程的第一步，良好的形象也暗合记者们对发言人的期待。在着装方面，宜着正装以示庄重，注意领带的颜色和发布的信息的社会性质吻合协调。在言谈举止方面，现场面对媒体记者时，新闻发言人一定让记者看起来信心十足。姿态和表情宜于稳重大方，适当运用手势，彬彬有礼却不咄咄逼人
2. 介绍成员	介绍成员，就是在有领导或专家出席新闻发布会或记者招待会时，主持人向记者介绍这些参加发言的领导和专家。我们用"介绍成员"这一说法而不用"介绍嘉宾"这种说法，出席发布会的领导不是嘉宾，而是发言主体

操作流程	操作要领
3. 开场独白	开场白的重要性在于，你开口说话的前 30 秒决定你是否招记者喜欢。很多例行新闻发布会都由发言人主动发布他所准备的信息，如果还有记者提问环节，开场白不要超过 1500 字，可在几分钟内结束，尽快把时间留给提问环节。开场白的文稿也需要事先准备好，不仅自己准备一份，也可以为每位记者准备一份，供记者做新闻素材
4. 记者提问	当主持人或发言人在致完开场白后宣布进入记者提问环节时，记者席上常常会有很多只手同时举起来。这时候一般由主持人或发言人来邀请某一位记者提问。点记者提问要秉持公平的原则
5. 答记者问	答记者问的时间，总的原则是尽量简短、言简意赅，以便让更多记者有提问机会。当记者的提问特别专业，表达非常精彩或涉及的问题正中自己下怀的时候可以适当夸奖记者，对来自特殊地区的媒体记者可以在措辞和态度上适当照顾，以期通过媒体和这位记者本人传达对他的祖国或故乡的关心
6. 守住底线	用大爆私密来揭领导的短等于出卖领导，用"无可奉告"来封记者的口等于激怒记者，这两者都是发言人不能冒犯的底线。新闻发言人是同时为上司和记者两个"主人"服务的，守住底线应包含上述两层意思
7. 设置议程	议程设置——指媒体通过选择性的报道决定人们谈什么，想什么，为公众安排议事日程从而影响甚至操纵舆论的现象。议程设置的中心假设是：受到某种议程影响的受众会按照该媒介对这些问题的重视程度调整自己对问题重要性的看法。发言人可以引导媒体将关注的焦点放在自己预设的方面
8. 控制场面	控制场面，运筹帷幄、干净利落、善始善终地开始和结束发布会。现场控制应该不动声色，起码要流畅自然，不能给记者留下生硬粗野的印象
9. 控制时间	控制时间起码有两个含义，一是控制每个问题的回答时间，二是控制发布会的总时间。发言人回答问题的时间不能过长，只要扣准了问题的核心，清晰完整地回答了问题，也不应该占用太多的时间。记者会有无穷无尽的问题要问，而每次发布会应该有个时间边界。既然发布会有时间边界，而出席发布会的不仅仅是哪一家媒体的记者，其他媒体的记者也应该得到提问的机会，因此，每一个记者占用的提问时间和机会也应该有个边界

答记者问操作规范一览表

操作流程	操作要领
1. 弄清记者来路	对境内记者确认其所属媒体独立程度 对境外记者确认其所属媒体对华倾向
2. 倾听记者提问	倾听记者陈述的前提和结论 辨别记者提出的观点和问题
3. 辨别问题归口	受理本部门授权范围内应回答的问题 本部门权限外问题提醒对方转问他人
4. 确定回答人选	主持人将问题转交给应邀方的嘉宾 发言人兼任主持人时发言人独立答问
5. 对照押题题库	确认押题时是否猜中记者的问题 确认押题时有无准备相近的问题
6. 辨别圈套陷阱	分辨记者提问有无圈套陷阱 针对圈套陷阱确定相应策略
7. 搜索备用口径	已经准备口径的问题根据既定口径回答 没有准备口径的问题根据政策法律回答
8. 主动设置议程	尽可能正面回应记者提出的问题 尽可能顺带发布自己准备的信息
9. 运用策略技巧	熟练使用策略技巧 避免冒犯禁忌误区
10. 控制场面时间	控制场面 控制时间

新闻发布会与记者招待会的主要区别一览表

	新闻发布会	记者招待会
主动性	有信息要主动发布 发言人先发布新闻再回答记者提问	主要由记者提问 记者会开始后直接进入记者提问
独立性	主持人通常自己就是发言人，自己独立点记者提问、独立回答提问	主持人邀请领导者出席并回答记者提问，主持人不直接回答问题

	新闻发布会	记者招待会
规律性	定期、不定期或临时	不定期
持久性	一般半小时至一小时	一个多小时或更长
关注度	出席的记者相对较少	出席的记者相对较多
挑战性	问题往往很尖锐常见唇枪舌剑	因发言人位尊权重记者比较收敛
举例	美国白宫新闻发布会	全国人大记者招待会

（参考资料：周光凡著：《领导者的媒体驾驭能力》，清华大学出版社 2008 年版。）

新闻发布会的模拟程序如下。（1）主持人介绍发布人。为帮助学员进入角色，扮演角色的姓名都用学员的真实姓名。（2）开场白，一分钟左右（谁来做开场白由学员事先自行商定）。（3）发布会主持人点请记者提问。（4）记者提问（由教师提出三个设定好的问题）。（5）被问及的发布人答记者问。答问的要求是：一次答问时间不超过 5 分钟，答问前打开眼前麦克风（以摄像机自动启动特写镜头录音录像留下答问记录），回答完毕关闭麦克风，让镜头恢复全景。（6）记者提问（由台下学员扮演记者自由向台上发布人提问）。（7）被问及的发布人答记者问。（8）发布会主持人适时宣布发布会结束。（9）教师结合新闻发布会的相关知识与技巧要领以及学员表现进行点评。

（2）演讲的模拟

演讲模拟是向学员提供演讲模拟背景，由学员根据模拟背景进行演讲。演讲模拟其实也是一种角色扮演或角色置换，即演讲者要把自己置身于所模拟的身份与模拟的演讲主题中来。演讲模拟的主题与模拟者的角色扮演都是根据不同班次、不同学员的身份与实际工作有针对性的设置的。较强的针对性更贴近学员的工作实际与身份，可以使学员更好地进入模拟状态，获得更好的模拟效果。

演讲的要求是：脱稿演讲，每人演讲时间 3 分钟。

演讲结束后由点评教师进行点评。

（3）电视专栏访谈的模拟

电视专栏访谈情景模拟室内的设置包括主持人席、嘉宾席、嘉宾背后的相关背景、观众席、摄像机、显示屏等。这些场景设置模拟了电视专栏访谈的情境,帮助学员进入角色、进入情境。

电视专栏访谈的模拟一般每组两名学员,分不同的组进行。首先是向学员提供模拟背景。模拟背景的提出同其他模拟一样,尽量针对学员的工作、身份、特点等设置。

模拟开始,主持人进行开场白:观众朋友,欢迎收看《视点》节目……

在话题导入后介绍访谈嘉宾,介绍时身份是模拟的,但姓名仍然用学员的真实姓名;接着向他们提出相关问题。扮演嘉宾的学员根据主持人的提问进行回答。在这个过程中,主持人会根据学员的回答进行追问、插话、回应等。整个过程与电视访谈是一样的。专栏访谈的主持人是请电台的专业主持人担任的。教师的专业化水平非常高。在模拟结束后,主持人会根据访谈知识与学员的表现进行点评与指导,以帮助他们提高。

(4)会见的模拟

会见模拟的场景布置与正式会见场景几乎一样,两边是座椅,中间是台几,上面摆放有鲜花。整个会见坐席的背景也是经过精心布置的。

会见模拟也是先告知学员模拟情境,进行角色分配。模拟情境主要是双方会见,就双方共同关心的问题进行会谈。模拟程序如下:(1)宾主握手、供媒体记者拍照后就座;(2)主人表达对客人的欢迎,介绍自己的情况和合作意向;(3)来宾表示感谢,谈对方的印象以及合作意向;(4)双方就合作事宜交换意见并达成口头协议;(5)会谈结束,宾主双方握手告别。会谈模拟结束后,教师进行会谈知识讲解与学员表现点评与指导,必要时学员重新进行演练。

▲ 媒体沟通情景模拟培训的效果

目前已有上千名领导干部参与过媒体沟通情景模拟课程,收到了非常良好的教学效果。课程效果追踪表明,中国浦东干部学院的媒体沟通情景模拟课程成为学习最受欢迎的课程之一。学员们对此课程印象深刻,而且感到收获良多。学员们普遍认为该课程内容丰富,现实针对性强,所学技能实用性强,不仅加强了他们对媒体沟通的认识,而且增强了相关能力。学习结束后,有些地方的领导干部把这种情景模拟教学方式引入到当地的干部教育培训中,有的领导干部在实际媒体沟通中运用了在本课程中所学习到的知识与技能,收到了较好的效果。为进一步体现情景模拟教学的效果,推动干部教育的发展,目前中国浦东干部学院的情景模拟教学模式正在由媒体沟通情景模拟教学向学院的其他领域的教育培训拓展。

思考与讨论

1. 情景模拟教学需要协调处理入"境"与出"境"、背景与情境、情境与理论、主题与问题、小组与个人、教师与学员、历史决策与现实决策之间的多重关系,教师应如何在教学中处理这些关系?

2. 情景模拟教学中的教学情境如何设置才能更加引人入境? 在教学活动中如何引导情境中的角色扮演? 如何总结情景模拟活动?

3. 情景模拟教学具有较强的开放性与现场生成性,教师如何把握情景模拟教学中的开放性与生成性?

三 | 中国浦东干部学院的现场教学

现场教学是根据一定的教学目标与任务,组织学员到相关的生产单位和生活情境中,通过听取讲解、观察、调查或实际操作,以获得必要的直接体验,或者使所学理论知识与实践相结合的一种教学组织形式。现场教学以实际现场为"课堂",通过深入现场进行体验、案例分析、互动研讨等,实现理论与实践的联系,并在对实践进行研究的基础上提升理论水平。现场教学是干部教育培训重要方式,在干部教育培训中,有效地运用现场教学,可以促进对领导干部从素质培训向素质与能力相结合的培训转变,由提高学员的理论素养为主向提高素质与能力转变。中国浦东干部学院认真贯彻中央关于干部教育培训创新的指示,积极探索、努力实践,将现场教学发展成为学院最具特色的教学方式之一。

▨ 中国浦东干部学院现场教学的背景

胡锦涛总书记2006年1月在视察中国延安干部学院时,对干部教育培训工作和中国浦东、井冈山、延安干部学院的教学工作,提出了"联系实际创新路,加强培训求实效"的要求,为做好干部教育培训工作指明了方向。

作为地处改革开放前沿阵地的国家级干部学院,中国浦东干部学院自成立以来,认真贯彻中央关于学院工作要全方位进行创新的指示,坚持以科学发展观为指导,按照中央对学院的功能定位和办学要求,在培训理念、培训方式、培训资源的整合以及师资队伍建设等各个方面,努力创新探索,以忠诚教育、能力培养、行为训练的培训理念作为创新的指导思想,以中国特色社会主义理论体系为中心内容,以干部教育"为科学发展服务,为干部成长服务"为宗旨,坚持理论性与实践性相结合、历史性与时代性相结合、通用性与特色性相结合、稳定性与创新性相结合,深入开发教学资源,开展现场教学,形成了富有中国浦东干部学院特色的现场教学、专题讲座、互动研讨"三位一体"的教学格局。

在增强干部教育培训的针对性和实效性上,中国浦东干部学院创新教学方式方法,特别注重现场教学。中国浦东干部学院的现场教学充分依托上海及整个长三角地区的区位资源优势。上海是党的诞生地,有着光荣的革命传统,具有丰富的传统教育资源,而且又处在改革开放的前沿;浦东是改革开放和现代化建设的一个缩影。江苏、浙江是完善社会主义市场体制建设、区域经济协调发展的典范。它们都是在党的创新理论指导下进行改革开放和社会主义现代化建设的成功案例。上海、江苏、浙江等长三角地区作为我国东部沿海发达地区,改革开放相对较早,发展较快,国际化程度也比较高,有着不少改革开放和现代化建设的经验,也有许多教训或者值得研究的地方,体现了当代中国的时代特征。这些都是干部教育培训的重要资源。因此,中国浦东干部学院紧紧依托上海及周边地区的区位和资源优势开展现场教学,将资源优势转化为教学优势,充分发挥现场教学作用。经过多年的努力,中国浦东干部学院将现场教学发展成为学院具有自己特色品牌,并以此作为学院的核心竞争力。

❷ 中国浦东干部学院现场教学的基本情况

从 2005 年以来,中国浦东干部学院在中组部、中共上海市委和学院理事会的正确领导下,在上海、江苏、浙江两省一市的大力支持下,在各教学点(基地)单位的积极配合下,学院的现场教学点有了长足的发展。

中国浦东干部学院的现场教学点(基地)总量多,使用频率高。截至 2008 年 4 月底,学院已经成功开发现场教学点(基础)125 个,主要分布在上海及江苏、浙江两省一市的政府机构、具有典型意义的场馆、各类企事业单位等。从 2005 年至 2007 年底,学院依靠各现场教学点(基地)单位共开展现场教学 1287 单元/次(其中,2005 年为 317 单元/次;2006 年为 470 单元/次,2007 年为 500 单元/次),现场教学点(基地)使用频率逐年上升。比如,在中共"一大"会址纪念馆进行现场教学的班次累计超过 280 个,学员人数达 1 万多人;在浦东新区政府进行现场教学的班次累计 50 个,学员人数达 2000 多人;在上海联合产权交易所进行现场教学的班次累计 67 个,学员人数达 3000 多人;在上海宝钢进行现场教学的班次累计 45 个,学员人数达 2500 人。江苏昆山、吴江,浙江杭州、嘉兴等现场教学点(基地)的使用频率都在逐年上升。现有 125 个现场教学点的开发使用基本满足了各类班次学员的培训需求。

中国浦东干部学院的现场教学点布局合理,主题鲜明。学院现场教学依托上海及江苏、浙江两省一市各有特色的区位优势和资源优势,布局结构合理,教学主题鲜明,具有很强的针对性和广泛的适应性。现场教学点(基地)集中分布在 3 小时车程内的地区,在教学时间上具有可操作性,保证了现场教学的顺利实施。随着各教学点(基地)的日益成熟和现场教学课程内容的日益丰富,学院根据教学的需要和各教学点(基地)的教学资源特色,先后梳理出"红色资源与文化传承"、"政府治理与服务政府"、"城乡统筹与社

教育培训案例

会管理"、"区域经济与产业发展"、"企业改革与管理创新"、"资本市场与金融发展"等现场教学主题,涵盖了国有企业统筹发展、和谐社区建设、基层党组织建设、城市规划、新农村建设等各个方面。多年来,学院与现场教学点(基地)单位紧密合作,培育出了"中国共产党的创建与中国共产党人的历史使命"、"浦东开发开放与服务型政府的建设"、"上海创意产业园区的建设与发展"、"城乡统筹发展与和谐社会的构建"、"政府在地方经济发展中的引导和促进作用"、"洋山深水港与上海国际航运中心建设"等一批深受学员好评的现场教学精品课程。

3 中国浦东干部学院现场教学的主要做法

经过多年的实践,中国浦东干部学院在现场教学上探索了一些行之有效的做法。

(1)加强现场教学点开发的研究与设计

现场教学点(基地)的开发是现场教学的首要环节,也是搞好现场教学的基础工作。根据教学总体要求,中国浦东干部学院把经济社会发展中的热点难点问题和焦点问题确定为现场教学的开发主题,依托上海及整个长三角地区丰富的革命传统资源和现代化建设实践资源,挖掘出具有时代性、典型性、启发性的个案。每开发一个新的教学点(基地),学院相关教师都要广泛查阅相关资料、多处踩点,反复比较、深入调研,在此基础上选择与培训需求相吻合的现场教学点(基地)。课程开发项目组认真研究制订现场教学实施方案,对教学点的事实材料、理论意义、现实意义进行概括和归纳,对现场教学各个环节做出科学安排。

(2)加强与现场教学单位的沟通与合作

现场教学既要求教学的"现场感",又要求不同于参观考察,强调它的"教学"性质,因此现场教学比传统的课堂教学更为复杂,更需要多方面的沟通、协调和密切合作。学院教师根据教学计划的要求与现场教学点(基地)单位进行充分沟通,提前告知每个班次的培训要求、培训主题、培训对象以及教学组织等事项,如遇紧急情况和意外变化,及时做出调整。与现场教学点(基地)单位紧密配合,做好衔接工作,以保证现场教学的顺利实施。

(3)保证教师的参与度以提升现场教学质量

现场教学点(基地)的开发教师是现场教学重要的设计者、组织者和实施者,教师的积极性、参与度对现场教学的效果至关重要。在现场体验式教学中,教师的主导作用更多地体现在最后的总结提升阶段。教师通过总结各教学点(基地)活生生事例背后的经验或教训,做出理论归纳,对学员们工作中遇到的矛盾和问题予以解疑释惑,为寻找对策提供启发,这是现场教学的真正闪光之处。因此,学院力求使教师全身心地潜心研究,全方位地参与到现场教学之中,不断提高现场教学的针对性和实效性,提升现场教学的质量。

(4)中国浦东干部学院现场教学的操作模式

一般而言,现场教学包括如下几个步骤:选择并开发现场教学基地、进行理论知识教学、组织现场参观考察、交流互动、总结提升。中国浦东干部学院根据教学实施情况归纳出现场教学的五个教学流程,即"学前热身"、"现场体验"、"现场讲授"、"互动研讨"、"归纳提升"。根据现场教学的实施效果以及不同教学点的教学目标和要求,在具体实施过程中,五个环节之间并不存在严格的界限,甚至未必每个现场教学点在形式上都需完整地经历着几个环节,关键是因地制宜、因人而异地让学员回归实践世界,体验他们所经历的探索历程,并最终形成有效的、内化了的、适合自我的意义。因此,现场教学可将五个环节进行适当的灵活组合,形成不同的教学模式。

根据学院现场教学的实施情况,在教学模式上可以采用三种组合形式。

一是现场讲授＋互动研讨。这一模式先由教学点主讲以案例介绍的形式讲授背景、过程和结果,然后由学员与主讲人就主要问题展开问答式的研讨、互动,帮助学员深入了解该教学点,深化教学主题,使学员把握教学主题的历史方位和现实意义。该模式重在认知和深化对教学点的感性了解。

二是现场讲授＋互动研讨＋归纳提升。这一模式在案例讲授和研讨互动的基础上,由教师进行理论分析,通过横向比较和纵向分析,从不同视角引导学员进行思考、研究与分析。该模式重在提炼观点、提升认识、形成思路。

三是现场讲授＋互动研讨＋归纳提升＋学员论坛。这一模式通过讲授、研讨和互动，事先确定题目，组织学员开展学员论坛，就教学点的经验、思路积极展开学员之间的沟通交流，充分发挥学学相长的优势，互相启发、共同提高。该模式重在总结经验、启发思维、凝炼规律。

在现场教学实践中，中国浦东干部学院的现场教学逐渐凸显出开放性、灵活性、生动性、启发性、体验性、互动性、研究性、实践性、综合性等特点；形成了领导重视是做好现场教学工作的重要前提、各现场教学点（基地）单位的大力的配合是做好现场教学的基本保证、教学相关部门的配合是做好现场教学工作的有力保障等现场教学工作经验。

中国浦东干部学院现场教学的初步效果

中国浦东干部学院的现场教学，内容聚焦于上海及整个长三角地区在改革开放和现代化建设中形成的经验与教训背后的带有规律性的原理，内容紧贴现实，好看管用。学员们普遍反映，现场教学紧扣实践需求，是解疑释惑、开拓思路、转变观念的"及时雨"。例如，有的学员以前不清楚产权交易是怎么回事，也不了解合并重组在经济社会发展中的作用，现场教学使他们耳目一新、眼睛一亮，回去后就能借鉴经验进行实践。有的学员通过在江苏省吴江市的现场教学，真切地感受到了吴江的经验、速度与奇迹，改变了等待"产业梯度转移"的被动认识，形成了大力发展比较优势产业和特色产业，实现与东、中部地区产业比较优势产业和特色产业，实现与东、中部地区产业"对接"的主动意识。在与中央党校、国家行政学院、国防大学等国家级干部院校的衔接培训中，现场教学也发挥了重要作用。参加衔接教学培训的学员们，通过现场教学与在中央党校、国家行政学院、国防大学等院校专题讲授所涉及的理论知识形成衔接，加深了对改革开放和现代化建设中热点、难点问题的认识和理解，用他们的话说，就是"看到了典型，学到了经验，开阔了视野，启发了思路，悟出了真谛，增强了信心，提升了能力"。

学员们的行动是检验现场教学效果的最好证明。中国浦东干部学院的现场教学的培训成效通过一批又一批的学员转化成了造福于民的实践成果。有的学员借鉴松江规划展览馆经验，着眼培养市民规划意识，回去后很快建成了规划展览馆；有的学员学习上海建设法制政府和政务公开的经验，回去后建立了政府新闻发布会制度；有的学员学习长三角经验，通过国际招标进行城镇建设，取得巨大成功。有许多学员回去后，还以各种形式促进所在城市与长三角地区的合作交流。如利用在上海联合产权交易所现场学习建立起来的联系，积极促成当地企业在联交所异地上市，已经有河北邢台、江苏吴江、黑龙江牡丹江、广西柳州等城市的多家企业开始在上海联合产权交易所上市交易，推进了当地的国企改革和经济结构调整。宁夏吴忠市还聘请联交所人员担任市长助理，协助办理产权交易业务。福建省莆田市市长在联合产权交易所参加了现场教学，回去后将福建第一大啤酒公司——雪津啤酒有限公司通过福建省产权交易中心挂牌转让，将原来6.19亿元的净资产最终以58.86亿元转让，增值率高达850.90%，这一转让成为我国产权交易有史以来的最大交易额。甘肃甘南州与上海普陀区正式建立友好关系，在资源开发、绿色食品销售、劳务输出等方面开展卓有成效的合作。

许多学员表示，通过中浦院的教学培训，他们不仅学到了实实在在的经验和做法，还把培训成果应用到实践中，推进工作，这是来中浦院培训的巨大收获。学员的实际行动成为了教学成效的最好诠释，经济社会发展中涌现的鲜活实例也展示了干部教育培训的综合效益。

思考与讨论

1. 对某个现场教学点（基地）的使用需要整体设计，对多个现场教学点（基地）的使用更需要整体设计。如何在挖掘现场教学资源的同时，加强现场教学的整体设计，提升现场教学的质量呢？

2. 现场教学不同于一般意义上的参观考察，它具有明确的教学目标和教学主题。因此，现场教学需要有些比较规范、相对稳定的东西，应该怎么讲，最后怎么归纳等都应做好充分的准备，而不能像考察一样讲到哪里算哪里。如何加强现场教学的规范化建设呢？

3. 现场教学需要教学单位、现场教学点（基地）以及相关单位的配合，

走
CELAP
中浦院
教育培训案例

需要学院教师、现场教学点(基地)教师和学员的相互配合,如何协调各方关系,调动各方积极性,构建可持续发展的保障机制,实现现场教学的可持续发展?

参考资料:

奚洁人:《凸显现场教学特色　打造学院核心竞争力》,载《领导教育研究》2008 年第 2 期。

王金定:《干部教育培训模式的实践创新——中国浦东干部学院教学改革创新纪实》,载《中国浦东干部学院学报》2008 年第 1 期。

殷一璀:《加强现场教学规范化建设推进干部教育培训改革创新》,载《领导教育研究》2008 年第 2 期。

中国浦东干部学院教务部:《拓展现场教学内涵　全面提升现场教学质量——以中国浦东干部学院为例》,载《全国干部教育培训教学方式创新研讨会论文集》2007 年 7 月。

夏健明、陈元志:《领导干部培训的现场体验式教学研究》,载《中国浦东干部学院学报》2007 年第 1 期。

中共上海市浦东新区委员会:《用浦东开发开放的生动实践服务现场教学》,载《领导教育研究》2008 年第 2 期。

上海化学工业区管理委员会:《突出发展循环经济的主题　积极配合做好现场教学》,载《领导教育研究》2008 年第 2 期。

周志平:《现场教学的基本理论问题探讨》,载《领导教育研究》2008 年第 2 期。

沈斐:《现场教学浅议》,载《领导教育研究》2008 年第 2 期。

背景介绍

干部教育培训方式方法影响着培训效果。新形势下,以传统理论讲授式为主的培训局面必须寻求突破,以重新创造干部培训的生机与活力。现代培训理念强调挖掘受训者自身资源库,注重突出培训活动中受训者的主体性和参与性。无疑,互动式教学是贯彻上述理念的一种有效途径。研究发现,互动教学模式更能调动受训者学习兴趣,特别是其中的行为主义亲验式教学模式①使受训者在自己行为表现形成的鲜活案例中学习,既有极强的趣味性,又有相当的思想冲击力,不失为一种可以在干部培训中进行有益探索的教学模式。

陕西行政学院针对公务员培训特点,对经典管理游戏——"红黑游戏"进行适度改造,开设行为训练课程——红与黑的决策智慧,采用互动教学模式,以教学活动中学员的一系列参与行为为"教学工具"②,向学员渗透共赢、合作、沟通、诚信、规则制约等重要理念,着重培养学员决策中的博弈思维。

活动中有序地开展三种不同层次的互动。一是借助趣味活动激发学员与学员之间互动。二是依靠培训师活动协调与点评调动学员与培训师之间互动。三是运用声像光等手段引导学员进行内心自我互动。多层次互动带来感性体验,形成观点碰撞,引发内心冲击,使学员在参与中树立或强化的重要理念最终内化为内心信念,从而主动探究相关理论,并自觉促成自身内

---

* 作者:吴琼华,陕西省行政学院讲师;马文波,陕西省行政学院副教授。

① 该教学模式强调角色扮演、模拟与游戏法等,通过学员亲身行为体验来学习,达到提高学员能力的目的。参见孙秋玲:《课堂讲授法与行为主义亲验式教学法比较》,载《现代企业教育》1999 年第 6 期,第 47 页。

② 学员的参与行为本身就是教学讨论和分析的"活案例",故而称其为教学工具。

在思维方式及外在行动方式的改变。

✍ "红与黑的决策智慧"行为训练课程的理论基础

(1)运用现代培训理论

能力培训理念是现代干部培训的重要理念。能力培训理念的提出和形成,因其是社会进步带来的时代要求的必然,越来越受到干部培训界的认同。能力培训以问题为导向开展教学,旨在提高受训者的实际工作能力,不强调所涉理论的系统性;与能力培训相对的概念是知识培训,知识培训以更新受训者知识为目的,特别注重所授理论的系统性。随着我国干部学历水平的整体提高,当前受训干部对知识培训的需求程度在逐步下降,而对解决实际问题、提高实际工作能力的能力培训的需求程度则在不断提高。这对未来干部培训工作提出了巨大挑战,即我们的干部培训,不论在培训内容和培训方法上都要适应能力培训的要求:培训内容上,要找到相关理论与干部具体工作能力提升需求的结合点;培训方法上,要找寻并开创能够激发学员学习兴趣且有益于提升其能力的特殊模式。

现代培训方法,在能力培训理念的指导下,必须更注重体现"以学员为中心、以问题为导向、多样化的学习方式"这些特点。有学者提出,模拟式培训和研究式培训是体现上述精神、加强理论联系实际的有效培训方法。[①] 其中管理游戏类、角色扮演类培训即被归为此种模拟式培训的类型之一。不过笔者更认同将其称为前述行为主义亲验式教学法。然而,不论是将其称为"模拟式"还是"行为主义亲验式",其给教学带来的最大挑战就是必须使学员能全身心投入其中。因为只有如此,学员才能获得最完整、真实的活动体验,才能为下一步的讨论分析打下基础。一旦学员不投入,整个教学就将面临"釜底抽薪"之危险。

本课程在实施中应把握以下几点:首先,要特别注意活动的设计与协调,确保活动能够产生出与干部工作能力有关的内容结果。比如,可以通过

---

① 参见陈燕楠:《干部培训形式探析》,载《党建研究》2003 年第 8 期,第 42—43 页。

推选组长并设定组长职权,在活动中造成集体决策和个体决策冲突的局面,折射学员协调、妥协、决断等能力。又如,可限定沟通方式与沟通时间,在活动中形成特殊的决策时机情景,反映学员说服能力及对决策时机的把握能力。诸如此类,不胜枚举,活动中都可针对培训对象进行灵活设计与协调。其次,要注意激发学员的参与积极性,引导学员深入情景行动并思考问题。对此,一方面培训师要做好协调,另一方面必要时可采用声像光等手段配合以营造特殊气氛。最后,要注意时间的把握,本课程采用的这种行为亲验式培训方法,使学员一直处于较兴奋的状态,且有大量的参与行动,故时间不宜过长。笔者认为宜于在学员对相关问题已有所感悟并已得到了一定理论指导,但仍有一定关注热情的情况下结束课程。

(2)公共管理理论

治理理论在公共管理中的应用已受到一定重视。一般意义上来讲,公共管理是由政府、非政府公共组织和民众所组成的管理体系,共同管理社会公共事务的活动。有观点认为对公共管理的理论与实践都特别需要引入治理理论,治理理论的精髓可归纳为"参与、互动、合作、服务"八个字。① 基于治理理论,我们把公共管理看成是"共同管理社会公共事务的活动",破除政府本位,树立社会本位,把公共管理大致分为"政府管理"与"社会治理(包括政府治理)"两个阶段,其目的是为了突出"参与、互动、合作、服务"的思想。因此,在此种治理模式下,特别需要强调非政府力量的治理参与的过程,特别需要明确政府治理服务的目的,尤其要加强政府与非政府公共组织、民众的充分互动与合作。而要顺利实现社会治理上的政府与非政府组织、民众的互动与合作,就要求政府人员既要树立社会全面有效治理的共赢理念,还要认识到合作对实现共赢的重要性。同时,该治理模式对我国政府加快职能转变、完成角色重塑也提出了严格要求。笔者认为,顺应该治理模式的我国政府职能转变的基础应该是相关政府新理念的树立,比如有限政府理念、责任政府理念、法治政府理念、透明政府理念、诚信政府理念、创新政府理念等等。毋庸置疑,这些理念首先要真正渗透到作为国家公务员的

---

① 参见陈庆云、勤益奋、曾军荣、刘小康:《公共管理理论研究:概念、视角与模式》,载《中国行政管理》2005 年第 3 期,第 15 页。

"政府人"的头脑里,带来其行为方式的变化,才能在实质意义上完成我国政府职能的转变和政府角色的重塑。

综上所述,对公务员来讲,共赢、合作、诚信、法治等理念的强化是十分必要并具有重大现实意义的。本课程教学目的之一即试图使学员通过活动体验来深入体会共赢、合作、沟通、诚信、规则制约①等理念,加强其内心的认同。

基于上述公共管理理论,本课程在实施中应把握如下几点。第一,博弈活动过程中积极促成上述相关理念的渗透。上述理念在预设博弈活动实施过程中会使学员有所体会:比如活动目标与活动规则的设计就促使学员通过寻求共赢来最大可能实现活动目标。同时,在求得共赢的过程中,要通过沟通促进合作,通过坚守诚信来实现合作,通过规则制约来确保诚信,等等。但为了使这些理念能真的对学员内心形成冲击,培训师就有必要在活动协调的过程中,及时发现会引发上述理念问题的事件点,并对其进行巧妙地催化渲染,从而达到强化学员体验、加强理念渗透的目的。第二,博弈活动结束后总结强调相关重要理念。如果说上述理念在活动过程中是潜移默化地以学员体验的方式来渗透的,那么在活动结束后总结强调相关理念就是力求明确地以启发学员思考的方式来进一步提升和强化相关理念。从实践效果看,这种事后总结强调比较符合中国人思维习惯,是非常有益的。第三,理念的渗透不强调全面,但力求深刻。一门课程的承载量是有限的,上述理念虽重要,但却不可能在每一次课程实施中都能有效地全面渗透。笔者认为,培训师对此应理性看待。感悟所得的理念才有可能转化为内心信念,信念直接引领行动,但信念却是不可说服的。所以,在课程实施中不试图通过讲解说服学员接受某种理念,只积极促成学员深刻感悟其感受到的理念,力求"点"的深刻,而不求"面"的丰富。

(3)博弈论

有人说,决策失误是当今中国最大的失误。② 造成决策失误的原因当然

---

① 规则的最高表现是法律制度,某种程度上,规则制约的理念包含有一定法治精神。

② 参见赵光中:《领导决策力18法则》,载《中华工商联合出版社》2006年第1版,第3页。

是多方面的,但决策中缺乏必要理性,恐怕也是原因之一。因此,加强决策人决策的理性程度,对合理决策显然是有益的。另一方面,当今社会各利益主体之间的联系越来越广泛和紧密,没有哪一方的利益实现是可以完全不受其他社会主体影响的,这就要求决策时必须能认识到这种利益依存度,现实地选择自己的策略和行动。综上,在当今社会环境下,对领导干部加强理性决策训练,提高其在决策中对利益依存度的认识和把握,对提升干部决策能力是有益的。

博弈论作为最初产生于数学领域并广泛应用于经济学领域的一项重大理论成果,目前越来越受到诸如政治学、军事学、管理学等社会科学的青睐。博弈一词,指某些个人或组织作出相互有影响的决策;博弈的结局,不仅取决于某一个人或组织的行动,而且取决于其他个人或组织的行动。因此,博弈论也可以叫对策论。总体来讲,博弈论重点研究多个理性人在互动过程中如何选择自己的策略的问题,该理论有两个重要假设:一是博弈参与人是理性的。二是博弈参与人的得益不仅取决于自己的行动,同时取决于其他人的行动。[1] 我们将前一个假设称为理性人假设,后一个假设称为利益依存度假设。本课程着重关注领导干部决策问题,因而,博弈论也是本课程重点应用的理论,希望通过本课程的实施,引起学员的兴趣,并进一步研究学习。

某种意义上说,公共政策即是一种政府宏观决策。目前在中国,公共政策实施不到位、公共政策被无视和歪曲,已经不是偶然的情况。在公共政策执行过程中,政策参与者以自身利益最大化为目标选择行动策略,甚至在期望收益大于期望损失的情况下,选择违法、违规、违章和违纪的行为,某种意义上,可能也是一种"理性的选择"。[2] 如果将公共政策活动也看作一种博弈,前述博弈论理性人假设则提示我们,要做到尽可能准确地预测一项公共政策的后果,必须将各个利益主体一切可能的选择,包括"上有政策,下有对策"的"变通"和直接的违法行为都纳入公共政策分析的内容。以此为前提

---

① 参见潘天群:《博弈行为中的演绎与归纳推理及其问题》,载《自然辩证法研究》2003年第3期,第39页。

② 参见田大山、邱菀华:《基于博弈论的公共政策分析》,载《中国科技论坛》2001年第3期,第60页。

进行政策分析,对政策后果的估计才会比较真实;以此为前提确定有关的决策变量才可能是比较合理的。领导干部作为政府公共政策制定的重要参与者,促使其建立公共政策制定的博弈思维,显然有益于博弈论在公共政策活动中的有效运用。

领导干部对一项具体工作的处理过程,往往就是决策的过程。毛泽东曾经讲过,领导工作概括起来有两件事:一是出主意;二是用干部。可以说,这两件事的重点都是做选择,而选择的过程实质就是决策的过程。如果将工作的有效开展、社会公益的最大实现看作是领导人决策的最大化利益,而在博弈思维下,行动要始终围绕实现利益最大化来进行,那么,具有博弈思维的领导人就会始终围绕实现上述最大化利益来确定决策目标并采取决策行动。另外,由此衍生的涉及决策的理论还有很多可供借鉴。诸如决策目标确定、决策方案选择、决策效果反馈追踪、决策行为修正等问题;个体决策与集体决策的问题;决策时机把握问题等。

基于上述博弈及决策的理论,本课程在实施中应把握以下几点。第一,博弈活动协调中,培训师只负责信息传递,尽量不参与其决策讨论,让学员独立选择,加深其对决策过程与决策效果的体验。实践表明,活动中只有学员自己认真进行了选择并对选择结果有一定期望热度的情况下,才会更深地体会到在双方利益依存的情况下,理性决策对最大化实现决策利益的重要性。在此基础上,才会有学员的进一步深刻反思,也才能取得良好的培训效果。第二,博弈活动结束后,提醒学员面对博弈结果总结反思活动过程中自己的思维路线、行动表现,并引导其推衍到自己的工作生活中,查找自己在处理现实问题时与此类似的思维与行动。这一环节要力求触动学员内心。可以结合活动中出现的具体问题,运用多种手段营造思考气氛,由培训师在把握住博弈论与相关决策论重要理论点的前提下,对学员进行有目的的思考导引活动。此环节务必为后续讨论和点评做好充分的情感与理论点的铺垫。第三,讨论环节要充分激发博弈双方的争论,引发观点碰撞。激烈的争论会强化学员的活动体验,促进其对相关理论问题的关注热情,同时有益于其借鉴学习其他学员的思维方法。第四,点评环节要将博弈论的两个重要假设及相关重要知识精练介绍,并结合现场情况将问题集中到决策目标实现和理性决策问题上,同时还可视情况深入分析个体决策与集体决策等其他衍生问题。博弈论具有一定精深性和复杂性,不宜于在课程中系统介绍,可通过介绍其解决现实问题的"点"的方式,提升学员的认识高度,激发其深入研究相关理论的兴趣。同时,以博弈论为基点,对涉及决策的其他重要问题也可视每一堂课的具体情况有针对性地展开分析讨论。力求围绕解决课堂中呈现的具体问题这一中心,将所涉及的各理论点讲解丰满、透彻。

3 教学活动的组织实施

(1)教学目的

通过博弈活动获得的体验,启发学员体会共赢、合作、沟通、诚信、规则制约等理念,在此基础上帮助学员获得与理性决策有关的博弈论方面的知识,最终促使学员反思自己的工作、生活,进一步坚定共赢、合作、沟通、诚信、规则制约的理念,同时建立博弈思维,增强自身理性决策的能力。

(2)工具和材料

多媒体播放设备,移动麦克风两个,白板两个,黑笔、红笔若干,彩色卡片若干。

(3)教学步骤

首先,课前预热游戏或故事。(内容上与课程实施要有一定关联性。)

其次,"红黑"博弈活动目标及规则介绍。

活动目标:赢。(赢的标准:博弈活动结束时,各轮得分数之和为最大正分。)

如果将学员分成 A、B 两个博弈小组,各小组同时出牌,且每轮可以选择的牌色是红或黑两种,每一轮选择的得分结果都有赖于对方的选择做出后才能确定,那么根据我们对经典管理游戏"红黑游戏"的改造设计,这种博弈活动的具体得分规则与活动轮数就可以用下图表示。

红黑博弈得分规则图

A 组	B 组
红 +6	黑 −6
红 −3	红 −3
黑 +3	黑 +3
黑 −6	红 +6

活动轮数图

轮数	A 组	得分	B 组	得分
1				
2				
▲3 * 2				
4				
5				
★6 * 7				
	合计		合计	

　　▲3 * 2 与 ★6 * 7 表明该轮得分会被乘以 2 倍或 7 倍。这种倍数设计经过仔细测算,是为保证最大可能的共赢机会,并以此考察学员对局势的判断和把握能力。

　　第三,分组进行博弈活动。将学员分成若干博弈小组,每组以 7 人左右为宜,各小组间进行两两博弈。发给每小组六张彩色卡片(各小组每轮出牌方式:将其决定选择的牌色写在其中一张卡片上,再交给培训师,培训将结果通报双方后,才可进行下一轮出牌)。选定小组长,规定每组每轮的牌色选择经由组长将记载牌色的卡片交培训师后,不得再更改。如有小组提出沟通意愿,培训师将此信息通报对方,对方同意后允许博弈双方组长在限定时间内于单独场合完成沟通。

　　第四,公布博弈结果并进行思考导引。公布博弈结果,借助背景音乐、调暗的灯光,由培训师结合现场活动情况进行思考导引,引发学员内心的自我反思。

　　第五,学员讨论与培训师点评。在学员有了鲜活的活动体验和深刻的内心反思的基础上,趁热打铁,组织学员发言讨论(最好能引起争论)。然后培训师根据活动中反映出的问题以及讨论中涉及的问题,进行针对性地点评,着重介绍决策中的博弈思维模式,强调共赢、合作、沟通、诚信、规则制约等理念。(必要时可展示往期班次博弈结果及讨论中的精彩观点,加强学员思想资源共享。)最后提出课后思考题。

结语:能力提升是现代干部培训要追求的主要效果,对领导干部来讲,决策能力是其最重要的能力。通过对领导干部开展决策训练,强化促进理性决策的重要理念,介绍有助于理性决策的相关理论,培养催生理性决策的特定思维方式,显然不失为一种提升领导干部决策能力的有效途径。

思考问题:

1. 树立共赢、合作、沟通、诚信、规则制约等理念对开展政府工作有何益处?

2. 作为领导人如何确定合理可行的决策方案并最大限度实现决策目标?

3. 作为领导人如何使自己做到理性决策?

附　录

本课程是实践课程,每一堂课的培训对象都有其特殊性,故而每一堂课学员的实践表现都有所不同。这样,每一堂课我们分析的由学员行为表现构成的"活案例"就会有所差异。这就要求我们在组织讨论和点评时都必须具有一定的"现场性",这样才会"有的放矢";同时,相关理论的课前准备也必须充分,这样才能做到"所放之矢"的深入,产生"一针见血"的效果。

另外,本课程的实施,主体部分虽是参与式的博弈活动,但为了烘托培训内容,在博弈活动前和博弈活动后都会加进故事、游戏导入或思考导引、总结点评。但随之带来的问题是环节众多,难免杂乱。因此,本课程在流程操作上应力求顺畅、弱化痕迹感,以免造成程序烦琐的负面效果;内容上则要加强联系,注重衔接,以实现各课程环节的内在统一。

可供参考的课程流程图如下(某些环节还可根据临场情况进行形式和内容的适当调整)。

《行为训练——红与黑的决策智慧》课程流程图
(双讲)

项目	内容	实施人员	辅助及注意事项	时间
1. 预热故事或游戏(含自我介绍)	根据培训对象选择确定	培训师甲	培训师乙气氛配合	5—10 分钟
2. 分组	根据培训对象选择分组方法	培训师甲乙		5 分钟
3. 规则介绍	活动目标及两个图表	培训师乙	培训师甲规则演示配合	10 分钟
4. 红黑博弈活动开始	分发出牌卡片(每组6 张)及规则图(每组一张);带入讨论室;活动情况通报及协调	培训师甲乙	关注进展,有效协调、适当启发。	50 分钟
5. 博弈结果公布及思考导引	配乐启发导引	培训师乙	培训师甲配合灯光及气氛营造	5 分钟
6. 学员心得	组织学员发言讨论	培训师乙	培训师甲配合在白板上记录观点	20 分钟
7. 总结点评(必要时可回放往期班次博弈结果和讨论结果)	活动简要点评;博弈理论介绍;相关理念强调	培训师甲	培训师乙配合临场情况补充点评	20 分钟

🎦 问题讨论

1. 陕西行政学院如何综合运用各种理论,创新干部教育培训方式方法?

2. 在开展行为训练课程培训时,应该注意哪些问题?

参考文献:

安东尼·凯利著,李志斌、殷献民译,《决策中的博弈论》,北京大学出版社 2007 年 6 月第 1 版。

白波、郭兴文:《博弈——关于策略的 63 个有趣话题》,哈尔滨出版社 2005 年 8 月第 1 版。

洪钊:《博弈人生——中国历史人物的博弈论解读》,哈尔滨出版社 2006 年 5 月第 1 版。

赵光中:《领导决策力 18 法则》,中华工商联合出版社 2006 年 1 月第 1 版。

卢达·科佩金娜著,李莹译,《每一次都做对决策》,机械工业出版社 2006 年 8 月第 1 版。

潘天群:《博弈行为中的演绎与归纳推理及其问题》,载《自然辩证法研究》2003 年第 3 期。

田大山、邱菀华:《基于博弈论的公共政策分析》,载《中国科技论坛》2001 年第 3 期。

陈庆云等:《公共管理理论研究:概念、视角与模式》,载《中国行政管理》2005 年第 3 期。

周晓丽、马晓东:《当代政府施政的十大理念》,载《四川行政学院学报》2005 年第 4 期。

陈庆云等:《公共管理理念的跨越:从政府本位到社会本位》,载《中国行政管理》2005 年第 4 期。

陈燕楠:《干部培训形式探析》,载《党建研究》2003 年第 8 期。

孙秋玲:《课堂讲授法与行为主义亲验式教学法比较》,载《现代企业教育》1999 年第 6 期。

教育培训案例

五　广东省委党校的案例研究式教学*

✏ 推行案例研究式教学的背景

　　中共广东省委党校创办于 1950 年 3 月，1955 年改名为中共中央第六中级党校，1972 年改名为中共广东省委党校。广东行政学院的前身是 1962 年成立的华南师范大学干部专修科，1985 年 10 月经省人民政府批准成立广东省行政管理干部学院，1990 年 1 月改名为广东行政学院。2001 年 8 月根据省委的决定，广东行政学院与省委党校合并。广东行政学院是国家公务员培训的重要基地。省委党校常设主体班次有：市厅级领导干部进修班、县处级领导干部进修一班、二班，中青年领导干部培训一班、二班，中青年女干部培训班、省直单位处级干部进修班等，以及承办省委举办的重要班次，如全省县处级以上领导干部学习贯彻"三个代表"重要思想专题研讨班，全省领导干部树立和落实科学发展观专题研讨班，每月一期的广东学习论坛。行政学院主要有四大类培训班次：国家公务员初任培训班、任职培训班、专业知识培训班、更新知识培训班。

　　学校坚持以邓小平理论和"三个代表"重要思想为指导，以科学发展观为统揽，以加强党的执政能力建设和党员领导干部及公务员的素质能力为核心，以改革创新为动力，按照教学、科研、学科、学位、人才五位一体的发展战略，不断推动干部教育培训事业全面、协调和可持续发展，提升了综合办学实力和核心竞争力。

　　在 2001 年各班次开始实行的研究式教学的基础上，逐渐改进完善了案例研究式教学。2004 年 6 月，广东省委党校、广东省行政学院颁发《中共广

　　* 本案例根据中共广东省委党校案例研究式教学的相关材料编写。在写作过程中得到谢林平教授的帮助和指导，并提供丰富的资料，在此致以诚挚谢意。

东省委党校(广东行政学院)关于进一步推进主体班次教学改革的实施意见》粤校(院)字[2004]5号,进一步推动和深化主体班次教学改革。2006年6月,广东省委党校(行政学院)研究出台《广东省委党校(广东行政学院)关于进一步推进主体班次教学改革的实施意见》,在整体上推进主体班次教育培养目标、教学组织形式、教学内容设计、教学专题设置、教学方式与管理方式五个领域的改革。2006年初,广东省委党校在县处二班课题组研究式教学取得初步进展的基础上,从县处二班的特点出发,开展课题组案例研究式教学。在课程设计中专门设立案例研究式教学模块,组织学员成立案例研究小组,在指导教师的指导下结合工作实际开展案例研究。案例研究式教学是县处二班的一个重要教学单元,要求学员在导师指导下,组成案例研究小组,围绕广东省加快科学发展、促进社会和谐的重大现实问题,选定具体案例,拟定写作方案,撰写背景材料不少于4万字的案例。案例研究式教学把课题组研究式教学和案例教学有机地结合在了一起,是课题组研究式教学的一种创新形式,逐渐成为了广东省委党校(行政学院)案例教学的一大特色。

🎛 案例研究式教学的目的要求

开展案例研究式教学,是广东省委党校继实施课题组研究式教学、体验式教学之后深化主体班次教学改革的又一重要举措,它有利于贯彻落实中央和省委关于干部培训轮训工作的指示精神,进一步树立大教育、大培训观念,实现干部培训轮训"两个转变",增强干部培训轮训工作的针对性、实效性;同时也有利于推动我校主体班次教学工作的创新,使"坚持以能力建设为核心,重点培养党员干部的学习能力、实践能力,着力提高党员干部的创新能力"的教学要求在我校教学新布局中得到具体体现。其目的在以下几方面。

①通过实施案例研究式教学,组织学员围绕中央的大政方针,围绕省委的中心工作及广东省经济社会发展的重大现实问题,选择典型案例,开展研究式学习,做到主体班学员分类别、分层次进行学习和研讨,进一步解决党

教育培训案例

校主体班次教学中长期以来存在的"上下一般粗、左右一个样"的问题。

②以学员为主体,充分发挥学员学习的主动性、积极性,在教师的指导下,学员通过选题、调研、准备背景材料、写作等环节,学习和掌握案例研究的基本方法,进一步提高理论水平和写作能力,同时提高运用基本理论分析解决现实问题的能力。

③教师全程参与案例研究式教学过程,通过对学员选题、调研、写作的指导以及参加案例讨论等工作,一方面引导学员联系实际钻研理论,巩固理论学习成果;另一方面促使教师深入学员,接触实际,在对学员进行指导和答疑的过程中提高自身的教学科研水平,加强教与学之间的联系,促进教学相长。

④通过参与案例研究式教学的组织协调工作,进一步创新班部的管理工作,提高班主任的管理能力和管理水平。

⑤通过对案例研究成果的评审工作,对学员的理论学习情况以及学习能力、实践能力尤其是创新能力提高的状况进行综合评价。

案例研究式教学要以邓小平理论和"三个代表"重要思想为指导,围绕广东省解放思想,争当实践科学发展观的排头兵的若干重大现实问题,着重选取社会主义新农村建设、构建和谐广东、提高自主创新能力、加强生态环境保护等方面具有典型意义的真实事例来进行案例写作。整个教学过程共安排 10 个学习日,专题辅导 1 次,介绍案例研究法及案例编写方法。

3 案例研究式教学的实施步骤

案例研究式教学由教学组负责实施。以班为单位成立若干案例研究小组,在相关专业教师的指导下,采取调研、收集背景材料、听专题辅导、专题讨论和写作相结合的方式进行教学。案例写作小组在学员入学后按选题成立,每组人数 6 人左右。各组指导教师由一名相关专业具有副教授以上职称的教师担任。

案例研究式教学安排为第五单元,与第二、三、四单元教学内容穿插进行,教学时间共 10 个学习日。整个教学过程由选题、调研、收集背景材料、专家辅导、专题讨论、写作、评审等环节构成。

（1）选题

各案例研究小组在开学后一周内成立，班主任将案例研究小组名单报教务处。教务处协同教学组安排好各小组指导教师。各案例研究小组根据案例研究方向进行案例题材选择，初步确定案例研究题材后要组织一次选题论证，同一案例题材不得重复选择。正式确定研究题材后要按规定进行申报，待校领导小组批准后方可进入下一环节。

（2）调研

要求深入案例选题事发地或前往具有代表性的地区进行调研，通过现场调研获取所要研究的典型事例的第一手材料，弄清事件发生发展的来龙去脉，为案例研究和写作作好充分准备。调研以在省直单位、广州市区及周边地区进行为主。

（3）收集背景材料

各案例研究小组所有成员要合理分工协作，充分利用校图书馆的丰富资源，通过上网、查阅报刊杂志、到有关单位和部门调研等方式收集案例研究的背景资料。每个选题必须准备4万字以上的背景材料，背景材料的内容包括与案例选题相关的政府文件、法律法规、新闻媒体的报道和评论、理论研究文章以及历史资料等。

（4）专家辅导

各案例研究小组在拥有第一手材料和占有大量背景资料的前提下，以班为单位由本校教师进行1次专题辅导，进一步明确如何进行案例研究和写作的相关问题。

（5）专题讨论

在整个案例研究和写作的过程中，各案例研究小组要在指导教师的参与下组织若干次专题讨论，就案例选题的实践意义和理论价值、案例研究的可行性、案例本身的典型性及案例写作的有关问题进行集体研讨。通过专题研讨，深化对所研究问题的认识，明确解决问题的对策和思路，提高运用理论知识分析解决现实问题的能力。

（6）案例写作

各案例研究小组在前期调研、搜集背景材料和进行专题研讨的基础上，

走
CELAO
中浦院

教育培训案例

对案例的背景材料进行加工整理,对案例题材涉及的问题进行认真分析和提炼,用准确、精练的文字加以概括,并提出解决问题的对策和思路。完成初稿写作后,交指导教师审阅。

形成案例初稿后,案例研究小组所有成员要与指导教师一起认真进行一次专题讨论,指导教师负责邀请相关专业的教师共同参加研讨。通过研讨,找出初稿的不足之处并进行修改完善。经反复修改后,才正式定稿。定稿后,全班要对所有案例研究成果进行一次集体研究,然后由班主任将所有案例统一交到教务处。

(7)案例研究成果评审

专门安排时间进行案例研究成果交流。校评审委员会对所有案例成果进行评审,按30%的比例评出优秀案例研究成果进行表彰。

案例研究式教学的组织管理

为保证案例研究式教学的顺利进行,必须加强组织管理,做到既实行统一、严密的部署,又充分发挥班部、班主任及指导教师的协调和指导作用。

一是成立校案例研究式教学工作领导小组,负责整个案例研究式教学的统一部署、决策指挥及组织协调工作。校案例研究式教学工作领导小组同时是校案例研究式教学成果评审委员会,负责对案例研究成果进行评审。主管校领导兼任组长(主任),教学组负责人、教务处及进修部主要负责人为成员。

二是以班(支部)为单位成立教学组,由校案例研究式教学工作领导小组指定相关教研部(系)的一位主任或副主任担任组长,负责本班的案例研究式教学工作,对指导教师的工作进行统筹协调。

三是县处二班的班主任为教学组副组长,在整个案例研究式教学过程中负责组织联络、学员管理等方面的协调工作。

四是实行"案例研究式教学选题申报制度"。各案例研究小组在确定具体研究题材后,应按规定进行申报。先由指导教师签署意见,再由校案例研究式教学领导小组审核批准。

五是案例研究成果在形式上包括三大部分。第一部分是案例的背景材料,要求不少于 4 万字。第二部分是案例简介,即对案例事件的描述,要求对案例事件的成因、发展过程及现状进行准确、简练的说明,必要时可运用图表辅助说明,字数 2000 字。第三部分是案例分析,即针对案例事件所提问题和解决问题的对策思路,或是该案例的解决方案,字数 1500 字。案例研究成果按优秀、良好、中、及格、不及格五级评分。

六是各案例研究小组所有学员都必须参与整个学习研讨和写作工作,每个小组分别指定一位负责人和一位执笔人。除执笔人撰写案例外,其他学员每人撰写一份案例研究的毕业作业,毕业作业主要是根据小组研究的案例写出个人的分析和评价,从某一角度或某一侧面提出解决问题的对策思路。字数 1000—1500 字,多写不限。学员个人的毕业作业由指导教师按百分制评分,校评审委员会进行审核,各案例研究小组 86 分以上(含 86 分)的学员比例不能超过 30%。

七是每位学员的毕业成绩由班主任将案例研究小组集体案例成绩与个人毕业作业成绩加权计算得出后(集体案例成绩占 60%,个人毕业作业成绩占 40%),按优秀、良好、中、及格、不及格五级评分记入学籍档案。百分制评分与五级制评分的对应关系是:86—100 分为优秀;76—85 分为良好;66—75分为中;60—65 分为及格;59 分以下为不及格。

八是每位指导教师要保证全程参与案例研究式教学,包括确定选题、参与调研、跟班听课、参与研讨、指导写作和定稿等工作在内,与案例研究小组学员见面不能少于 8 次。切实为所在案例研究小组制定学习研讨和写作进度表,对小组的学习研讨和写作工作进行认真指导,确保每位学员都能按进度完成学习研究任务,避免部分学员无所事事。教师的指导工作按校有关规定计算课时并发给相应的课酬。

目前,运用课题组案例研究式教学方式在广东省委党校已培训 10 期正处级领导干部 344 人,撰写案例及研究报告 110 份(篇)。通过选准社会热点问题进行案例研究,撰写案例研究报告,学员的学习能力、实践能力尤其是创新能力有了普遍提高,也为建立教学案例库积累了丰富的素材。这种教学方式受到学员普遍欢迎,收到了很好的效果。

中浦院
教育培训案例

问题讨论

1. 采取课题组方式进行案例研究式教学,怎样更好地将课题组研究式教学与案例教学结合起来?

2. 在课题组案例研究式教学中,如何更好地发挥教师的主导作用?

六 | 湖北省红安革命传统教育学院的体验式教学

湖北红安革命传统教育学院坐落在红安县城关镇似马山,环境优美、风格独特。学院园区建设布局分教学区、宿舍区、餐饮区、运动区、园林区五大功能区,规划总建筑面积 16000 平方米,建设总投资 6500 万元,同期可容纳学员 300—350 人,具体建设分两期实施。一期工程征地 116.2 亩,建筑面积 10678 平方米,投资 3886 万元,可以满足 170 名学员的培训要求。

学院以马克思列宁主义、毛泽东思想、邓小平理论和"三个代表"重要思想为指导,全面贯彻落实科学发展观,坚持一个办学方针(实事求是、与时俱进、艰苦奋斗、执政为民);"两实"的办学理念(胡锦涛总书记在视察延安干部学院时提出的"联系实际创新路,加强培训求实效");"三个一"的功能定位(一基:革命传统教育基地,一站:革命激情的加油站,一炉:党性锻炼的"大熔炉");三大培训内容(革命传统、党史党建、国情省情);四种培训方式(课堂讲授、现场体验、社会实践、校园文化);五类培训对象(党政干部、部队官兵、大中专院校师生、专业技术人员、企事业单位管理者);六种班次(省委党校、省行政学院和省内外其他干部院校的衔接班、自主班、合作班、委托班、研讨班、进修班)。

目前,学院在编教职员工有 18 人,聘请兼职教授 20 人,与省内外从事党史党建研究、干部教育培训方面的专家教授近百人建立了联系,初步形成了长期、紧密的合作研究网络。

✓ 兴建学院的背景及过程

红安是中国人民革命武装斗争的重要发祥地,中国工农红军的重要诞生地,土地革命战争时期的重要根据地,中国共产党培养治党治国治军杰出人才的重要基地。在土地革命战争时期,这里是鄂豫皖苏区的摇篮,曾爆发了在中国革命历史上著名的"黄麻起义",诞生了红四方面军,重建和整编了红二十五军、红二十八军。这里,是董必武、李先念二位国家主席以及陈锡联、韩先楚、秦基伟等223位开国将军的故乡。红安境内遍布革命历史遗址遗迹和纪念场馆。据统计,全县有国家级重点文物保护单位"七里坪革命遗址群"等37处,省级重点文物保护单位"董必武旧居"、"李先念旧居"等8处,市县级重点文物保护单位163处。在革命战争年代,以董必武、李先念为代表的老一辈无产阶级革命家和无数革命英烈培育和锻造了"一要三不要,一图两不图"、"朴诚勇毅、不胜不休"的红安精神。红安是湖北革命传统教育资源最丰富、最集中、最具特色的地方。

2003年初,中共中央政治局委员、时任湖北省委书记的俞正声同志在中央关于兴建中国浦东、井冈山、延安三所干部学院的有关材料上作出了"我省是否在红安建立此类基地,重点是传统教育"的重要批示。根据这一重要批示,省委组织部会同黄冈市委和红安县委,对在红安建立革命传统教育基地的问题进行了论证。大家一致认为,把红安建成我省最重要的革命传统教育基地意义重大,基础条件较好,既必要,又可行。2004年8月12日至13日,俞正声同志带领省委常委、组织部长宋育英同志和省直部门负责人深入红安进行了实地调研考察。8月27日,省委召开专题常委会议,作出"把红安建成具有强烈的感染力和震撼力、全省最重要的革命传统教育基地"的决定,提出配套兴建湖北红安革命传统教育学院,作为全省干部教育的重要阵地、青少年教育的重要课堂、广大干部群众接受教育的重要场所。随后,省委成立了以俞正声同志亲任组长,省委常委、组织部长宋育英,常务副省长周坚卫,省委常委、宣传部长张昌尔等同志任副组长,省直有关部门、黄冈市委、红安县委主要负责人组成的红安革命传统教育基地建设领导小组。俞正声同志对红安革命传统教育基地建设十分重视和关心。自 2003 年以来，先后七次来红安实地调研考察，检查指导督办。俞正声同志反复强调，要以高度的政治责任感和深厚的阶级感情，把红安建成具有强烈的感染力和震撼力，具有高水平的全省最重要的革命传统教育基地。2005 年 4 月，中共中央政治局委员、中宣部部长刘云山来红安视察工作时，又提出要把红安建成全国一流的革命传统教育基地。2005 年 11 月 5 日学院一期工程奠基；2006 年 4 月 26 日基建工程正式破土动工；8 月 16 日，学院主体建设工程全部完工封顶；2006 年 12 月竣工，并成功举办调试班，实现了当年开工、当年竣工、当年开班的目标。2007 年 11 月 13 日，学院举行揭牌仪式。

体验式教学的主要特色

湖北红安革命传统教育学院与省委党校、省行政学院在功能上各有侧重、互为补充、共同发展。近两年来，学院按照胡锦涛总书记在视察延安干部学院时提出的"联系实际创新路，加强培训求实效"总要求，着力在教学特色探索上下功夫，初步形成了富有自身特色的培训模式，得到参训学员的普遍认可。目前，每期主体班课程设置时间为 5 天，学员们集中聆听黄麻起义和鄂豫皖苏区革命斗争史、红安精神简论等专题讲座；现场参观黄麻起义和鄂豫皖苏区革命烈士陵园、七里坪革命遗址群、大悟宣化店革命遗迹遗址群以及董必武、李先念、陈锡联故居，重温入党誓词，组织观看大型历史题材现代楚剧《红安人》，开设徒步行军和校园文化课程，深入农户开展社会调查，进行"夜宿农家"体验式教学，与农民同吃、同住、同劳动。开设了学员论坛，既交流学习体会，还就弘扬革命优良传统进行了深入广泛的讨论。教学特色主要体现在五个方面。

特色之一：就地取材，教材形式多样化。首先是深化。深入挖掘红安传统教育资源的历史意义和时代内涵，充分发挥红安革命传统教育资源对干部教育的启迪和教育作用。其次是整合。理顺教学资源之间的内在联系，从满足不同班次的培训需求出发，充分发挥红安革命传统教育基地的整体优势，使教学资源得到充分有效利用。第三是拓展。向红安周边地区延伸，进一步开发现场教学点、社会实践点和收集文献资料,并满足教学工作的需求。通过近两年时间的努力,我院教材开发已初步形成了体系。主干教材有《毛泽东在中央根据地时期的调查文选》和《红安革命纪念地揽胜》。辅导教材主要有推荐读物《红安革命史》、《两百个将军同一个故乡》、《鄂豫皖革命根据地简史》等读物近百种;影像资料有《百部爱国教育影片》、《将军的摇篮》、《中原突围》、《千里跃进大别山》、《董必武》、《李先念》等一百余部;音乐教材有《八月桂花遍地开》、《送郎当红军》、《这是红四军》等红色歌曲百余首;同时还收集了大量历史文献资料。比较成熟的课程有:《鄂豫皖苏区革命斗争史》、《红安精神鉴论》、《红安精神与党的历史先进性考察》、《红安人》、《现场讲解词》、《现场点评词》,等等。

特色之二:在实践中增长才干,教学效果最大化。在教学实践中,开发了重温入党誓词、重走红军路、社会实践调查、现场点评等系列课程。同时,大胆尝试了"夜宿农家"体验式教学,确定七里坪镇杨山村(刘邓大军千里跃进大别山曾住宿过的地方)、白马嘶村(徐向前元帅曾战斗过的地方)和高桥镇长丰村(李先念故居)为学院社会实践点。通过组织学员"夜宿农家",与村民同吃同住同劳动,驻村入户开展社会调查活动,加深了学员对当前农村情况和革命老区现状的全面了解,使学员们进一步感受到了党的富民政策给农村带来的巨大变化,进一步认识到党中央提出建设社会主义新农村、统筹城乡发展、全面建设小康社会的必要性,增强了责任感和使命感,同时也加深了与老百姓的感情,提高了调查研究的水平及分析问题和解决实际问题的能力,起到了"一个教学点就是一部活教材、一堂现场教学课就是一次精神洗礼"的良好效果。

特色之三:拓展空间,课堂教学动态化。红安被海军工程大学称为"一所没有围墙的大学",红色革命遗迹遗址有多少,我们的课堂就有多少;鄂豫皖三省有多大,我们的课堂就有多大;现场教学有多少处,我们的教室就有多少间,因而我院被学员称为一所车轮上的学院。目前,我们的课堂设置已拓展延伸到两省(湖北、河南)三县(红安、大悟、河南新县)五镇(红安县城关镇、七里坪镇、高桥镇、宣化店镇、新县城关镇)30 多个村,活动半径达 70 多公里。与井冈山、延安干部学院相比,我们还创新设置了路途课程、校园

走
中蒲院
教育培训案例

文化,学员在路途、在校园活动中处处都能感受到革命传统教育浓郁氛围。

特色之四:精心组织,课程组织流程规范化。短短的五天培训时间,编制了二级流程,每级流程都有不同的环节。其中,一级流程有 96 个环节,二级流程有 150 个环节。范围涉及广,直接和学员面对面的老师有 20 多位,间接服务的工作人员达 200 人之多,工作车辆十余台,因而要把这样的课程组织好,教学计划顺利完成好必须编制流程,编印《学员工作手册》,做到教学的每个环节衔接数据化,计算到分到秒;每项教学活动表格化、标准化,做到教学安排一目了然。整个教学活动做到了项目管理目标要求、项目责任人、项目运行流程、项目完成时间四到位。

特色之五:专兼结合,任课教师兼职化。我院教师有四个层次,一是课堂讲授老师,全部请的是专家、教授,3 门课 6 位教授兼任;二是点评教师,全部是副高以上职称,由六位点评教师兼任;三是现场讲解员,包括红安、大悟、新县三个县一共 10 名,他们都担任过接待党和国家领导人的讲解任务;四是管理人员,每个班配备四名管理员、联络员并全程跟班。

3 体验式教学的主要成效

学院 2006 年 12 月举办了调试班,2007 年 3 月承办了"全省新任县(市、区)委书记培训班"。2007 年与省委党校、省行政学院、省直机关工委党校、华中师范大学管理学院衔接,成功举办了主体班 17 期,培训学员近 1500 人;与《湖北日报》传媒集团等省市单位合作办班 13 期,培训学员近千人。

在历史的发生地重温历史,可以增强吸引力;在历史的发生地点评历史,可以增强感染力;在历史的发生地反思现实,可以增强震撼力。在教学过程中,我们坚持把历史与现实、理论与实践、理性与感性、局部与全局"四结合"的教学原则,注重情感熏陶、教育启迪、锻炼提升等方面的课程设计组织,与省委党校等干部培训机构相得益彰,得到方方面面的充分肯定。

学员普遍反映,虽然只是一周的强化学习,但心灵得到洗礼,思想得到升华,情操得到陶冶,党性得到锻炼,深感中国革命的胜利来之不易,党的执政地位来之不易,党在长期的革命斗争中形成的宝贵经验和优良传统来之不易，一致表示要倍加珍惜今天的大好形势，坚定理想信念，弘扬革命传统，把老一辈无产阶级革命家开创的伟大事业不断推向前进。

学院办班之余接待河南新县、安徽金寨、陕西汉中、甘肃定西等学习考察团队50余个2000人次。大家认为学院建筑风格典雅，院区环境优美，设计大气，简洁、实用，为学员的学习、生活提供了一个较为舒适、幽静的环境。学院工程建设也得到专家们的认可，认为学院各类建筑物突出了山水园林式的建筑风格，并与周边环境互为协调，达到了典雅庄重、大方实用之功效。

中央政治局委员、原湖北省委书记俞正声，现任省委书记罗清泉和省长李鸿忠等领导对学院建设工程质量与速度、办班效果都给予了充分肯定。全国政协副主席张思卿2007年11月13日来学院考察工作时，挥笔题下了"一次学院行，一生革命情"的感言。

实践证明，在新的形势下，充分利用红案及其周边地区丰富的革命传统教育资源对党员领导干部进行教育十分必要。湖北省委决定兴建湖北红安革命传统教育学院十分正确。深入开展革命传统教育，对于我们转变干部作风、树立执政为民理念，提高党员干部的思想素质和道德修养有着十分重要的战略意义和现实意义。

✐ 问题讨论

1. 湖北红安革命传统教育学院如何发挥区域培训资源优势开展体验式培训？

2. 开展体验式培训面临怎样的困难？怎样才能使体验式培训更好地取得实效？

参考资料：

湖北红安革命传统教育学院在中组部干教局调研工作中的汇报材料。

七　湖北省探索在职学习新模式

党的十六大以来,湖北省全面推进大规模培训干部工作,把开展干部在职学习作为大规模培训干部、大幅度提高干部素质的重要举措,坚持一手抓干部脱产培训,一手抓干部在职学习,在抓好脱产学习、集中轮训的同时,全方位、多层次地开展干部在职学习,积极探索符合干部特点、具有地方特色的在职学习长效机制,切实增强干部教育培训实效,有效地促进干部学习的经常化、制度化,发挥了干部教育培训的整体效应,着力提高干部队伍素质与能力,为经济社会又好又快发展提供了人才和智力支持。

◢ 更新教育观念,激发干部在职学习的内在动力

在大规模培训干部的工作实践中,湖北省积极探索、严格遵循干部教育规律,以树立先进的教育观念、学习理念为切入点,充分激发各级各类干部参与在职学习的热情。

一是树立"终身学习"理念,促进干部在职学习经常化。省委认真分析知识经济时代干部教育面临的新形势,深入研究经济全球化、信息化、市场化趋势对干部教育提出的新要求,全面把握贯彻落实科学发展观对干部教育提出的新任务,强调全省广大干部特别是领导干部要牢固树立终身学习的观念,要求各地、各部门坚持不懈地抓好干部在职学习,并将在职学习纳入到全省干部教育培训总体规划和干部队伍能力建设体系中。各级组织部门不断强化干部素质教育、继续教育、终身教育等观念,进一步加深了对干部在职学习功能定位的认识,逐步改变了过去"培训必讲集中、学习必讲脱产"的思维定势,在制定培训计划、实施培训项目等具体工作中,主动把脱产学习与在职学习相对接,做到优势互补、环环相扣,以此促进干部学习工作化、工作学习化。

二是树立"全员学习"理念,促进干部在职学习自主化。为落实好中央关于大规模培训干部、大幅度提高干部素质的指示精神,进一步扩大干部教

育培训的覆盖面,省委组织部要求各地各部门在抓好干部轮训的同时,组织和鼓励所有干部参加在职学习,积极营造人人皆受教育、人人皆可成才的良好学习环境。同时出台了《关于进一步加强全省党委(组)中心组学习的若干意见》,建立了"一把手"学习责任制,促使各级领导干部带头学、带领学,在全员学习中发挥好表率作用。省领导亲自审批省委中心组年度学习计划和每月学习专题,带头出题目、谈体会、作辅导,为各级党委(组)中心组作出了表率。各级党委(组)中心组坚持做到有年度学习计划,有集中听课讨论,有学习记录和个人学习笔记,切实保证学习时间和学习效果。各地、各部门大力宣传在职学习对于干部自身成长和经济社会发展的重要意义,积极引导广大干部制定个人近期及远期学习目标,努力把在职学习上升为一种人生境界、一种工作责任、一种自觉行动,从而使干部学习主体地位进一步突出,参训参学积极性进一步提高。

三是树立"服务学习"理念,促进干部在职学习规范化。根据干部在职学习形式灵活、内容宽泛、与实际工作联系紧密等特点,各级组织部门进一步强化服务意识,在抓宏观、抓指导、抓管理、抓投入上下功夫,为干部在职学习创造良好条件。近年来,建立了干部在职学习分级分类管理制度,省委组织部重点抓好地厅级以上干部的学习和管理,各地市州和省直部门负责抓好本地本单位干部在职学习的管理;同时坚持规范管理和协调服务相结合,注重在提供服务中实现规范管理。比如:组织部门根据经济社会发展的需要,定期公布干部在职学习的参考书目,定期组织干部在职学习需求调研,定期检查干部在职学习经费的落实,并通过搭建各种在职学习平台、不断完善在职学习考核激励办法等措施,为各地各部门开展在职学习提供及时有效的服务。

🔢 突出能力建设,提高在职学习的针对性和实效性

根据中央和省委的要求,结合经济社会发展需要和不同类型干部的学习需求,把加强干部队伍能力建设摆在突出位置,不断丰富学习内容,研究建立了干部在职学习模块,初步形成了以国内外政治经济形势、湖北经济社

会发展战略、本地或本单位改革发展现状为主要内容，以各种新理论、新知识、新技能和社会热点难点问题为重要补充的干部在职学习内容体系。如一些地方结合本地实际在党政干部中推行"5＋X"模式，即政治理论、公共管理、经济管理、城市管理、依法行政5门必学知识和与工作相关的业务知识的学习；在企业经营管理人员中推行"4＋X"模式，即政治理论、经济管理、工商管理、市场营销4门重点知识和与企业发展相关的知识的学习；在专业技术人员中推行"3＋X"模式，即政治理论、新技术、新工艺和其他关系本行业发展的知识的学习。全省各地根据干部能力建设和实际工作的需要，精心设计干部在职学习内容，精心打造平台，增强了在职学习的实际效果。比如，武汉等地区在设置自学内容是，坚持"一年一个主题，一月一个专题"，使干部在职自学主题鲜明、内容集中、效果明显。宜昌市实行"案例培训学习法"，将国内外政治经济形势、本地经济社会发展大局甚至干部思想状况等内容编写成典型案例，提供给各级干部开展调查研究、研讨交流，使他们在调查研究、剖析案例中学习知识、提高能力，并特别要求年轻干部针对当前中心工作、社会热点、业务工作中的实际问题，把自己当作教学案例的某一个角色，真正"摆进去"思考问题、研究对策、化解矛盾，在模拟亲身经历、亲自体验的过程中，独立思考、相互交流、触类旁通，切实提高年轻干部分析和解决复杂问题的能力。

3 延伸学习时空，创新干部在职学习平台

省委组织部要求各地根据干部在职学习特点与需要，从整合培训资源入手，不断探索针对性强、干部乐于接受的自学形式，打造保障有力、激励有效、具有地方特色、深受干部欢迎的在职学习平台，努力形成"县县有品牌"的在职学习新格局。

一是远程教育平台。鼓励和支持各地依托中央党校远程教学网，建立本地电化教育、网络教育平台，定期向干部发放《远程教学播出表》，由干部实行"点菜式"学习，不断延伸干部在职学习的空间，满足了干部学习需求。孝感市利用远程教育资源，在各县市区创办了"学习超市"，实行"明确对象、

规定学时、定时播放、自主选学"的办法,利用双休日等业余时间组织全市各级干部在职学习。武汉、十堰、荆州、天门等地依托远程教学网和互联网,建立了"网上党校"、"网上干校"、"干部在线学习园地"、"网上论坛"等多种形式的培训载体,积极引导广大干部"在线学习",其中十堰市"在线学习"园地,平均每天点击率达4000人次以上。

二是高等教育平台。湖北作为教育大省,全省高等教育资源十分丰富。鼓励各地各部门利用高校教育资源,组织不同层次的干部参加专业培训和继续教育,通过自主选择学校、选择专业、选择班次开展在职培训和学习,为干部"充电"、"补脑"。近几年,全省先后开办了英语、电子政务、公文写作、MPA、MBA知识业余学习班120多期,还有很多干部自费到高校深造。

三是专家辅导平台。各地采取"请进来"的办法,通过建立"名家论坛"、开设电视专栏等形式,邀请周光召、魏杰、胡鞍钢、刘伟等专家学者,围绕和谐社会、新农村建设、循环经济、中部崛起、政府绩效管理等专题,举办高规格的理论和专业讲座,让干部及时掌握前沿理论和实践动态,并将这项工作坚持下来形成了有关制度。一些地方还采取送下去的方式,开展"送课下乡"、"送教上门"活动,组建理论宣讲团和科技文化服务团到农村、街道、企业巡回讲课,受到基层干部的欢迎。四是学习交流平台。为了提高在职学习的质量和效果,各地各部门利用政府门户网站、局域网建立了网上学习交流平台,引导干部发帖跟帖、民主讨论,还聘请了网上教员为干部释疑解惑,变个人封闭学习为网上交流学习。有的地方还定期开展专题学习讨论活动,编印干部学习专刊,让部分干部交流在职学习的经验和体会,实现了学习成果共享。

四是加强与各类培训机构的合作,创建"周末党校、联合党校、流动党校"等自学平台。如省法院与武汉大学、省委党校联合举办了不脱产的处级干部培训班,利用双休日上课,严格按照党校主体班次的要求安排教学;襄樊市定期组织讲师团,到乡镇为基层干部讲课,被干部称为"流动党校",受到普遍欢迎。

五是坚持"学在平时,练在岗位"。选派了1万多名干部,采取到艰苦地区任职、到发达地区挂职等形式,通过上派下挂实践锻炼,促进干部立足岗

走
中浦院

教育培训案例

位自学,强化实践学习,不断提高素质和能力。

六是强化保障措施。从经费、师资、教材等方面,采取过硬的措施保障,推进干部在职自学。一抓培训经费的保障。省财政把干部学习经费列入专项预算,每年按人均 600 元落实干部学习经费,其中 300 元主要用于在职自学。各地、各单位按照要求逐步加大干部在职自学经费的投入。省工商局拿出系统全年人均工资总额的 1% 左右作为干部学习专项资金。二抓培训基地的整合和师资队伍的建设,基本形成以省市级党校为主要阵地,包括清华大学、武汉大学等 30 多所高校和 20 多家境外培训机构为支撑的干部培训基地体系。三抓教材建设和学习资料的供给。省、市两级组织部会同党校注重加强教材建设,几年来免费发放各种书籍、光碟 6.3 万多本(套)。

七是加强激励引导。对干部在职自学实行目标管理。各单位年初将干部在职学习任务分解为组织领导、业务工作和调研三大项,认真拟定计划,积极组织干部在职学习,狠抓落实,年终进行综合考评,对做得好的给予表彰。二是推进学用结合。加强对干部学习成果的总结、推广和应用,通过举办学习成果展示会、经验推广会等,激发干部学习的兴趣。加强对干部学习后的跟踪管理和培养,破格提拔使用了一批学有所成、工作成绩突出的年轻干部。实行干部"考学"。以贯彻中央"5 + 1"文件为契机,加大公开选拔和竞争上岗力度,为干部提供了学用结合、施展才华的舞台。对出国等一些重要班次的培训,实行通过考试取得参训资格的制度。这些制度强化了"学与不学不一样,学好学坏不一样"的观念。

优化组织管理,创建学习型组织、学习型社会

各地各部门根据干部在职学习的特点,在健全党委(党组)中心组学习制度的同时,探索建立了不同类型的学习组织。比如,省委组织部机关成立了"青年论坛",由理事会负责组织年轻干部定期开展读书学习、调查研讨等活动,促进年轻干部自觉学习、共同提高。各地对干部在职学习既提供必要服务,又实行严格考核;既有刚性约束,又有柔性管理。黄冈市等地认真开展"党政领导干部政治理论水平任职资格考试"试点,把干部学习成效与选

拔任用、竞争上岗、出国学习等挂钩，近三年全省有 60 多名干部因考试不合格被暂缓提拔；武汉、襄樊、鄂州等地实行了干部学习培训学时学分制，把参加学习培训情况和完成学分情况，与干部晋级晋职、考核评价相结合；荆州等地建立了干部学习情况网上公示制度，定期对各单位的干部在职学习情况进行通报，增强干部学习的压力，形成比、学、赶、超的氛围；一些地方还安排了干部在职学习专项经费，采取评优评先、物质奖励等方式，鼓励干部参加各种形式的在职学习，在干部队伍中营造了勤奋学习、岗位成才的良好氛围。

♫ 抓好各级各类干部的在职学习

突出抓好县处级以上干部的在职学习。一是做好处级干部的学习规划，明确学习要求。在全省"十五"干部教育培训规划和大规模培训干部工作实施意见中，专门对县处级以上干部的在职学习做出规划，提出要求。每年年初给县处级干部指定自学书目，要求每名干部结合工作需要，每年阅读 1—3 本书，撰写读书笔记和调研报告。二是加强县处级理论骨干队伍建设。宣传、文化等系统建立了一支县处级理论骨干队伍，定期开展研讨活动，辅导其他干部的学习。三是开展专题学习活动。在机关处级公务员中开展了依法行政、电子政务、WTO 知识等学习活动，在全省组织系统中开展了组工业务知识竞赛，推动了县处级干部在职学习的深入开展。统筹抓好党政干部、企业经营管理人员和专业技术人员的在职学习。在抓好党政干部在职学习的同时，积极鼓励引导企业经营管理人员和专业技术人员开展在职学习。对企业经营管理人员坚持以适应性短期培训和自主培训为主，在省管企业和大型骨干企业中，开展了"四个一"活动，即开展一次学习竞赛，策划一次企业形象展示活动，掌握一项经营管理方法，研究解决一个企业发展改革的问题，有力地促进了企业经营管理人员在职学习的开展。对专业技术人员实施了继续教育工程，结合实际贯彻落实好继续教育条例，注重用职称评审、专业技术等级考试等手段，促进专业技术人员持久地开展自学，提高学历学位。

加强检查指导，形成以点带面、整体推进的干部在职自学管理模式

根据干部自学相对分散、灵活性强的特点，坚持规范管理和协调服务相结合，注重在提供服务中实现管理，保证了干部在职自学的健康发展。一是坚持实施分级分层管理。根据干部在职自学人数多、学习形式活的特点，实行了分级分层管理。省委组织部重点抓好地厅级干部的自学与管理，地市州和省直各单位集中抓好县处级以下干部的自学管理，实行谁管理谁负责，坚持管学习内容与管学习形式相结合、管学习过程与管学习效果相结合，保证干部在职自学活而不乱。二是注重典型引路和经验推广。通过电台等媒介，大力宣传干部在职自学的先进典型，旗帜鲜明地支持和鼓励干部在职自学。全省先后宣传了10多个在职自学的先进典型，营造了干部在职自学、岗位成才的良好氛围。积极推广各地干部在职自学的成功经验，做到成熟一个推广一个，先后推广了武汉市的创新知识和创新能力培训，襄樊、鄂州的学时学分管理制度等10多项经验，扩大了在职自学的影响，指导和推进了干部在职自学的全面开展。三是加强经常性的检查督促。按照年初制定的干部自学计划，年底对规定的必读书目、撰写的心得体会和调研情况进行检查。建立"学情通报"制度，定期或不定期通报各单位干部在职自学的情况。每两年在全省开展交叉检查，将在职自学情况纳入大规模培训干部工作检查评估的重要内容。

加强制度建设，探索科学规范、切合实际的干部在职自学长效机制

建立长效机制是干部在职自学的根本保障。湖北省不断加强和完善制度建设，初步形成了一套符合实际、比较规范的干部在职自学制度。一是推行了党政干部政治理论资格考试制度。湖北省各地全面推行了党政干部政治理论考试制度。一些地区将考试对象延伸到科局级干部，做到"四个统

一"，即统一命题、统一考试时间、统一阅卷、统一公布考试结果。党政干部政治理论资格考试制度的实施，极大地激发了干部自学的积极性、主动性。二是实施了干部学时学分管理制度。针对干部在职自学考核不过硬、管理不规范的状况，湖北省在部分地市州实行了干部在职自学学时学分管理制度，以5年为一个周期，规定干部在职自学的学时学分，要求每个干部必须完成不少于300分的学分，并把干部完成学时、学分情况与干部的晋升晋职、考评考核挂钩，促进干部在职自学。三是健全了述学、评学、督学制度。全省各地普遍实行了干部述学、评学、督学制度。各地各部门在制定学习计划、规定学习内容、明确学习任务的基础上，坚持年末述学、定期评学、经常督学，推进了干部在职自学的深入开展。武汉市在干部自学中不断拓展述学、评学、督学的内涵，开展了"双学双比"活动（即学理论、比党性；学业务、比业绩），较好地促进了干部学用结合，提高了干部在职自学的质量。

湖北省逐步形成了各级领导带头、广大干部踊跃参与、内容丰富、方式灵活、针对性实效性强的干部在职自学格局，进一步拓展和丰富了大规模培训干部的内容，较大幅度地提高了全省干部队伍的整体素质，为建设和谐湖北，促进湖北在中部崛起中发挥积极作用提供了组织保证和人才智力支撑。通过开展干部在职学习，进一步丰富了干部教育培训内容，拓宽了受训范围和对象，为干部提供了更多、更方便的学习形式和机会，切实改善了各级各类干部的知识结构，增强了广大干部运用理论解决实际问题的能力，较大幅度地提高了全省干部队伍整体素质，得到省委肯定和社会认可。

在职学习作为干部教育培训的重要形式之一，在大规模培训干部、建设高素质干部队伍的系统工作中，发挥着不可替代的作用。主要有以下几点启示。

第一，思想上高度重视是搞好干部在职学习的重要前提。干部在职学习内容丰富、方式灵活、针对性和时效性较强，它可以解决脱产培训人数限制、内容限制、时间限制等"短板"问题，拓展学习的覆盖面，保持学习的经常性。开展有效的在职学习，有利于帮助干部逐步养成学习的习惯，最终把学习与思考当作一种重要的生活方式，进而有利于创建学习型社会、学习型政党，有利于全面完成大规模干部培训任务。在新的形势下开展干部教育培

教育培训案例

训工作,我们应当从思想上更加重视发挥在职学习平台的作用,努力构建干部脱产培训、在职学习和中心组学习"三位一体"的优势互补、统筹兼顾的学习格局,牢固树立大教育、大培训观念,正确认识和处理好脱产学习与在职学习的关系,切实把在职学习摆上更加突出重要的位置,切实推动干部教育培训工作科学、和谐地发展,为大规模培训干部、大幅度提高干部素质提供保证。

第二,激发干部内在动力是抓好干部在职学习的关键。在职学习是成人教育、继续教育的一种形式,干部参加在职学习能否取得成效,不仅取决于组织是否得力、管理是否科学、内容是否丰富、方法是否对路,更重要的还是在于广大干部学习积极性能否得到充分发挥。因此,在开展干部在职学习过程中,必须遵循成人学习规律、干部成长规律,始终突出干部主体地位,想方设法调动和发挥干部的主观能动性,使每个干部牢固树立终身学习的理念、带着"我要学"的心态主动参加学习,使他们充分发掘学习潜能,养成良好学习习惯,不断提高学习能力。

第三,因地制宜搭建合适平台是深化干部在职学习的重要基础。必要的内容必须以合适的形式表现出来,要实现干部在职学习有效开展必须搭建合适平台。各地干部教育培训主管部门应结合本地实际,通过制定规划、出台制度、公布信息、推介典型等办法,拓展各具特色、受干部欢迎的在职学习平台;干部所在单位要切实履行在职学习的组织管理职责,精心策划、科学安排、严格考核,大胆探索完善既符合时代特点,又体现干部个性需求鲜活的干部在职学习平台。干部个人在积极参与的同时,也可尝试建立以自主学习为主,双向或多向沟通交流、信息共享为辅的互动式学习平台。

第四,以人为本加强管理是扎实推进干部在职学习的重要保障。与脱产培训相比,在职学习的组织化程度较低,管理难度更大。过去我们在提法上以"在职自学"为主,突出的是"自",这样一来,必要的管理和服务意识往往容易被淡化;同时,在干部群体中每个个体学习的自觉性和学习能力参差不齐,我们认为,将"在职自学"改为"在职学习",发挥组织与个人两个积极性,特别是各级组织以人为本设计好干部在职学习的内容、形式、服务方式和运行机制,适度约束、了解差异、尊重选择,提供优质有效的管理和服务,将更为有利于引导干部扎实搞好在职自学。各级管理者要用战略和全局的眼光看待和重视在职学习这项工作,积极推进在职学习内容、方式、载体、手段的创新,不断满足干部在职学习个性化、差异化、多样化的需求,切实提高在职学习的针对性和实效性。

湖北省在开展干部在职学习工作中,还存在一些难点问题:一是激励政策难以制定。在职学习时间、地点较为分散,涉及对象千差万别,学习成效难以考评,因此很难制定出统一规范的激励政策。有些地方和部门虽然提出了相关激励措施,但主要还是依靠约束机制起作用,很大程度上影响了干部参加学习的积极性。二是量化考核难以实施。对现有的干部在职学习,有关考核管理制度偏重于考核干部学习内容和学习时间,而对实际学习质量、效果的考评缺少有效办法,对述学、考学、评学没有形成较为客观准确的科学考评机制,干部学得好不好难以量化。三是资源配置难以优化。要深入扎实地开展干部在职学习,需要充足的物质条件作保障,特别是教学内容、学习平台、师资力量、学习经费等教学资源必不可少。而目前干部教育培训资源配置不够科学、不够均衡,有些地方和部门抓干部在职学习缺乏手段和力量。这些问题,需要在今后的实践中继续研究和解决。

⚮ 问题讨论

1. 在干部教育培训工作中如何处理好在职学习与脱产培训的关系?
2. 怎样才能更好地发挥在职学习在干部教育培训中的作用?

参考资料:

中共湖北省委组织部:《营造氛围,创建平台,扎实推进干部在职自学》,中共中央组织部干部教育局编:《全面落实大规模培训干部战略任务》,党建读物出版社 2006 年版。

教育培训案例

第四部分　培训管理创新

背景知识

　　培训管理是指为了有效地实现培训目标而对培训活动进行计划、组织、协调、实施的活动。培训管理可以分为宏观、中观、微观层面。宏观层面主要是指全国干部教育培训管理体制；中观层面的培训管理是指干部教育培训主管部门对培训活动的管理，包括对专题选择、培训计划制定、培训方案设计、培训课程设置、培训师资选择等方面进行组织协调，以确保培训活动顺利实施；微观层面的培训管理主要是指具体在培训机构中对培训活动进行的管理，包括教学管理、学员管理等方面。

　　我们党十分重视干部教育培训工作的领导和管理，形成了一些行之有效的干部教育管理制度。《1996年—2000年全国干部教育培训规划》明确指出，要在党中央领导下，建立由中央组织部主管、中央和国家机关有关部委分工负责，中央、地方和部门分级分类管理的干部教育培训管理体制。《2001年—2005年全国干部教育培训规划》对干部教育培训管理体制作了进一步完善，明确提出要坚持在党中央领导下，实行由中央组织部主管，中央和国家机关有关部委分工负责，中央、地方分级管理的干部教育培训管理体制。经过长期的摸索和实践，基本形成了分级管理、分工负责的干部教育培训管理体制。2006年《干部教育培训工作条例（试行）》明确了我们党的干部教育培训管理体制，指出："全国干部教育培训工作实行在党中央领导下，由中央组织部主管，中央和国家机关有关工作部门分工负责，中央和地方分级管理的体制。""中央组织部履行全国干部教育培训工作的整体规划、宏观指导、协调服务、督促检查、制度规范职能。"

　　本部分有关培训管理，是指在干部教育培训管理体制下，由相关部门、各级干部教育培训管理部门和干部教育培训机构等层面，对培训活动进行的管理。一般认为，培训管理主要包括培训需求分析、培训方案设计、培训组织实施、培训效果评估等环节。从中央、国家机关相关部门对培训活动的管理来看,包括这几个基本环节,从各级干部教育培训管理部门来看,在进行培训管理中也包括需求分析、计划制定、培训活动组织实施以及培训效果评估等基本环节,具体在培训机构层面,培训管理也要建立在培训需求分析的基础上,制定培训机构的培训计划和具体班次培训方案,组织实施培训活动,并对培训效果进行评估。

本部分主要从培训管理部门层面选择相关案例,力图展示培训管理的基本环节和流程,以及干部教育培训与干部管理其他工作的关系,比如一些地方在培训需求分析、干部教育培养链、在培训中考察干部、培训考核评估等方面的做法。当然,培训管理还需要一些相关的制度来确保培训活动的顺利开展;培训管理还涉及和其他部门的关系,比如干部教育培训管理部门和干部管理部门的关系。因此,也选择了菜单式培训、学时学分制管理等相关案例。

一 湖北省开展干部教育培训需求调查分析

◢ 开展培训需求调查分析的背景

增强培训的针对性和实效性是提高干部教育培训质量的关键。针对当前干部教育培训针对性不强、"供需矛盾"突出等问题,湖北省按照《干部教育培训工作条例(试行)》规定的"以人为本,按需施教"工作原则,以摸清干部的培训需求为切入点,积极开展干部教育培训需求调查分析的探索和实践,有力地推动了干部教育培训工作的创新发展。

◢ 培训需求调查分析的主要做法

湖北省委组织部深入总结党的十六大以来干部教育培训工作经验教训,充分听取不同类型干部的意见,从加强引导、突出重点、把握环节等方面,对干部教育培训需求调查分析进行了有益的探索。

(1)加强引导,促进干部教育培训需求调查分析的有序进行

省委常委会在专题研究干部教育培训工作时明确指出,要通过必要的方式提高全省干部教育培训的针对性和实效性。省委常委、组织部长潘立刚同志多次强调,要准确把握干部的培训需求,使教育培训更加有针对性,切实做到有的放矢。

为推动全省各地各部门开展培训需求调查分析的实践探索,省委组织部在下发贯彻《干部教育条例》实施办法和干部教育培训"十一五规划"中明确提出,要"加强培训需求调查与分析,认真研究和把握新时期干部教育培训工作的规律和特点,不断提高培训质量和效益"。凡省委组织部直接举办或与有关部门联合举办的培训班,培训需求调查与分析成为必做的一项基础性工作,效果明显,得到各方面的认可。全省各地纷纷效仿,在重大培训项目和重要班次上积极开展培训需求调查分析工作。全省各地普遍开展培训需求调查分析,受到学员们普遍欢迎。

湖北省选择武汉市、黄冈市、孝昌县和黄梅县等工作基础较好的地方,开展培训需求调查分析试点工作,力求通过试点的探索与实践,完善措施,积累经验。目前,黄冈市正探索建立干部培训需求调查机制,初步形成了"训前调查分析、训中分类实施、训后检测反馈"的干部培训需求调查工作链。孝昌县制定了干部教育培训机构"按需施教"暂行办法,定期组织实施干部培训需求调查与分析,指导分类培训。黄梅建立了干部培训需求调查运用机制,积极将培训需求调研成果运用到干部教育培训工作中。从2007年开始,省委组织部在审批各省直部门申报的办班请示时,将开展培训需求调查与分析、提高培训的针对性和实效性作为批复的一项重要内容。

(2)突出重点,推动干部教育培训需求调查分析的有效开展

培训需求调查分析是一项复杂的系统工程,要求较高,在实际探索中应当突出重点,循序渐进。

省委组织部围绕提高干部教育培训的针对性和实效性,有选择地开展了一些干部教育培训需求调查分析实践活动。在制定"十一五"干部教育培训规划和年度计划前,湖北省委组织部采取交叉检查、问卷调查、抽样调查、座谈访问等多种方式深入调研,既客观评价工作,又广泛听取各级组织部门和干部群众对干部教育培训工作服务科学发展、服务干部成长的意见和建议,力求准确掌握不同类别干部的培训要求和变化。近两年来,省委组织部先后开展各类培训需求调查10多次,对研究制定具有我省特色的干部教育培训规划和年度培训计划产生了积极的影响,为分层分类实施大规模干部培训奠定了基础。

湖北省委组织部在实施重要培训项目中积极实践。不仅把培训需求调研有效运用到全省新任县(市、区)委书记、县(市、区)长任职培训中,还在新农村建设培训、执政能力培训等重点培训活动中积极开展需求调研。在组织实施领导干部和公务员科学素养培训工作时,省委组织部会同有关部门和高校设计了大型需求调研方案,连续两年形成了《湖北省领导干部和公务员科学素养调查报告》,既了解了当年的培训效果,又为来年领导干部和公务员科学素养培训内容的安排提供了重要的参考依据。一些地方在实施"紧缺人才培训工程"、推进"知识更新工程"等重大培训项目中,也积极开展了培训需求调查分析活动。

省级培训机构主体培训班次中积极开展培训需求分析。省委党校等省级培训机构紧紧围绕组织、岗位和学员个人三个层次上认真开展培训需求调查与分析,不断调整和完善主体培训班次的教学设计。省委党校每年坚持在近千名培训学员中开展培训需求调研,了解不同层级、不同岗位、不同年龄、不同学历层次干部的学习需求,为加强教学改革、调整培训学制提供了有益的参考。根据干部培训需求调查,进行培训学制改革。省委党校厅级干部进修班调整为每期2个月;中青班调整为每期4个半月,既解决了干部"工学矛盾",又有效地利用了培训资源,扩大了培训规模。

(3)把握环节,力求干部教育培训需求调查分析的科学规范

按照干部教育培训需求调查分析的基本流程,省委组织部着力在培训需求调查、分析、运用、评价四大环节上开展工作。特别是在2007年举办的全省新任县(市、区)委书记和县(市、区)长任职培训班中,进行了较为系统深入的需求调研。

一是深入调查,掌握丰富的培训需求资料和数据。根据省委提出的举办全省新任县（市、区）委书记和县（市、区）长任职培训班的总要求，湖北省委组织部首先对全体培训对象的基本情况进行了综合分析；同时向培训对象下发了调查问卷，在内容、方式、授课老师等方面充分征求意见；分别召开了市州、县（市、区）委组织部长参加的座谈会和部分培训对象座谈会；走访部分省直部门负责同志；征询省内知名专家意见，全方位、多形式地了解这次任职培训的总体需求和需求重点。

二是科学分析，从比较中获取较为真实的培训需求信息。在整理培训需求调查资料的基础上，坚持定量分析与定性分析相结合，组织要求和个性需求相结合，对收集到的一手资料进行认真分析研究，根据调查数据对培训需求进行了分类排列，并划分出普遍需求和特殊需求、长期需求和近期需求等。

三是综合运用，最大限度地落实培训需求。依据培训需求分析结果，设计了培训内容和课程、优化了培训形式、精选了授课老师。然后把具体的课程安排再次提前发给各位学员，请他们就每一门课提出他们最需要和最想了解学习的重点；对课程的需求意见收集后直接反馈给授课老师，供老师按需备课。根据这类学员的特点，请资深的县委书记"现身说法"面对面传授经验。还根据学员的需求意见改进了传统的讨论方式，将讨论题分成若干个，请学员根据各自需要自由选择参加，讨论时请省直相关部门领导参加并与学员共同交流。

四是跟踪评价，为今后更好地设计安排培训活动提供需求参考。要求每位学员在学习期间提交一篇工作思路与打算，培训结束后，经过几个月的工作实践，还请学员对其工作思路和打算修改后报省委组织部，然后进行比较分析，总结办班成功和不足之处，为下一轮的任职培训提供借鉴。通过跟踪反馈，检验培训效果是否真正体现干部培训需求，了解干部的培训预期，了解新的培训需求。

3 培训需求调查分析的主要成效

开展干部教育培训需求调查分析工作，对提高干部教育培训的针对性和实效性起到了重要作用,其成效初步显现。

一是需求调查与分析的意识有所增强。目前在各级干部教育培训工作者中,有不少同志与过去相比,不同程度强化了培训需求调查与分析的意识。全省各地不同程度地开展了这项工作。

二是受到干部的欢迎和肯定。通过培训需求调查与分析,较好地摸清了学员基本状况和学习需要,凡是认真开展了这项工作的班次,学员反映效果好、管用解渴。全省新任县(市、区)委书记和新任县(市、区)长岗位培训班,学员们印象深刻,大家希望这样的培训班年年举办。

三是推进了干部教育培训模式创新。湖北省各地、各部门积极将培训需求调查成果运用到工作实践中,推进了干部教育培训工作的改革创新,涌现出了一批新的干部教育培训模式。比如,武汉市在开展培训需求调查分析基础上,探索建立了"干部教育培养工作链",加强干部训前、训中、训后工作资源的整合与共享,初步建立了干部选拔使用、教育培训和监督管理有机结合的工作机制。黄冈市通过干部教育培训需求调查分析,在主体班次推出了政策法规答疑活动,让市直部门和基层学员实现上情下达、下情上达,深受欢迎。孝感、鄂州等地干部在职学习需求调查分析与干部学时学分制管理办法相结合,促进了干部在职学习的开展。

当然,干部教育培训需求调查分析制度尚处于探索阶段,还存在不少问题需要研究。一是有不少干部教育工作者对干部培训需求调查与分析的内涵和要求在认识上还存在一些误区。如单纯强调组织、岗位需求或单纯强调个性化、差异化需求;重视训前的需求调查与分析而忽略了训中和训后需求变化等等。二是干部成长中的培养、使用、管理、监督等诸多环节缺少合作机制。培训需求实际就是组织和岗位需求的现实目标与干部现状之间的差距。这种差距光靠干部教育部门是无法完全掌握的,干部的日常性的思想、作风、工作状况,突出问题是培训需求调查与分析的重要内容,需要有关干部管理部门配合提供。三是对培训需求调查与分析工作研究不够,规律把握不够,需求调研设计得不好会影响需求信息的真实度,降低需求调研的实际参考价值。

◢ 培训需求调查分析的基本经验

开展干部教育培训需求调查分析,是提高干部教育培训质量和效益的一项基础性工作,要想稳步、有序向前推进,必须高度重视,勇于实践,注重规律。

第一,必须将干部培训需求调查分析贯穿干部教育培训工作的全过程。培训需求调查分析是整个培训管理的第一道环节,它事关培训能否瞄准正确的目标,做到有的放矢,进而影响到干部教育培训工作能否沿着科学发展的轨道运行。培训目标定不准将弱化针对性并大大降低培训效果,影响干部的学习热情,带来成本的浪费。没有需求评估,任何培训注定要失败!干部培训需求调查分析是干部教育培训工作改革创新的"牛鼻子",必须贯穿干部教育培训工作的始终,保证干部教育培训的正确方向。要坚持开展训前需求调查分析,努力做到按需培训、按需施教,不断提高干部教育培训质量和效果。要重视和开展好训中、训后调查分析,及时了解干部需求和培训中存在的问题,进一步改进培训工作。要把训前、训中和训后调查分析有机结合起来,形成完整的干部教育培训需求调查分析链。

第二,必须围绕服务中心、服务大局开展干部培训需求调查分析。干部教育培训工作必须为经济社会发展大局服务。干部培训需求调查分析作为干部教育培训工作的关键环节,也必须以服务中心、服务大局为基本取向。要围绕经济社会发展大局和党委、政府的重大决策开展需求调查工作,坚持调查成果为干部教育培训工作服务、为中心工作服务,促进组织需求、岗位需求和干部个人需求有机结合。要加强调查结果分析,注意处理好个别需求与普遍需求、当前需求与长远需求之间的关系,提高需求调查的全面性、准确性和可操作性。

第三,必须以效益为导向开展干部教育培训需求调查分析。干部培训需求调查分析的质量,在很大程度上决定干部教育培训工作的质量。干部培训需求调查分析必须把质量和效益放在首位,把握干部的成长规律和干部教育培训规律,因地制宜,科学设计调查项目,运用合适的调查方法,全面了解干部培训需求。要坚持定量定性分析相结合,加强调查情况的分析,注重调查结果的转化利用,增强培训需求调查分析的实效性。

🔖 问题讨论

1. 培训需求调研对于搞好干部教育培训工作有着怎样的意义与价值?
2. 怎样才能做好培训需求调研?

参考资料:

中共湖北省委组织部:《深入开展干部教育培训需求调查分析,切实做到按需施教》,参见全国干部教育培训工作会议交流材料《全国干部教育培训工作经验交流汇编》。

二 | 广东省深圳市推行菜单式自主选课

◤ 推行菜单式自主选课的背景

党的十六大之后,中央作出了大规模培训干部的决定,要求从 2003 年开始,每年抽调五分之一左右的在职干部参加各类培训,争取 5 年内使全体在职干部普遍轮训一遍。面对新形势新任务,传统的培训手段已难以满足大教育大培训的要求,必须创新干部教育培训模式。为此,2003 年,深圳市按照"联系实际创新路、加强培训求实效"的要求,积极探索,大胆创新,率先推出了干部自选培训。广大干部积极响应,参训热情高,取得了较好的培训效果,截至 2007 年底,共办班 680 期,培训干部 29662 人次。特别是 2007 年,自选培训突破 10000 人大关,达到了 11331 人次。干部自选培训已经成为深圳市开展大规模培训干部工作的创新方式和重要渠道。

２ 菜单式自主选课的基本做法

干部自选培训是指干部根据自身需要自主选择参加的菜单式培训。它主要是满足干部个人职业发展的需要，干部通过培训菜单可以自主选学，满足个性化、差别化学习的需求。深圳市委组织部根据中央有关要求，以及《中华人民共和国公务员法》、《干部教育培训工作条例（试行）》、《2006—2010 年深圳市干部教育培训规划》，结合深圳市干部队伍建设的实际需要，下发开展干部自选培训的通知。明确自选培训的对象主要是全市党政机关干部、事业单位职员、市属企业经营管理人员。培训课程体系根据《干部教育条例》的要求，以政治理论、政策法规、业务知识、文化素养和技能训练等五大类为基本框架，并按照主修辅修、分级分类提供课程菜单。主修课程分"处级以上（含处级）及其他相当职务层次干部"和"科级以下（含科级）及其他相当职务层次干部"等两个部分的课程。辅修课程各类干部均可选学。"处级以上（含处级）及其他相当职务层次干部"和"科级以下（含科级）及其他相当职务层次干部"的主修课程可互为辅修课程。规定每位干部在每年内应参加 5 天（含 5 天）以上的自选培训，其中选学主修课程的时间必须达到 2 天以上（含 2 天）。培训时间每天为 8 学时，每半天为 4 学时。根据自选培训课程设置的要求，外语类培训为业余时间学习，其他培训为脱产学习。

深圳市委组织部确定中共深圳市委党校、深圳大学、中国（深圳）国际人才培训中心、深圳市经理进修学院、深圳新闻培训交流中心、深圳商报培训学院和国家经济信息系统深圳培训中心等培训机构，供干部自主选择。要求培训机构在培训中树立服务的理念，为干部参训提供全方位的优质服务。要坚持以人为本，创造良好的培训条件，优化和创新自选培训的组织形式，探索和完善"送教上门"和"量身定做"等培训服务方式。

自主选学一般采取以下步骤。（1）自主申请。参训者根据上一年度考核情况及分管领导对岗位胜任能力训练与提高方面的建议进行选学，并填写《深圳市干部自选培训申请表》，向所在单位提出申请。（2）单位审批。所在单位根据参训者的年度考核情况、岗位需要和个人需求，研究审批培训申请。（3）报名培训。直接与各培训机构联系，按不同培训机构分类报名，并依时参加学习培训。（4）培训考核。考核结果记入《干部教育培训手册》或《公务员培训证书》，由培训机构填写《深圳市干部自选培训登记表》，并按照干部管理权限报相应的干部教育培训主管部门审核。（5）学籍存档。按照相关规定的要求，将《登记表》等材料整理后送档案管理部门，存入个人档案。

为保证自主选学质量，市委组织部加强培训管理。规定学习期间所在单位不得安排学员工作任务，如有特殊情况不能参加学习的，必须提前向培训机构请假。如学员不能保证相应的学习时间，则按退学处理。坚持"凡训必考"，学习成绩存入本人档案，作为干部年度考核的内容和任职、晋升的依据之一。组织人事部门进行检查，发现并解决存在的问题，总结推广好的经验。

3 菜单式自主选课的主要特点

第一，课程供给菜单化。干部自选培训课程的产生实行了从干部中来，到干部中去的做法。2003 年以来，深圳市多次在干部中开展课程需求调查，并组织力量对不同职级的职位进行科学分析，概括出一般性素质要求，并依此设计开发了近 400 门课程。按照《干部教育条例》的要求，形成了以政治理论、政策法规、业务知识、文化素养和技能训练等五大模块为基本内容框架，主辅修相结合，分级分类的课程体系，科目涵盖了政治理论、领导能力、行政管理、工商管理、法律法规、文化艺术等专业，既有提高能力类课程，又有实用性和技巧性课程，为广大干部提供了不同"口味"的丰盛的"菜单"，充分满足了各类干部选学的需求。既有帮助干部增强党性修养、解放思想、更新观念的党史党建、时事政治、政党政治和政策法规等理论性课程，又有研究深圳城市管理、经济发展、国际化建设、自主创新发展对策等应用性课程，还有文化艺术、管理能力、计算机应用、实用英语及各类小语种外语等实用性课程,受到广大干部的欢迎。

第二,项目管理市场化。按照市场规则进行培训项目管理,在培训机构选定和课程开发等方面,引入竞争机制,实现优胜劣汰,优化资源配置。一是率先采用了项目招投标的形式,根据公开、平等、竞争、择优的原则,选定了市委党校、深圳大学、市经理进修学院、国际人才培训中心等6家培训机构参与自选培训,逐步建立起开放型的干部培训基地体系。二是引入市场化、社会化、专业化运作方式,将课程开发任务主要交给培训机构,培训主管部门负责制定和执行规则,组织专家评审。课程更新率每年都在10%以上,确保了课程的时效性。经过几年的开发和积累,逐步形成了一批有影响力的精品课程,如《行政管理能力训练》、《行政语言书面表达艺术》、《行政语言口头表达艺术》、《应变能力训练》、《心理调适能力训练》、《公众事务处理技巧》、《一对一英语提高培训》等成为历年来干部选学的热门课程。

第三,干部选学自主化。干部自选培训在把培训作为责任义务要求干部的同时,还把它作为权利福利给予干部,更多地提供自主选择权。由干部教育培训主管部门公布课程菜单、课程时间表和培训机构。一是课程选择自主化。每年均编撰自选培训课程服务指南,干部可以在课程菜单中自主选择培训内容,缺什么就去补什么。二是时间选择自主化。课程安排表在年初制定并与培训通知一并下发,方便妥善安排学习时间。各培训机构还创造了“送教上门”的服务形式,可“量身订做”培训套餐,实行学习时间的弹性化。三是地点选择自主化。各培训机构除了在本部开课之外,还在全市分设教学点,如市委党校在各分校开设教学点,形成了以本部为主、辐射全市的教学网络,方便干部就近学习。四是师资选择自主化。根据课程实用性和操作性强的特点,各培训机构均建立了以党政领导干部、企业领导人员和专家学者为主、专兼职相结合的师资库,并以菜单形式提供给干部选择。深圳市委组织部还通过建设干部网上学院,申请开通手机短信服务平台,编撰自选培训课程服务指南,为干部自主选学提供全方位、现代化的培训服务。

第四,教学方式多样化。为提高培训质量,各培训机构在教学手段方面进行了努力的探索,积极创新方式方法,不断增强培训的吸引力和感染力。

走中浦院

教育培训案例

一是注重体验教育,如在党史党建课程中,专门安排了到革命传统教育基地现场学习的内容,使学员在直观、真实的特定环境和实践中领悟、学习和提高,增强了教学效果。二是注重思维训练,大量借助案例教学、行动学习、对抗性辩论、头脑风暴等现代教学方法,帮助学员进行对策研究和行为训练,转变思维方法,创新思维模式。三是注重角色演练。例如,在《如何面对媒体》、《户外拓展训练》、《心理调适能力训练》等一批特色课程中,采取实战演练、情景模拟等教学方式,对学员进行必要的角色规范和行为方式的技术性训练。

第五,效果评估专业化。在干部自选培训中引进了专业评估制度,对机构选定、课程开发和培训效果进行专业化的评估,努力控制培训成本,提高培训效益。一是培训机构评估专业化。2003 年,在干部自选培训项目招投标中,成立了包括有中国工程院院士参与的评估委员会,通过封闭评标和实地考察等程序,对标书进行综合评估。中标的培训机构定期接受评估,对授课质量不高、服务态度不好的,予以整改。二是课程评审专业化。根据课程类别和涉及的专业领域,每年均邀请专家学者和干部代表对培训机构提交的拟新开发课程进行评审和把关,淘汰了部分不合格的课程,确保了课程质量。2004 年,根据课程类别,邀请市委组织部、市委政策研究室、市社会科学院、市教育局等单位的领导和相关领域的专家对自选课程进行评审,淘汰了44 门不合格的课程。三是培训考核专业化。实行考培分离,组织专门的考试指导中心组织实施考试。例如,探索并实施"考培分离"的方式,外语、计算机等培训课程由市考试指导中心组织实施考试。

◢ 主要成效

干部自选培训较好地解决了干部教育培训体系中原有的难点问题,开辟了大规模培训干部新的有效途径。主要成效具体表现在以下方面。

一是增强了培训内容的针对性,较好地解决了课程设置上下一般粗的问题。干部自选培训针对现实工作的需要和不同级别、不同类型、不同岗位的干部素质要求,较为科学合理地安排了有针对性的培训内容,避免培训内容陈旧、单调、空洞,"上下一般粗",真正做到了以人为本、因材施教。许多学员纷纷表示,通过自选培训,使自己受益匪浅。如深圳职业技术学院杨润辉同志说:培训课程覆盖面广,可选择范围大,实用性强,避免了以往不论差别、不管实效,统一组织进行同一课程培训的弊端。

二是开辟了自主选学的渠道,较好地解决了工学矛盾突出的问题。一方面,干部自选培训把学习的主动权交给了广大干部,干部可以根据自身实际选择课程、时间、地点、机构和师资,缺什么就去学什么,变"要我学"为"我要学",培训对象从被动的受教育者变成了主动汲取知识的学习者,充分调动了干部学习的积极性,从一般干部到领导干部,从党政机关干部、事业单位职员到企业员工都踊跃参训。另一方面,各单位认为干部自选培训的方式新,内容实,组织易,从认为培训会"影响工作"到会"促进工作",改变了"培训说起来重要,做起来次要,忙起来不要"的局面,许多单位不仅领导带头学,而且还要求全体干部跟着学。

三是提供了优质的培训服务,基本上实现了培训供给与干部需求相适应,较好地解决了干部参训难的问题。干部自选培训坚持以客为本的理念,把干部作为客户,提供全方位的服务。优势互补的培训机构体系,丰富多彩的课程超市,覆盖全市的教学网点和专兼结合的师资队伍,构成了较为系统的培训服务体系,实现了培训供给与干部需求相适应。同时,广大干部成为买方,在选择上具有主动权,而招投标遴选培训机构、课程开发评审等要求,对培训机构造成了更多的竞争压力,迫使它们从原有的"等任务"到"争项目",不断做大做强自己,提高优质服务。例如,每年都有许多培训机构主动上门联系和服务,将培训服务送到路途较远的经济特区外的龙岗、宝安两区,受到干部的好评。

♪ 基本经验和需要注意的问题

在推行菜单式自主选课的实践中,主要有如下经验。

一是必须结合实际创新干部教育培训模式。通过创新,可以拓展干部教育培训渠道和内容,优化干部教育培训体系,调动广大干部参训的积极

走
CELAD
中浦院

教育培训案例

性,为开展大规模培训干部工作创造有利的条件,为开展自主选学提供更多更好的选择。

二是必须坚持以人为本,以干部培训需求为导向。干部是培训的对象,他们的需求就是对培训工作的要求,培训的内容、方式只有紧紧围绕干部的需求,并把它作为培训工作的出发点和落脚点,才能成为众多干部喜爱的自觉行为,才能真正实现课程供给菜单化、项目管理市场化、教学方式多样化和效果评估专业化。

三是必须统筹兼顾、妥善处理各方关系。在坚持组织调训为主体方式的前提下,积极探索干部自选培训新路子,特别要处理好组织调训与自选培训、政府指导与市场调节、组织部门与其他部门机构之间的关系,在管理机制上既要体现组织部门牵头抓总作用,又要发挥各部门、各培训机构的职能作用,培训机构之间既积极竞争又相互配合、既统一办班要求和课程设置又各有侧重、各有特色。

自选培训也面临一些问题和困难。主要有:部分课程缺乏针对性和实效性,个别培训机构对教学管理重视不够,在重心下移、服务基层等方面力度有待加强,等等。为解决好菜单式选课中面临的问题,需要在如下几个方面下功夫。

第一,加强课程研发,提高干部自选培训的针对性和实效性。一是开展培训需求调研,了解新的形势任务对干部能力培训的新要求和干部个人对培训的需求倾向。二是将课程研发作为干部自选培训创新动力,以岗位需求为取向、以能力开发为重点,加大课程开发与调整的力度,课程更新率要达到15%以上,努力实现项目供给与培训需求最佳匹配。三是注重课程教学的多样化和现代化,努力探索和运用网络培训、远程教育和电化教育等教学手段,提高质量和效率。

第二,强化培训管理,健全干部自选培训工作机制。一是建立健全管理制度,研究制定干部自选培训管理制度,全面规范自选培训管理。二是强化考核激励,从严施教,严格学员管理,把自选培训情况作为干部考核的内容和任职、晋升、奖惩的重要依据之一,形成促学、导学、督学的工作机制。三是加强质量评估,建立培训机构与学员之间的双向评估反馈机制,对教师实行一课一评,定期公布评估的结果和排序,作为培训机构优胜劣汰的重要依据。

第三,优化培训服务,拓展干部自选培训的覆盖面和开放度。一是重心下移,服务向基层延伸,开展"送培训服务到基层"活动,制定专门的计划,将自选培训送到街、社区基层一线。二是放宽视野,服务向全社会延伸。坚持"党建覆盖到哪里,自选培训服务就延伸到哪里"的理念,主动将两新党组织以及体制外人才高度聚集的行业协会和社会组织作为自选培训服务的重点和突破点,努力使全社会人才共享自选培训的成果。

🖉 问题讨论

1. 在菜单式自主选课中,怎样做到组织需要和个体需求相结合?

2. 菜单式自主选课需要注意哪些问题? 如何才能确保菜单式自主选课的实效?

参考资料:

中共深圳市委组织部:《实施干部自选培训,创新大规模培训干部模式》,参见全国干部教育培训工作会议交流材料《全国干部教育培训工作经验交流汇编》。

三 | 宁夏自治区实行领导干部学习培训学分制管理

▮ 实行学分制管理的背景

2006 年 8 月,为深入贯彻落实《干部教育培训工作条例(试行)》,宁夏区党委专门制定印发了《关于贯彻〈干部教育培训工作条例(试行)〉的实施意见》和《2006—2010 年宁夏干部教育培训规划》。同时，为了进一步加强干部教育培训工作的制度化、规范化建设，了解掌握领导干部参加学习培训情况，建立起干部教育培训管理和考核的长效机制，自治区党委组织部又专门配套制定了以《领导干部学习培训学分制管理办法》（以下简称"《学分制管理办法》"）为主的五项规章制度，实行干部教育培训申报、调训制度和领导干部学习培训学分制管理，开创了全区干部教育培训工作的新局面。

学分制管理的主要做法

宁夏自治区制定印发的《关于贯彻〈干部教育条例〉的实施意见》和《2006—2010 年宁夏干部教育培训规划》中，创新"学分制"、"菜单式"教学，自治区干部教育领导小组为每一位参加培训的干部建立档案，并把干部参加自学和脱产学习的时间，分解为具体的学时学分，进行严格的登记管理。

为推进学分制管理，宁夏自治区 2006 年 1 月 1 日正式颁布实施《领导干部学习培训学分制管理办法》，对自治区党委管理的领导干部，包括厅局级领导干部，各县（市、区）党政一把手，区管国有大中型企业领导班子成员的教育培训，实行学分制管理。以 5 年为一个周期进行积分；5 年内累计培训必须完成 90 学分以上。原则上，每年应完成总学分的 1/5。

《管理办法》明确了确定学分的标准。领导干部参加学习培训以 5 年为一个周期进行积分，5 年内累计培训必须完成 90 学分以上，每年应完成总学分的五分之一。参加中组部、中央党校、国家行政学院、中央各部委，自治区干部教育领导小组、自治区党委组织部举办或认可的各类脱产培训班，每参加 1 天记 1 分。参加自治区党委组织的各类专题学习班或集中学习，每参加 1 天记 1 分。参加本地区本系统本单位自行组织的，经自治区党委组织部认可或备案的政治理论培训班、专题学习班等，时间在 3 天以上的（含 3天），每参加 1 天记 1 分。参加本地区本系统本单位自行组织的专题讲座、业务培训会等，时间在 3 天以下的，每参加 1 天记 0.5 分。在职攻读学历学位，取得大学本科学历或学士学位者，记 10 分；取得研究生学历或硕士学位者，记 20 分；取得博士学位的，记 30 分。凡参加脱产培训未达到规定出勤率及考试、考核不合格的,不计算学分。

自治区干部教育领导小组办公室统一印制《宁夏回族自治区领导干部学分登记证》,作为记载干部教育培训经历及认定学分的重要证件,由干部本人保管。干部参加学习培训时,要将《宁夏回族自治区领导干部学分登记证》交培训机构登记、盖章。培训结束15天内,按照审核登记权限,携带学习培训有关材料,到自治区党委组织部或本地区本单位组织人事部门申请登记、备案。参加中组部、中央党校、国家行政学院、中央各部委,自治区干部教育领导小组、自治区党委组织部举办或认可的各类脱产培训班,由自治区党委组织部负责审核登记并备案;参加本地区本系统本单位组织举办的各类学习培训,由本地区本单位组织(人事)部门负责登记并备案。

办法规定,领导干部参加学习培训情况(学分登记情况)作为提拔任职的重要依据之一,提任前未完成3个月(90学分)以上培训的,要在提任后1年内由组织安排完成培训,无特殊原因不参加培训的,不予按期转正;还将领导干部学习培训情况(学分登记情况)作为年度考核的重要内容,领导干部年度述职报告中要认真总结个人学习情况,由群众进行评学。同时,在安排领导干部参加各类培训班时,均依据学分备案情况调训干部。

印发《学分制管理办法》时,区委组织部利用电子档案对《学分登记证》进行编号和备案,并对2006年领导干部参加学习培训的学分进行了登记和备案,做到了《学分登记证》上姓名、编号和学分等信息与电子档案完全一致。在区内举办的各类培训班结业前,主动与培训机构联系,了解领导干部参加培训学习时的表现和出勤率,并据此集中登记和备案学分;在区外举办的培训班或调训学员参加其他各类培训班,督促学员在学习培训结束3周内登记学分。每年底,自治区干部教育领导小组都要对各地区、各单位执行领导干部学分制情况、领导干部学习培训登记和备案情况进行督促检查,并视其情况在一定范围内通报。严格执行干部教育培训申报制度,凡未经批准、备案的,不予承认学分。

为加强培训管理,宁夏自治区党委组织部紧紧围绕《干部教育条例》的贯彻落实,研究起草了《领导干部学习培训学分制管理办法》、《干部教育领导小组例会制度》、《干部教育培训申报制度》、《领导干部学习培训调训制度》、《干部教育培训专项经费管理办法》等5项制度,分别以宁夏区委组织部和干部教育领导小组的文件正式印发,切实加强了对全区干部教育培训工作的统筹管理。

宁夏自治区领导干部学习培训学分制管理办法颁布实施后,各县积极推进学分制管理。银川市为切实加强干部教育培训工作,全面提高全市干部队伍的综合素质,推动学习型机关和学习型公务员队伍建设,制定了干部学习培训学分制管理办法(试行)。管理办法适用于市委管理的干部和市委组织部管理的正科级领导干部参加的由组织人事部门认可的各类教育培训和学习。其他干部参加的由组织人事部门认可的各类教育培训和学习,由所在单位及所在县(市)区组织部门参照本办法管理。自2006年1月1日起每5年为一个管理周期。县处级干部5年内累计须完成90学分以上。其中,脱产学习培训累计不得低于60学分,平均每年度累计达到或超过18学分,视为完成年度学习培训任务。其他干部5年累计完成60学分以上,其中,脱产学习培训累计不得低于40学分,平均每年度累计达到或超过12学分,视为完成年度学习培训任务。

按每完成培训6个学时(1天)计1学分。采取记录学分和奖励学分的办法进行登记。干部参加脱产培训获得的学分,经培训机构签署意见后,处级干部由市委组织部审核登记,市直各部门的正科级领导干部由市人事局审核登记,审核登记工作应在培训结束15天内完成。本单位(系统)记录的学分,县处级干部的每年定期报市干部教育领导小组办公室审核,市直各部门正科级领导干部的报市人事局审核,经审核确认后登记。挂职干部在挂职单位参加学习,学习情况由挂职单位开具证明后,按干部管理权限,分别由市委组织部、市人事局认定。参加中央国家部委和自治区党委组织部举办的培训班次及市干部教育领导小组计划内培训班次的学分,以正式培训计划和结业证书为依据,按实际培训天数登记学分。参加出国(境)培训,以培训计划和培训机构颁发的结业证书为依据,按实际培训天数登记学分。本单位(系统)自行组织的经组织部门备案的政治理论培训班、专题学习班等,由本单位(系统)组织人事部门按实际培训天数计算并登记学分;参加中心组学习,按实际参加次数,每次记0.5分。

奖励类学分,日常记载工作由干部所在单位负责。其中,处级干部获得的奖励类学分,由市委组织部审核;市直各部门正科级领导干部的奖励类学分,由市人事局审核。各单位将干部的学分证如实记载后,应按管理权限每年定期报送市委组织部和市人事局审核。比如参加集中讲座或专题学习班、学历学位教育、在职自学、研究成果、考核达标、全市统考以及其他教育培训学习,分别根据情况给予一定的奖励学分。

平罗县为了切实加强和改进干部教育培训工作,于 2007 年制定了《平罗县科级干部教育培训学分制管理办法》,从 11 月起在全县 600 多名科级干部中试行干部教育培训学分制,并将完成学分作为干部考核和提拔任用的重要依据。管理办法规定,从 2007 年起,每 5 年作为一个周期,科级干部每人累计培训必须完成 100 学分以上。其中,在县级以上党校、行政学院或者组织(人事)部门认可的其他培训机构脱产学习的学分不低于总学分的75%。原则上,干部每年应完成总学分的五分之一以上。学分登记分为脱产学习学分和奖励学分两部分,鼓励干部继续到学校进行学习深造,对取得国家承认的大专、本科学历,登记 5 学分;参加研究生课程进修学习取得结业证书和毕业证书的,分别登记 7 学分和 9 学分;取得学士、硕士、博士学位,分别登记 6、10、12 学分。另外,未能完成 5 年内教育培训总学分的干部,必须通过统一调训进行脱产补学。

海原县为提高学习质量和效果,县委专门制定了《海原县领导干部学分制管理办法》,建立了《领导班子自学、督学、述学、考学和评学制度》、《领导班子中心组学习制度》、《领导班子深入一线调研制度》等相关制度,要求各级领导班子每年集中学习不少于 40 次,学习心得不少于 12 篇,学习笔记不少于 1.5 万字,撰写深入一线理论调研文章不少于 4 篇,以书面形式为所属班子提供重大决策建议不少于 6 次,并由县委相关部门成立专门督察组对其学习情况不定期进行测试和考核,对赋分结果计入个人学习档案,作为班子配备和个人选拔任用的依据。为切实增强各级领导班子的实践能力,县内采取举办专题讲座、邀请专家讲学和安排领导干部赴经济发达地区考察学习、到基层一线挂职锻炼等方式,加强对各级领导班子的教育和培训,进一步增强了学习的针对性和实效性。据统计,近五年来,全县共举办各类学习班、培训班 31 期,培训副科级以上干部 1239 人次;邀请区、市党校专家讲师团开展十七大精神、科学发展观、中国特色社会主义理论、解放思想大讨论等理论培训 9 场次;组织领导干部到福建、江苏、上海等发达地区考察学习 13 批次;组织领导干部到基层挂职锻炼 12 批次。通过学习,各级领导班子政治理论水平不断提高,政治立场和理想信念进一步坚定,实践能力得到整体加强。

3 实行学分制管理的成效

经过一年多的实施,领导干部学习培训学分制管理办法已经在规范干部教育培训工作管理、掌握干部参加培训情况、调动干部学习积极性等方面取得了明显效果。

一是进一步规范了干部培训管理工作。《学分制管理办法》把以往好的经验和做法用制度固定下来,对领导干部参加学习培训情况进行量化,并就学分的确定、登记、应运等管理中的具体问题,提出了明确的规定和指导性意见。同时,还明确了管理的范围、各级组织人事部门的职责等。既做到了严格要求、严格管理、严格监督,也形成了职责清晰、便于操作、规范有序的管理机制,使干部培训管理工作进一步制度化、规范化。

二是进一步掌握了干部参加培训情况。《学分登记证》和领导干部学习培训学分信息库的运用,以学分累计的形式,清楚地记录了每一位领导干部五年内参加学习培训情况。这一方面改进了以年度为单位记录领导干部参加学习培训情况的分散性和零乱性,系统地、全面地反映了领导干部参加学习培训的整体情况;另一方面也为调训领导干部参加学习培训提供了直接依据,较为有效地解决了漏调和重复调训领导干部参加学习培训的情况。

三是进一步提高了干部学习积极性。《学分制管理办法》和《学分登记证》对领导干部五年内参加学习培训的数量要求和参加学习培训的情况都清楚地记录在案,并把学分与干部考核和提拔使用结合起来,使每一位领导干部都十分清楚自己需要参加学习培训的数量和具体要求,促使领导干部进一步重视和加强学习,有些领导干部主动要求参加学习培训,大多数领导干部都希望在工作能安排开的情况下参加学习培训。从而，极大地调动了领导干部参加学习培训的积极性和主动性。

但实行学分制管理也存在一些问题。学分登记和备案情况只是用学分说明领导干部参加培训的整体情况，不能详细掌握了解领导干部参加培训时间、地点和内容等全部信息；参加学习培训学分登记和备案不及时，导致对这些领导干部参加学习培训情况掌握不准确；领导干部参加学习培训没有约束激励机制，也没有硬性的约束和要求，不能从根本上解决干部调训难的问题。为使学分制管理取得更大成效，需要进一步完善和配套相关制度，做好基础性工作，切实推进宁夏干部教育培训工作再上一个新台阶。一是建立领导干部学习培训信息库与学分制办法配套实行，以详细准确掌握领导干部学习培训情况。二是进一步加大督促检查力度，保证学分制各项规定都落到实处。三是建议中组部尽快出台干部学习培训激励约束机制，并将领导干部参加学习培训情况作为干部提拔使用的硬性要求，即领导干部不完成学习培训任务就不予提拔使用，从根本上解决领导干部调训难的问题。

问题讨论

1. 实行学时学分制管理需要干部教育培训运行机制在哪些方面做出相应的改革？

2. 怎样才能确保学时学分制管理取得实效？

参考文献：

《宁夏平罗县试行科级干部教育培训学分制》，新华网宁夏频道 2007 年 11 月 15 日。

《宁夏领导干部学习培训学分制管理办法》宁组通〔2006〕126 号，2007 年 6 月 21 日。

银川市干部教育领导小组《关于印发〈银川市干部学习培训学分制管理办法（试行）〉等三项制度的通知》银干教字〔2007〕5 号。

四　湖北省武汉市建立干部教育培养工作链

为深入贯彻落实胡锦涛总书记关于"联系实际创新路、加强培训求实效"的要求,着力从制度层面破解干部教育培训的实效性难题,武汉市在深入分析影响培训实效性的深层次原因的基础上,坚持创新培训理念、培训机制和工作方式,探索建立和实行了干部教育培养工作链,将参训干部的选拔、培养、管理和使用有机结合,调动了干部参训的积极性和主动性,提高了干部教育培训的针对性和实效性。

◢ 建立干部教育培养工作链的基本考虑

大规模培训干部工作以来,武汉市按照中央的部署和要求,坚持创新培训模式,整合培训资源,完善培训机制,较好地完成了各项培训工作任务,大幅度提高了干部队伍素质,为经济社会发展提供了有力的人才保证。在实际工作中,武汉市委组织部深切感到,干部"训用分离"的矛盾依然比较突出,"训而不用"和"用而不训"的现象同时存在,严重影响了干部教育培训质量和效益的进一步提高。通过深入调研和分析,武汉市委组织部认为,产生这一问题的主要原因在于:参训干部的选拔、培养、管理和使用相脱节。表现在:培训前,干部处室很少或不参与培训计划的制定和参训干部的选拔(选拔和培训脱节),造成干部培训的针对性不强;培训中,干部处室不参与培训管理(培训和管理脱节),不了解参训干部的学习表现和能力;培训后,组织部门对参训干部跟踪培养不够,参训干部没有合理使用和安排(培训和使用脱节),直接影响到培训的实效。为从根本上解决这一问题,武汉市委组织部跳出培训看培训,把干部教育培训工作放到直接为科学发展服务的高度来思考,放到干部队伍建设的全局中去谋划,以创新干部教育培训工作机制为主导方向,以整合组织部门内部资源为主要手段,以重点培养干部为主要对象,初步建立了一条参训干部的选拔、培养、管理和使用有机结合的干部教育培养工作链:即重点干部的培训,由干部教育处制定培训规划和计划并组织实施培训,干部处室提出参训名单和培养方向,综合干部处根据干部能力需求实施实践锻炼,干部教育处和干部处室共同做好对参训干部的日常管理、培训考核和跟踪培养,形成干部教育处牵头、协调,组织相关处室齐抓共管干部教育培训的工作格局。

❷ 建立干部教育培养工作链的主要做法

(1)培训前,围绕"三个需求"量身定制干部培养计划,增强培训的针对性

紧紧围绕改革发展需求、领导班子建设需求和干部培训需求,设计培训规划,确定参训名单,定制培养计划,重点解决"为什么学"、"什么人学"、"学什么"等问题。

一是围绕改革发展需求制定培训规划,增强培训计划的针对性。着眼于干部教育培训工作为科学发展服务,为全市中心工作服务,市委组织部定期召集有关市直部门、研究机构和干部培训机构,共同研究经济社会发展对干部教育培训工作的影响和培训需求的变化,预测各类紧缺人才的培养方向和需求数量,按照"紧缺干部抓紧培训、重要干部重点培养,优秀干部优先培训"的原则,先后制定了"五个一人才工程"、"十个一批人才工程"等重点干部专项培训规划,指明了各类紧缺专业人才的培训目标、培训重点、培训举措、培训内容和方式,确定了每年的重点培训班次,为实施干部教育培养工作链指明工作方向。二是围绕班子建设需求确定重点培养干部名单,增强参训干部选拔的针对性。改变过去由干部教育处分配培训名额、各单位选报参训对象的选拔方式,把干部处室职能链接到干部培训工作中,由干部处室根据重点干部专项培训规划,综合分析现有市管领导班子结构,预测市管干部动态变化情况,逐一提出每个市管班子近几年需要补充的干部数量、类型和方向。在此基础上,干部处室、干部教育处对照补充需求和条件对现有市管干部和后备干部的基本情况进行分析排查,逐一筛选,研究确定近几年需重点培养的干部名单以及这些干部的培养定位、培养方向和培养形式。

三是围绕干部学习需求量身定制干部培养计划,增强干部学习培训的针对性。干部教育处和干部处室逐一分析每名重点培养干部的综合素质和发展潜能,"按照缺什么、补什么,干什么、学什么"的原则,在充分征求干部个人学习培训需求的基础上,结合组织部门对他们的培养方向,对每一名重点培养干部量身定制培训计划,明确这些干部的培训方向、培训形式、参训地点等,按照重点培养干部专项培训规划确定的年度培训项目,科学安排、合理归类,将每一名重点培养干部安排到相应的培训班次中,按计划进行点名调训。

(2)培训中,采取"三种方式"实施流程化管理,增强培训的科学性

尊重干部成长规律,根据干部经历特点,采取订单式培训、流程式管理和实践式锻炼等培养方式,由干部教育处和干部处室分别对重点培养干部进行培训——管理——实践锻炼相衔接的流程化培养,重点解决干部处室不参与培训管理、不了解参训干部的表现和能力等问题。

一是对重点培养干部进行"订单式"培训。干部教育处把每一个重点培训班次当作一个项目来操作,采取"双推双选"(组织部门推荐培训内容和参训干部推荐想学内容,组织部门选择培训机构和参训干部选择培训方式)的办法,合理设计培训内容,确定培训方式,制订培训方案,交给相关培训机构进行"订单式"培训。在培训过程中,探索开展了"学习研究一体化"的培训模式,要求参加重点培训班次的学员在培训前,都要围绕培训专题进行市情调研,了解武汉市在这些方面存在的问题,提出研究课题,在培训时围绕课题进行学习和研讨,培训结束后将课题研究报告提交市领导和有关职能部门,真正把学习知识、研究问题、提高能力三方面有机结合起来,进一步提高培训效果。二是对重点培训班次实施"流程式"管理。干部教育处负责做好培训班的宏观管理,指导培训机构做好教学管理,并针对不同培训班次的特点,制定学员学习成果考评和管理办法。干部处室全程参与重点培养干部的培训——管理——考核过程,通过参加培训班的学习讨论会、党性分析会、学习汇报会等集体活动,进行日常管理;通过选派部机关干部参加重点培训班次的学习,实施跟班管理;通过参加培训学员的学习成果考评会,采取当面提问、学员答辩、现场评分的方式,对培训学员进行绩效管理。通过这些办法,探索建立了发现干部、考察干部的新途径、新办法。三是对缺乏基层工作经验的干部进行"实践式"锻炼。对缺乏实践锻炼的重点培养干部,将理论培训与实践锻炼相链接,在理论学习后,都要安排进行3—12个月左右的实践锻炼。根据干部的成长经历和培养特点,由综合干部处分别安排这些干部到艰苦环境、发达地区、街道乡镇、武汉城市圈城市、重大项目挂职锻炼,提高了他们驾驭全局能力和实际工作水平。

(3)培训后,建立"三个机制"做好干部跟踪培养,增强培训的实效性

将干部处室职能链接到干部培训后的跟踪培养工作中,通过建立和实施干部培训后动态调整机制、跟踪考察机制和训用成果激励约束机制等办法,促使干部把学到的知识转化为工作能力,把学习成果转化为工作业绩,提高干部培训的效益和效果,重点解决干部教育培训工作中的"训用矛盾"问题。

一是建立干部培训后动态调整机制。培训后,干部处室和干部教育处对重点培养干部的培训表现、培训收获、培训成果等进行综合分析和评估,对表现突出的重点培养干部,进一步明确发展定位,制订个人发展规划,安排专人对其进行跟踪联系,配合干部所在单位对其进行针对性的培养和使用,促进干部尽快成长。对培训期间表现较差的重点培养干部,调整出重点培养干部名单;对表现优秀的其他干部,及时吸纳入重点培养干部范畴,实现了重点培养干部的动态调整和滚动发展。二是建立干部培训后跟踪考察机制。重点培养干部的跟踪考察由干部处室归口实施,干部教育处、综合干部处参与,一般安排在干部脱产培训或实践锻炼结束半年后进行,考察期为3年左右。采取平时考察与年度考核相结合、个别访谈与集体座谈相结合、上门考察与听取汇报相结合等多种方式,建立重点培养干部跟踪考察制度,重点了解干部坚持理论联系实际、运用培训成果、在岗位建功立业的情况,并作为其提拔使用的重要依据。三是建立干部训用成果激励机制。通过跟踪考察,遴选训用结合好的典型到重点干部培训班上向学员谈体会、传经验,激励培训学员重视培训、认真学习。把重点培养干部的学以致用情况作为干部任职、晋升的重要依据之一,对

中浦院

教育培训案例

训用结合好、工作实绩突出、群众公认的重点培养干部,由干部处室按照岗位需求优先提拔使用;对培养后工作能力提高不明显、工作业绩不突出的干部,视不同情况采取谈话提醒、批评教育、调整工作岗位等措施,督促干部改进工作,提高能力。通过这一办法,激发了干部把培训成果转化为工作业绩的积极性。

3 建立干部教育培养工作链的主要成效

干部教育培养工作链实施以来,取得了较好效果。

一是培养了一大批高层次紧缺专业人才,促进了全市经济社会发展。实施干部教育培养工作链以来,武汉市委组织部采取党校培训和高校培训相结合、国内培训和境外培训相结合、理论学习和实践锻炼相结合等方式,先后选派了33批共643名干部赴美国、英国、新加坡、香港等发达国家和地区培训实习,46批共1100多名干部赴清华大学、中国人民大学、复旦大学等国内知名高校学习,培养了一批宏观经济管理、公共事务管理、城市规划与管理、农业经济管理、财税金融等方面的紧缺专业人才,为推进"创新武汉"、"和谐武汉"建设,促进武汉在中部地区率先崛起提供了坚强的人才保证和智力支持。

二是缓解了"训用脱节"矛盾,提高了干部培训的实效性。干部教育培养工作链的实施改变了干部处室不参与、不了解干部培训情况的局面,干部处室全程参与到参训干部的选拔—管理—考核—培养过程中,形成了在日常培训管理中发现干部、考察干部、培养干部的机制,提高了干部教育培训的针对性,参训干部的使用率大为提高,很多干部是即训即用。据统计,武汉市参加后备干部班、国内外高校班等重点班次培训的干部中,有75%左右提拔或交流到重要岗位,30多名领导干部提任市管单位的"一把手",有18名干部任区委书记或区长,占全市区委书记和区长总人数的69.2%,一名干部成长为市领导。

三是形成了"学研一体化"的培训模式,推进了培训成果直接为科学发展服务。在实施干部教育培养工作链中,紧紧围绕提高培训质量和实效,把学习培训和研究问题、提出对策相链接,形成了"学习研究一体化"的培训模式,取得了明显成果。近几年,武汉市参加重点培训班次的学员,形成了40多部共计1000多万字的研究成果,向市委、市政府和有关职能部门提交120多篇建议材料,其中"建立武汉光电子产业基地"、"加快武汉高新技术产业发展"等一批建议转化为市委、市政府的战略决策,并产生了很好的经济和社会效益,有的研究成果作为全市干部培训教材印发全市干部学习。"学研一体化"的培训模式,既提高了参训干部思考问题、分析问题、解决问题的能力,又推进了培训成果直接为经济社会发展服务。

四是满足了干部的个性化培训需求,增强了干部参训的积极性。实施干部教育培养工作链,将组织需要、岗位要求和干部发展需求有机结合,量身定制干部培养计划,精心设计差异化的培训专题和内容,培训内容更符合干部的需求,培训方式更适应干部的特点,培训后就能在工作实践中运用,极大地提高了培训的针对性,激发了干部参训的主动性和积极性。近两年,由市委组织部点名调训的干部,参训率达98%以上;由市委组织部分配名额参训的干部,参训率达85%以上,分别比干部教育培养工作链实施以前提高了10和15个百分点。

◢ 建立干部教育培养工作链的基本经验

建立实施干部教育培养工作链,主要是促进干部训用结合,提高干部教育培训的针对性和实效性。实现这一目标,必须遵循干部教育培养规律,建立完善运行机制,充分调动各个方面的积极性,努力形成工作的合力。主要有以下经验。

第一,领导重视是前提。干部教育培养工作链涉及组织部门内部处室职能的调整和重新分配,如果没有领导重视,自上而下推动,难以顺利推行。部主要领导把建立干部教育培养工作链作为组织工作制度创新的重要抓手,大力推进,常抓不懈。多次主持召开部长办公会,统一思想,提高干部认识,研究培训规划,确定重点培养干部名单。成立了由分管副部长任组长、相关处室处长为成员的工作领导小组,建立了协调会议制度,不定期研究协调工作链操作中的具体问题,根据实际情况对重点培养干部适时动态调整,推动了干部教育培养工作链的建立和运行。

第二,需求导向是关键。中央要求,干部教育培训工作要更好地为科学发展服务,为干部成长服务。这要求干部教育培训工作更紧密地贴近改革发展实际,贴近干部队伍实际。在建立干部教育培养工作链时,把联系实际、围绕需求作为关键着力点来抓,努力提升培训的针对性。在制订全市重大培训规划时,都要征求市委、市政府决策咨询部门的意见,征求各区、各单位的意见,使培训工作紧密服务于全市中心工作;在确定重点培养干部名单时,提前对市管领导班子的现状、问题进行科学分析,按照班子建设需要确定重点培养干部名单;在确定培训专题和培训内容时,事先征求参训干部的意见,围绕干部学习需求实行"订单式培训",确保培训内容符合干部学习"胃口"。

第三,制度创新是基础。干部教育培养工作链是一项创新举措,涉及面广,操作复杂,必须从一开始就对各项工作流程进行规范,建章立制。在探索实施干部教育培养工作链中,武汉市委组织部注重规范操作,逐步总结经验,把工作链的具体办法转化成科学化的制度链,先后建立了《关于建立重点培养干部教育培养工作链的意见》、《重点培养干部选拔办法》、《重点培养干部培训班组织实施办法》、《重点培养干部实践锻炼办法》、《重点培养干部跟踪考察办法》、《干部教育培养工作链协调会议制度》等"一意见、四办法、一制度",为干部教育培养工作链的顺利运行奠定了良好基础。

第四,资源整合是保障。随着经济社会的不断发展,对干部教育工作的目标、任务、要求也不断提高,干部教育培训工作要跟上快速发展的形势,高质量地完成新一轮大规模培训干部任务,单靠干部教育部门自身单打独斗很难做到。必须将干部教育培训工作纳入到组织工作的全局中去,贯穿到干部培养、管理、使用的流程中去,整合组织部门内部资源,把干部选拔任用职能与教育培训职能相衔接,调动各个处室积极性,形成工作合力。通过建章立制,明确了组织部相关处室在干部教育培养工作链中的职责,各处室负责人亲自抓,处室之间分工协作,密切配合,不定期地召开会议协商重大问题,充分调动了各个处室参与干部教育培养工作的积极性和责任感,保障了干部教育培养工作链高效顺畅运转。

　　建立干部教育培养工作链,是从机制上推进干部教育培训工作改革创新的重要尝试,在实施过程中依然存在一些不完善的地方。如重要部门、关键岗位的"一把手"和业务骨干调训难,培训内容和方式还不能完全满足干部个性化需要,跟踪管理和培养机制不够健全等等。下一步,将从两个方面改进和完善干部教育培养工作链:一是进一步完善干部教育培养工作链的运行办法。进一步细化和完善干部教育培养工作链的具体操作办法,根据工作链条需要重新界定干部处室和干部教育处的职能,使工作链的运行机制成为常态。探索把信息处、研究室、办公室等处室的相关职能链接到干部教育培养工作链中,真正形成领导重视、全部参与、各负其责、相互链接的干部教育培训工作新格局。二是向外延伸干部教育培养工作链。进一步加大资源整合力度,将学员单位对干部的培养使用职能、培训机构对参训学员的培训管理职能链接到干部教育培养工作链中,促成干部教育培养工作链由"内向型"向"外向型"转变,形成学员单位、组织部门、培训机构"三位一体"、相互配合、相互补充、齐抓共管的干部教育培训工作良好局面。

💭 问题讨论

　　1. 怎样协调好组织部门内部关系,构建干部培养工作链?

　　2. 怎样才能更好地发挥干部教育培训作为干部工作中有机组成部分的作用?

参考资料:

　　中共武汉市委组织部:《建立实施干部教育培养工作链,提高干部教育培训的针对性和实效性》,参见全国干部教育培训工作会议交流材料《全国干部教育培训工作经验交流汇编》。

五 山东省东营市探索在培训中考察干部

✎ 在培训中考察干部的背景

为深入贯彻落实《干部任用条例》和《干部教育条例》,山东省东营市立足增强干部教育培训的针对性和实效性,把干部参加培训期间的表现情况作为经常性考察的重要内容,通过建立健全科学完善的指标体系和规范可行的工作机制,全面准确地了解干部的综合素质和能力水平,拓宽了知人渠道,健全了识人机制,推动了干部教育与管理使用的有机结合。

✐ 在培训中考察干部的基本做法

2007 年以来,在深入调研和反复论证的基础上,山东省东营市委组织部制定出台了《关于做好干部教育培训中干部考察工作的意见(试行)》、《关于对参加教育培训干部进行考察的实施办法(试行)》和《关于选派部机关干部参加跟班培训有关事项的通知》。根据三个配套文件精神,市委组织部安排专人跟班学习,并与培训机构有关人员组成考察组,对参加有关培训班次学习的干部进行考察。目前,已对 5 个班次 246 名干部进行了考察。

第一,注重干部培训期间表现与其素质能力历史积累相结合,科学设置考察内容。突出四个方面:一是学习态度。主要考察干部遵守考勤纪律、课堂听讲、党性锻炼、教学活动参与等情况。二是能力表现。通过课堂发言、研讨交流、学员上讲台等,考察干部能否敏锐、准确地发现问题;能否触类旁通、举一反三、有预见地分析问题;能否及时提出解决问题的办法。通过课题调研、撰写论文、考试答辩等,考察干部是否善于运用新知识、接受新观念;是否善于理性思考、具有战略眼光;是否善于理论联系实际、学以致用。通过在各类集体活动中的表现,考察干部在组织领导、统筹协调、驾驭全局等方面的能力。三是个性特征。运用现代行为科学、心理学等知识,考察干部的性格气质、心理素质、行为倾向等特征。重点通过观察干部培训期间的言谈举止、生活习惯、与人交往等情况,考察干部是否牢固树立正确的价值观、权力观、政绩观;是否能够自重、自省、自警、自励;是否善于团结、公道正派、谦虚谨慎、表里如一。四是学习效果。通过结业论文、理论考试、班级评比、学习评价等,考察干部参加培训期间的学习效果,重点看理论功底是否扎实,知识层面是否宽泛,个人见解是否独到,运用理论指导实践的能力是否提高。

第二,注重定量测评与定性分析相结合,不断完善考察方式。培训结束后,根据干部教育培训有关要求,考察组参照干部考察有关程序,对参训干部进行考察。考察得分按百分制计算分值,其中理论测试 30 分、民主测评 30 分、表现分析 30 分、综合评价 10 分。理论测试由培训机构对干部参加培训期间的理论考试、结业论文、课题调研等情况进行评定打分,并分别折算分值;民主测评通过班级学员互评、党支部(班委会)评价两种方式,分别从学习态度、能力表现、个性特征、学习效果四个方面对干部培训期间的表现进行测评打分;表现分析包括纪律表现和学习表现两项,一是对照干部在培训期间的考勤记录折算分值,二是由培训机构对干部学习表现进行评定并折算分值;综合评价由考察组对考察中获得的信息进行综合分析,结合对学员个性特征和基本能力的测试成绩,得出对参训干部的整体评价,形成综合报告和考察材料并折算分值。

第三,注重组织掌握与双向反馈相结合,合理运用考察结果。一是将培训考察情况向市委组织部负责干部选拔任用和管理监督的机构反馈,使其根据干部培训考察情况,结合干部年度考核、重点工作考察等情况,全面准确地把握干部的德才素质,为合理选拔任用干部提供依据。二是将培训考察情况向干部所在单位反馈,对考察表现优秀的提出推荐使用建议;对不遵守培训纪律和规定,表现较差的,视情节轻重,给予通报批评。三是将培训考察有关情况向干部个人反馈,使干部个人更加全面客观地认识自己。截至目前,在 246 名被考察的干部中,得到提拔的 17 名,重用的 25 名,年度考核被评定为优秀等次的 31 名。

第四注重组织部门指导和干部培训机构参与相结合,切实加强组织领

教育培训案例

导。主要建立两项制度：一是跟班培训制度。对外出培训班次以及市内举办的一个月以上的培训班次，由组织部门选派组工干部跟班培训和管理，其中50人以下班次派1名，50人以上班次派2名。二是协调联动制度。组织部门和干部培训机构在干部培训期间加强沟通联系，及时掌握参训干部思想、学习、生活方面有关情况，同时在干部表现认定方面进一步搞好衔接，形成统筹协调、配合联动的工作机制。

3 在培训中考察干部的主要成效

一是进一步拓宽了干部考察渠道。实施这一办法，有效弥补了集中性考察"近因效应"的弊端，进一步拓宽了干部考察渠道。在对干部工作期间表现、八小时以外生活圈、社交圈考察的基础上，通过采集干部在脱产培训期间的表现等方面信息，为干部的综合性考察提供直接的素材，有效地拓展和深化了经常性考察工作，使干部考察工作更具客观性、全面性。

二是进一步增强了干部培训工作的影响力。在培训中考察干部，作为加强干部教育培训管理的创新性手段，为干部教育培训工作注入了生机与活力。实际工作中，干部培训主管部门、干部管理部门、干部所在单位和培训机构密切配合，各负其责，逐步形成了"四位一体"的管理工作机制。各级各部门开展干部培训工作的积极性和主动性大为增强，支持本单位干部参加培训的态度明显转变，举办的各类培训班质量明显提高，干部教育培训工作的影响力明显增强。

三是进一步激发了干部参加培训的积极性。实行在培训中考察干部的办法，一方面便于组织部门适时掌握培训班次教学安排和教学效果，了解学员对培训的需求，及时发现培训存在的不足，有效解决过去存在的问题。另一方面，考察情况定期向本人和单位反馈，使干部能够对照结果查找不足，增大了学习的压力和动力，增强了学习的自主性和积极性。目前，点名调训时请假人员明显减少，主动申请参训的干部明显增加。由于参训愿望强烈，市委党校县级干部进修班规模不得不从原来每期50人左右扩大到70人左右，困扰培训工作多年的"调训难"的问题基本得到解决。

四是进一步推动了组织工作各环节的有效衔接。探索在培训中考察干部，有效地克服了学用脱节等现象，推进了干部培训工作的科学化、制度化、规范化。在一定程度上改变了组织工作特别是干部工作中培训、管理、使用、监督等各个环节衔接不够的状况，加强了组织系统内部各项工作的沟通联系，推动了组织工作整体上水平。

五是进一步提高了组工干部的素质。选派组工干部跟班培训和管理，不但确保了干部培训质量，还间接地收到了提高组工干部素质的效果。跟班培训中，组工干部通过听课，学到了知识，丰富了头脑，拓宽了视野，提升了理论水平。在与参训干部朝夕相处中，从他们身上学到了优秀品质和领导艺术，提高了看问题、思考问题和解决问题的能力。通过参与班级管理，锻炼了组织协调能力、增强了服务意识。

实施在培训中考察干部工作虽然收到明显效果，但作为一项全新的工作，在实施中还存在着一些问题与不足：一是在思想认识方面，个别单位和干部对这项工作认识不到位，存在敷衍应付现象。二是在考察指标体系设置方面，还需要结合干部考察工作和干部培训工作的特点，进一步健全完善。三是在结果运用方面，机制还不够完善，尚缺乏刚性的配套措施。

◢ 在培训中考察干部的基本经验

第一，必须进一步加强对干部教育培训工作规律的研究。在培训中考察干部，之所以能够取得成效，一个重要原因就是找准了干部教育培训与管理使用工作的结合点，把干部选拔任用的基本程序——考察引入干部教育培训工作，这在提高干部教育培训质量的同时，也为选准用好干部提供了重要依据。由此可见，做好干部教育培训工作，必须加强对干部教育培训工作规律的研究，通过研究和把握规律，找准工作的结合点和突破口，深入研究行之有效的措施和办法，不断推进干部教育工作制度改革创新。

第二，必须进一步加强干部教育培训工作各有关机构的协调配合。干部教育培训工作是一项系统工程，需要各级各部门的参与和支持。做好在培训中考察干部工作，离不开干部教育培训、干部选拔任用、干部监督等机构以及培训机构之间的协调配合。必须强化干部教育工作领导小组的领导指导作用,督促相关部门切实履行职责,加强协调配合,形成工作合力。要建立干部教育培训工作定期交流制度,加强各部门单位之间的联系沟通,及时通报和交流干部教育培训工作情况,使干部教育培训工作步入更加健康有序、更加扎实有效的轨道。

第三,必须进一步加强干部教育培训工作配套机制的健全完善。以《干部教育条例》为基本规章,在具体工作中,围绕改进干部教育管理体制、培训渠道、培训方式、经费师资、考核评估等工作,加大干部教育制度改革创新力度,健全完善相关配套措施,不断提高干部教育培训工作水平。

♪ 问题讨论

1. 在培训中考察干部对于搞好干部教育培训工作有着怎样的意义与价值?

2. 怎样才能更好地做到在培训中考察干部?

参考资料:

山东省东营市委组织部:《山东省东营市探索在干部教育培训中考察干部》,载中共中央组织部干部教育局《干部教育通讯》2007 年第 9 期。

六 | 山东省加强调训考评全过程管理

干部教育培训是党的建设和组织工作中具有基础性、战略性地位的工作,是提高干部素质、促进人才成长的重要渠道。加强干部教育培训工作,必须按照科学发展观的要求,从干部队伍建设和干部自身成长需要出发,认真研究把握干部教育培训工作的规律,全面加强调训考评全过程管理,全方位提高教育培训水平,建立适应发展要求的干部教育培训系统和格局。结合近年来山东省各级的探索和实践，山东省委组织部在深入调查研究的基础上，就强化调训考评全过程管理，提高教育培训工作整体质量和效益问题，进行了认真分析和总结，对实践中的做法进行了初步归纳和概括，对如何进一步提升工作水平作了新思考。

强化系统思维，整体把握调训考评全过程

调、训、考、评是贯穿整个干部教育培训工作的四个重要环节，既各自独立又相互联系，兼具独立性和整体性双重特征。针对以往的工作实践中更多地注重了具体工作的部署，缺少系统性的安排；更多地注重了单项工作的推进，缺少整体性的提高；更多地注重了点上的实践，缺少面上的归纳、推广和提升等问题，山东省认真学习领会科学发展观"全面协调、统筹兼顾"的要求，树立科学的系统思维，抓研究、抓推进、抓提高，进行了一些有益探索。

第一，科学定位，把调训考评作为一个有机整体对待。调训考评是具有内在秩序、交替进行的动态过程。调是起始环节、是前提，训是中心环节、是关键，考是中继环节、是动力，评是检验环节、是对培训情况及其效果的鉴定与反馈。在具体实践和工作中，始终把整体优化作为目标，引导各级在强化局部工作的基础上，牢固树立整体性观念，针对传统管理方式中指令性强、指导性弱，调训多、考评少，重规模、轻质量等问题，做到同步规划、同步安排、同步实施、同步管理、同步检查、同步总结。坚持把效益观念贯穿始终，努力提高投入产出比；把人本思想贯穿全过程，从以教为本转到以学为本上来；把严格标准与纪律贯穿每个环节，使调有方向、训有规程、考有依据、评有标准；坚持把突出重点贯穿各个阶段，做到各有侧重，保证培训管理工作有效推进，以阶段性目标的达成保证了高质量结果的实现。

第二，统分结合，把调训考评作为一个系统工程来把握。调训考评是干部培训中的系统工程，只有"四轮齐驱"，干部教育培训这驾"马车"才能高效运行。省委组织部深入研究调训考评各方面的相互关系，坚持"调"突出重点，"训"鼓励创新，"考"重在激励，"评"督导并举，以调定训，以评促训，考评结合，整体推进。在领导力量上，省委高度重视，省委常委会坚持每年

专题研究干部教育工作;各级党委全力统筹落实,理顺主管部门、分工部门及施教机构的工作关系,实行分级分类管理,建立了上下联动、齐抓共管、密切配合的运行机制;定期对干部培训工作进行规划,调控培训的对象、内容、教材、经费,以及培训机构之间的关系等重大问题。整个干部教育工作健康有序发展,保质保量地完成了上一轮大规模培训任务,新一轮大规模培训顺利展开。

第三,抓住关键,统筹推进调训考评管理。工作成效关键在落实,落实必须讲求方式方法。实践中,山东省委组织部注意把握好调训考评各环节的结合点、找准切入点,着眼需求调干部,围绕中心定内容,立足应用抓考核,突出效益搞评估,使调训考评的"运行线"始终围绕省委省政府的"需求线"来展开。推进管理过程中,注重把握关键环节,统筹抓了对象上的三支队伍、区域上的东西部地区、地域上的国内与国外、阵地上的主与辅,使现有工作力量得以合理利用,使各类培训资源配置得到优化。2006 年以来,围绕中央提出的重大战略思想举办专题班 163 个,对县处级以上干部进行普遍轮训,创建了齐鲁学习讲座、著名经济学家论坛、财智对话等平台,取得了良好效果。各市结合实际,开展了各具特色的管理活动,如济南市在"双高"人才培训中探索"学研一体化教学";济宁市实施"领导干部素质提升工程";菏泽市围绕"突破菏泽"这一主题办好各类专题培训班;临沂市出台了《关于主体班次异地培训的管理规定》等。

坚持统筹兼顾,在全过程管理中突出重点

调训考评四个环节,相互衔接、相互促进,在把握好整体性的基础上,突出重点,统筹兼顾,才能达到整体培训效果的最佳。

第一,严把入口,提高调的针对性。在培训项目和班次管理上,严格实行调训申报和办班审批制度。在专题班次设置上,由"各自选"到"上级点",围绕省委工作部署"点题",通过办班"破题",而不再是报什么班,就批什么班;培训的主题由"多"到"少",重点突出科学发展、和谐社会、文化强省、执政能力建设等重大课题,淡化部门办班的局限性;班次的数量由"散"

到"精"，省级一般每年不超过 30 个，改变过去频繁调训、无序调训的局面。在参训干部的选调上，注意突出重点、统分结合。坚持和完善组织调训制度，主题班次保持相对稳定，每年选调约 1/5 的干部参加；对重要班次和关键岗位的干部，以点名调训为主，敢于"硬调人"，同时也减轻基层和部门"调训难"的压力。适当实行"自主式调训"，从组织上"要我学"，变为符合组织导向的"我要学"。就省管干部而言，在一个培训周期内，让领导干部自选哪一年参加培训；相关专题班次让领导干部自主选择参训的时间。

第二，鼓励创新，提高训的实效性。注重统筹培训内容与形式，重点在规范管理、典型带动、创新方法上下功夫。围绕锤炼干部的"五种能力"，提高干部的履职能力，按需办班、因材施教，满足学员的个性化需求。先后总结创造了中青班"五四一"板块培训法、出国班"学做对半法"和新任班"双向细分、个别约谈法"。在学习贯彻党的十七大精神轮训中，实行分类专题培训的方法，效果也很好。各市都对创新方法进行了积极探索，青岛市的"领导干部每月一讲"，淄博市实行培训与市内外挂职锻炼相结合，烟台市建立包括公务员、专业技术人员和企业经营管理者三大课程板块的网上学院等，均产生了很好的示范和带动效应。

第三，丰富手段，提高考的准确性。一方面加强对学员培训期间的考核。督导各培训机构对考核制度进行完善、细化，重点从学习态度和学习表现、掌握知识和技能情况、解决实际问题能力三方面进行考核，做到在每期班次结束时，普遍对学员学习成效进行考评。另一方面积极探索通过培训考察了解干部。坚持和完善了组织部门跟班学习考察制度，把干部参加培训期间的表现情况作为经常性考察的重要内容，全面了解干部的综合素质和能力水平，拓宽了知人渠道。东营市还出台了在培训中考察干部的具体办法，对这项工作进行了新的拓展。此外，作为调训考结合的有效方式，指导鼓励一些基础较好的市进行了学时学分制方面的探索，目前约 1/3 的市已经开始实行。

第四，注重质量，提高评的科学性。按照评建结合、以评促建的原则，省委组织部会同有关部门，研究完善党校等培训机构质量评估办法，有计划、有步骤地对其办学方针、教学质量、师资队伍、组织管理、基础设施、经费保障等进行评估。充分运用评估结果,对各级培训机构的建设和发展提出指导性意见,促使不断改进和完善。泰安市建立了教学质量考核评价体系,在授课教师中引入竞争机制,实行优胜劣汰、动态管理。潍坊市制定干部培训基地质量评估办法,探索实行"教考分离",使教、学、管三方面互相制约、互相促进,保证了培训质量。

3 注重改革创新,构建干部教育调训考评制度体系

管理的基础是制度。制度建设具有根本性、全局性和稳定性,长期起作用,是抓好调训考评管理的保证。只有把继承和发展、推陈和出新有机统一起来,构建完善的制度体系并认真抓好落实,工作才有标准,办事才有程序,操作才能规范,发展才能持续。

第一,坚持完善一批好制度,使调训考评有章可循。山东省委组织部注意及时总结调训考评管理的经验做法,对工作中形成的办班申报、调训审核、跟班管理、培训登记等有效措施,进一步提炼和完善,上升到制度层面,严格执行、长期坚持。对多年来单个、零散的制度进行了系统梳理,对一些具体内容进行修订完善,编制了《干部教育培训制度手册》,进一步细化工作流程,规范了调训考评工作的整个流程和环节,使各项工作有据可依、有章可循。同时健全完善档案管理制度,各级普遍建立了干部培训信息管理系统,电子档案已在面上推开。

第二,探索施行一批新制度,使调训考评与时俱进。针对调训考评中的难点问题,深入调研,广纳群议,及时提出加强和改进的具体措施,建立了一批科学合理、切实可行的新制度。2003 年以来,省里出台各种规范性文件76 个。先后制定了《条例》实施意见、"十一五"干教规划、公务员培训规划和专业技术人员继续教育规划。制定了"领导干部上讲台"、"千名企业经营管理人员培养工程"、"省管企业自主培训"等实施意见。2005 年,《山东省专业技术人员继续教育条例》经省人大常委会通过,成为地方性法规。在省里的影响和带动下,各市大胆探索,形成了不少制度建设成果。如滨州市出台了《关于建立干部脱产培训考核制度的实施意见》,枣庄市制订了《关于加

强和改进理论学习的意见》等,对培训管理工作进行了有益的探索。

◢ 着眼科学发展,把握干部教育调训考评内在规律

管理是一项需要不断探索、总结和创新的工作,必须着眼大局,着眼长远,着眼发展,总结和把握其内在规律。在加强调训考评管理中,山东省着重把握"三个转变"。

第一,在管理定位上,从指挥型向调控型转变。改变过去自上而下指令性、强制性的"硬性"管理,综合采用规划、制度、政策及评估、奖励、竞争等"柔性"手段,调动各方面积极性。比如,在建立培训机构的优胜劣汰机制方面,引导培训机构在竞争中以效益求生存,以质量求发展;在建立培训项目的选择机制方面,引入市场化手段,对境外培训、专业技术培训等项目,实行公开招投标;在经费投入方面,由直接划拨调整为根据培训任务选择机构,再支付经费的办法,同时,根据培训机构任务完成情况和效果适度增减,发挥资金的调控杠杆作用。

第二,在管理手段上,从约束型向激励型转变。由以往规定范围、规定时限、规定内容的以"管"为主,向侧重引导、鼓励、竞争等方式的以"导"为主转变,激发培训机构和参训干部的双重动力。突出干部在培训中的主体地位,使接受教育成为一种主动行为。一方面使培训工作更加贴近培训对象,培训计划的制定、方案的设计、方式的选择等,都充分考虑到干部的特点和需求,积极创造条件引导他们参与,切实增强培训的针对性和吸引力。另一方面加强干部培训的考核,把教育培训与年度考核、民主评议、提拔使用相结合,充分调动、激发干部参与学习培训的自觉性和能动性。

第三,在管理目标上,从任务型向服务型转变。强化干部教育全过程管理的目的不仅是完成培训任务,更重要的是服务中心、服务发展。干部教育部门必须切实增强服务意识和服务导向,打破"计划式作业"、"封闭式"管理的惯性模式,切实转变作风,把干部作为接受培训服务的对象,经常向培训对象和培训机构了解情况,多与有关部门沟通,研究干部的需求和喜好,及时掌握干部培训工作中存在的困难和问题,指导培训机构提高服务质量

和水平,努力做到在服务中加强管理,在管理中体现服务。

◢ 不断拓展延伸,增强干部教育调训考评系统的开放性

干部教育调训考评全过程管理是一个循序渐进、不断完善的过程。针对目前管理工作中存在一些不足,如:上下脱节,有些工作衔接还不到位;供需脱节,训前需求掌握得还不够;训用脱节,干部教育管理和干部使用管理结合还不够等,山东省将按照事业发展体制转型的需要,不断拓展和延伸干部教育管理的内涵和外延,用更宽广的视野审视管理工作,在更广泛的领域检验管理工作,以更大的力度推进管理工作。

第一,向前延伸,加强需求调研,增强针对性。按需施训是干部教育工作的立身之本,只有准确把握新形势、新任务对干部培训工作的新要求,才能科学地开展培训管理工作。应把更多的精力投入到提前调查研究、了解需求、发现问题上来。研究"上情",认真领会中央和省委的方针政策,牢牢把握干部教育的正确方向;吃透"省情",从全省工作大局和经济社会发展需要安排培训,使干部教育真正有的放矢;摸清"下情",把握干部自身特点,使培训项目安排有据可依,把组织需求、工作需求和干部需求三方有机结合起来,不断探索干部教育管理的新思路、新途径和新措施。

第二,向后延伸,落实训用结合,激发内动力。培训的根本目的在于应用,训有所用,训用结合,是提高干部教育质量和效益的源泉所在。一方面加强引导,注意把学与用、知与行有机结合起来,努力拓展干部培训的广度与深度,学以致用。另一方面理顺工作体制,把培训作为培养干部和考察干部的平台,使干部教育工作真正与干部日常考核、选拔使用、监督奖惩结合起来,甚至成为刚性的约束,让通过培训确实学有所成、在实践中取得突出业绩的干部得到大胆使用,从根本上激发培训工作的生命力、创造力。

第三,向外拓展,促进内外结合,增强管理系统开放性。干部教育是干部工作的重要组成部分,要把干部教育放在整个干部工作的大链条上来考虑,把调训考评全过程管理这一子系统置于整个组织工作的大系统中来谋划。一方面要加强整个干部教育与组织系统各项工作的对接与结合,推进

干部教育与干部任用、干部监督、人才队伍建设及评先树优、考核奖惩等工作的有机结合,使干部教育管理工作不断适应形势改革创新。另一方面在调训考评各个环节的把握上,也要注意每个具体环节与组织工作其他环节的有效衔接,完善定期沟通、意见交流、情况通报等制度,不断加强各环节有机互动,构建内部自恰、外部开放的干部教育调训考评管理系统。这样双管齐下、内外共进,不断向外拓展、向内深化,使干部教育培训工作水平持续提升。

问题讨论

1. 实行调训考评全过程管理对于提高干部教育培训质量有怎样的意义?

2. 怎样才能更好地把调训考评作为一个有机整体来对待?

参考资料：

中共山东省委组织部:《坚持全面协调、统筹兼顾,加强调训考评全过程管理》,参见全国干部教育培训工作会议交流材料《全国干部教育培训工作经验交流汇编》。

七 广西壮族自治区开展干部教育培训综合评估工作

干部教育培训综合评估的背景

干部培训评估是开展干部教育培训工作的有机组成部分,是加强干部教育培训管理,提高干部培训质量,促进工作创新的重要依据和手段。长期以来,广西在以干部教育培训"十大工程"为载体,推进大规模培训干部工作的基础上,突出抓好培训项目评估。每个培训班次结束后,自治区党委组织部都及时以问卷调查、个别访谈、召开座谈会等形式,对培训项目进行学员评估,内容广泛涉及课程设置、教学方式、师资水平、培训效果、意见建议等,有力促进了培训质量的提高。

从 2005 年下半年开始,为了适应大规模干部教育培训工作的需要,确保高质量、高水平地完成全区在职干部全员培训任务,广西认真总结项目评估经验,探索建立规范系统的干部培训综合评估制度,先后研究制定了《关于开展在职干部全员培训评估工作的通知》、《广西在职干部全员培训评估方案》等指导性文件,对评估指标体系、评估对象、评估时间、评估内容、评估方法等作出明确规定,每两年组织开展一次大规模的干部教育培训综合评估。事实证明,开展干部教育培训综合评估,比单纯地实施项目评估,视野更宽,层面更高,评价内容更加全面、系统和丰富,充分体现了"以评促改、以评促建、以评促新"的指导思想和总体要求。把项目评估与综合评估紧密结合起来,以综合评估提升带动项目评估,以项目评估作为综合评估的有益补充,有利于培训组织机构准确掌握大规模培训干部工作的基本情况,强化对大规模培训干部工作的宏观指导,推动在职干部全员培训工作的深入开展,确保培训工作的健康、有序发展,取得了良好的成效。

干部教育培训综合评估的基本做法

培训评估是干部教育培训工作的关键环节,是检验和确保干部教育培训工作质量的重要手段。广西区委组织部以培训评估为抓手,力求使措施与目标相适应,规模与质量相统一,推动全区大规模培训干部工作顺利开展。2003 年以来,全区累计培训干部 250.13 万人次,全区 110 万在职干部平均每人培训了 2.27 次。其中,培训党政干部 113.57 万人次,企业经营管理人员 16.03 万人次,专业技术人员 120.53 万人次,较好地完成了大规模培训干部的阶段性任务。

(1)找准着力点,明确培训评估的思路

按照中央关于开展大规模培训干部、大幅度提高干部素质的部署,自治

区党委把干部教育培训作为事关广西全局的战略性、基础性工作来抓，统一规划，精心组织。在推进大规模培训干部工作过程中，广西作为少数民族地区，干部数量多，分布广，层次不一，干部教育培训工作基础薄弱，要保质保量完成任务，必须找到一个既能检验培训质量，又能推动培训工作的着力点。对此，区相关部门进行了广泛调研和深入分析，认真总结实践经验，确定以培训评估为抓手，确保大规模培训干部工作质量和水平，并明确提出了培训评估的工作思路：即以大幅度提高干部的素质和能力为目标，以提高培训质量为核心，遵循客观公正、实事求是的原则，建立全方位、立体化和科学合理的培训评估体系，以评促改，以评促建，以评促新，以扎实有效的评估工作推动大规模培训干部工作全面深入、健康有序地开展。按照这样的工作思路，先后出台了《关于开展在职干部全员培训评估工作的通知》、《广西在职干部全员培训评估方案》等指导文件，制定科学合理的评估指标体系，对全区开展培训评估工作的目标、要求、方法等作出具体规定，对开展培训评估工作进行了统一部署。各市各部门按照自治区的要求，高度重视评估工作，一级抓一级，层层抓落实。目前，全区已经形成了自治区、市、县"分级评估、上下联动、形式多样、整体推进"的干部培训评估工作新格局。

（2）科学制定评估方案，把好评估工作标准关

评估指标体系是开展评估的先决条件。科学合理的评估指标体系是搞好干部综合评估工作的关键所在。结合《2003—2007 年广西在职干部全员培训计划》的要求，充分考虑评估指标对大规模干部教育培训工作的激励作用和导向作用，反复推敲，多方论证，提出了一套比较系统完备的评估指标体系。这一指标体系具有以下的特点：一是突出系统性。评估指标体系由综合指标、任务指标、质量指标、创新指标四个方面组成，共 8 个一级指标、40 个二级指标，以此全面反映大规模培训的总体情况。这一指标体系内容完整，数据易于采集，计算公式科学合理，实现了由单项评估向全面评估的转变。二是突出可操作性。根据四大指标，对评估内容进行了细化和量化，具体明确了每个分项目的分值权重和评分标准，简明扼要，一目了然，便于执行人员自查和评估人员考核，具有较强的实战性和操作性。三是突出导向性。在评估体系中，单独设立了加分指标，约占 10% 权重。对重视培训工作、支持改革创新、加大经费投入等给予加分，推动干部培训工作又好又快发展。

（3）切实强化评估组织，把好评估人员素质关

人的因素始终是决定评估质量的重要因素。评估人员素质的高低，直接决定着评估结果的准确性和权威性。一是认真挑选评估人员。从自治区干部教育工作领导小组成员单位和各市委组织部、党校，挑选处科级业务骨干，由在职厅级领导干部或新近退休的厅级干部带队担任组长，确保了评估人员政治素质好、工作能力强、熟悉干部教育培训业务，奠定了评估的坚实基础。二是精心组织评估培训。每次评估前，都专门安排 4 天左右的专题培训，印发评估操作参考材料，组织评估小组深入学习评估文件，系统掌握评估标准、程序和方法，弄懂弄清开展评估工作的各项要求和注意事项，确保考评组成员在短期内熟悉并掌握评估方式方法。三是严明评估纪律要求。由分管部领导亲自动员，充分说明综合评估的重大意义，强调严肃工作纪律，坚持高标准、严要求开展培训评估，对评估工作不认真、不尽职导致评估结果失实失真的，追究有关人员责任，增强了评估人员的责任意识，为顺利实施评估提供了保证。

（4）严格执行操作规程，把好评估工作质量关

精准严密的过程控制，才能推动工作出精品、出亮点、出成效。在工作中坚持"四个结合"，强调严格按照规定程序办事，不变通、不走样，一步步地扎实推进工作，确保综合评估高质量起步、高水平推进。

一是听取汇报与实地考察相结合。各考评组到受评单位以后，首先召开受评单位的干部教育培训评估工作会议，听取受评单位关于开展在职干部全员培训工作的情况汇报。之后，认真查阅受评单位在职干部全员培训五年规划和年度培训计划、有关财政预算和培训经费的具体开支情况、在职干部的《广西在职干部全员培训登记证书》登记情况、培训档案等材料，并详细察看教育培训基地软硬件建设情况，按照评估指标体系，认真采集受评单位的各类培训信息和数据。

二是单位自评与考评组评估相结合。首先，由各受评单位按照自治区关于开展在职干部全员培训评估工作的通知要求，对本地、本单位实施在职

干部全员培训计划的情况进行自评。其次,在单位自评的基础上,考评组根据实际情况,对受评单位进行综合考评。经过对照评分标准,逐项仔细询问、考证,反复核实、查验,确定最终得分,真正做到"增分有据、减分有理",使受评单位对上级要求明明白白、对评分结果口服心服。

三是召开座谈会与问卷调查相结合。考评组通过召开各层次的座谈会,谈体会、讲问题、提建议,进一步了解受评单位培训工作覆盖面和培训工作质量。通过召集干部职工进行问卷调查等方式,广泛征求各方面意见建议,使评估结果和反馈意见切合受评单位实际。在2007年底的大规模综合评估中,自治区党委组织部派出的各评估组,共计召开座谈会103次,参加人员多达到2500人,发放并回收培训质量调查问卷2500多份,使评估工作真正做到公开、公平、公正,最大限度地保证了评估采集信息的全面性、真实性与可信性。

四是全面检查与分层抽查相结合。一方面,采取分级评估的方式,对全区各单位、市进行全面评估。另一方面,还本着"客观、求实、全面、系统"的原则,采取随机分层抽查的办法,抽查了区直机关、市直机关、企事业单位、县(市、区)干部的培训情况,使评估检查的覆盖面"横向到边,纵向到底"。据统计,2007年的综合评估,全区共抽查178个区直机关处室、93个区直机关二层单位、28个市直机关、28个市属企事业单位、28个县(市、区)、112个县直机关、事业、企业单位,抽查《广西在职干部全员培训登记证书》11494本,对大规模培训起到较好的推动作用。

(5)及时反馈评估结果,把好评估成果运用关

及时反馈和公布评估结果,让受评单位明确存在问题和差距,明确今后努力的方向,是评估工作的重要环节,对督促各地各单位进一步加强和改进干部教育培训工作,具有重要作用。区委组织部一方面发挥评估组与受评单位面对面交流的优势,边评估检查、边反馈情况,直接沟通干部教育培训工作的情况,肯定成绩,指出不足,增进了受评单位对评估指导思想、目标要求、指标体系的理解和了解,调动了他们积极推动干部教育培训工作的积极性。另一方面,在评估工作结束后,及时形成评估反馈材料,以自治区干部教育培训工作领导小组名义,向全区14个地级市和89个区直单位党委(党组）书面反馈评估结果，并在一定范围内通报评估结果，推动了各市、各部门加强和改进干部教育培训工作，促进了干部教育培训工作的深入开展。

3 干部教育培训综合评估的主要成效

评估是手段，确保质量、推进工作是目的。在自治区党委和中组部干部教育局的正确领导和悉心指导下，区委组织部结合广西开展大规模教育培训工作的实际，创新了干部教育培训综合评估制度，并认真付诸实施，切实抓好评估成果的应用，通过信息反馈，总结经验，表彰先进、建立和完善制度等措施，充分发挥评估的检验作用、激励作用和推动作用，收到了很大的成效。

第一，通过扎实有效的评估，发现了问题，创新了方法，提升了干部教育培训的质量。区委组织部把培训评估当作发现问题、解决问题的过程，每一次评估都要研究新情况、解决新问题、取得新进展。例如，在项目评估中，发现一些培训机构教学方法陈旧，不适应新时期干部学习的要求，于是，把教学方法改革当作提高教学质量的重要工作来抓，鼓励培训机构深入研究和运用现场教学、案例教学、互动教学等新方法，促进了教学质量的提高，增强了培训的吸引力，同时也激发了区委组织部对培训模式的改进和创新。2004 年以来，根据广西发展战略和干部队伍建设的要求，先后举办了 8 期厅级干部自选专题研讨班，对每一个班都进行了项目评估，并根据评估结果提出改进意见，不断完善自选专题研讨培训新模式，实现了分派式培训向自主择训的转变，单一灌输式培训向学习研究型培训转变，激发了干部的学习积极性和学习动力，提高了培训质量。

第二，通过扎实有效的评估，抓住了难点，把握了重点，提高了干部教育培训的针对性和实效性。在评估中发现，有的地方不同程度地存在干部培训的思路与广西"富民兴桂"新跨越中心工作不相适应，干部培训的内容与新形势下干部履行岗位能力不相适应、干部培训的方式与干部成长规律不相适应等问题，这既是自治区干部培训中的重点问题，也是必须解决的难点问题。为此，区委组织部紧紧围绕自治区党委的工作大局，围绕广西经济社会发展和人才需要的实际,采取了"1+1"培训方式,即理论学习加业务学习,努力在提高干部理论水平的基础上,提高干部的专业化水平;实施了"一把手"培训工程、少数民族干部培训工程、紧缺人才培训工程、外向型人才培训工程、重点工作(中心任务)培训工程、双休日培训工程等干部教育培训"十大工程",其中,双休日培训工程从2001年以来,邀请国内高层次领导、专家、学者举办"时代前沿知识"讲座33期,包括自治区四大班子领导和区直厅级以上领导干部共1.6万多人次参加讲座学习,增加了领导干部的新知识,拓宽了领导干部的新视野。

第三,通过扎实有效的评估,总结了经验,形成了制度,促进了干部教育培训规范化、制度化建设。区委组织部在评估中注意将好的经验总结提升,用制度的形式使之固定下来、推广开来、坚持下去,不断提高大规模干部培训宏观管理水平。例如,为了客观、真实、动态把握全区大规模培训干部情况,建立了统计报表制度,将干部培训统计纳入政府统计,使之更准确、更可信,不断向法制化方向迈进。为了激发干部参加教育培训的积极性和主动性,印发了《广西在职干部全员培训登记制度》和《干部接受培训情况呈报制度》,建立了干部学习考核与激励机制,将干部培训情况纳入干部档案,作为干部考核的重要内容和任职、晋升的重要依据,全区共印发了《广西在职干部全员培训登记证书》110万本。这些制度的建立和进一步完善,提高了全区干部教育培训工作的科学化、规范化水平。

第四,切实掌握了全面情况,奠定了深化新一轮大规模培训干部的基础。2007年底,经综合评估检查,抽查的103家受评单位中,应参加全员培训的在职干部963766人,实际达到培训要求的949102人,占98.48%。其中,县处以上重点培训对象20605人,实际完成培训任务20192人,占98%。这充分说明,中央制定的大规模培训干部、大幅度提高干部素质的任务,经过努力是完全可以实现的,从而坚定了继续抓好新一轮大规模培训干部工作的信心和决心。同时,还掌握了大量第一手材料,比如,各地各单位培训管理的突出问题和薄弱环节,师资力量的分布情况和综合配置,培训硬件设施的优劣,培养质量的高下等等,为抓好新一轮大规模培训干部工作提供了可靠依据。

第五，激励了先进，鞭策了落后，形成了干部教育培训工作的正确导向。由于综合评估制度具有鲜明的导向性，区委组织部精心组织，周密部署，操作到位，反馈及时，对受评单位起到了较好的引导作用。不少单位负责同志反映，以前抓干部教育培训，缺少一种持之以恒的自觉意识。现在综合评估制度出台了，指导思想、目标要求、评估标准都非常具体明确，按照这个要求抓培训有了制度依据，工作的自觉性主动性更强了。在面上通报情况之后，后进单位也纷纷表示，要采取切实措施，对照评估指标体系的要求，加大干部教育培训工作力度。通过综合评估，达到了"以评促改、以评促建、以评促新"的预期目的，推动了全区干部教育培训工作迈上新台阶。

第六，完善了相关配套制度，推进了大规模培训干部的制度化、规范化。在探索综合评估的过程中，区委组织部注重把那些经过实践检验，取得实际成效的做法，认真加以总结提炼，先后制定了定期综合评估制度、干部教育培训档案管理制度、干部培训登记证书制度、评估组成员学习培训制度、评估结果反馈制度等一系列规章制度，初步构建起了集培训基地、师资状况、培训质量、培训进度管理于一体的综合评估体系，全面加强了干部培训的组织管理、经费保障、基地建设、档案登记和检查评估，提高了培训质量，推动了培训工作的规范化，为建立健全干部经常接受教育培训的长效机制提供了实践依据，奠定了良好基础。

实践证明，多层次、多形式、系统化的培训评估，抓住了干部教育培训工作的关键，促进了规模与质量的统一，为干部培训工作注入了动力，增添了活力，激发了创造力，有力地推动了广西大规模培训干部工作扎实、深入开展。

干部教育培训综合评估的基本经验

大规模培训干部工作是多层次、多形式的系统工程，必须根据不同层次、不同形式的培训进行有的放矢的评估，才能达到评估的目的和要求。区委组织部着力抓好项目评估、机构评估、综合评估三种类型，突出针对性，切实抓好分类评估，力求形成有自己特点的评估体系。

第一，把项目评估作为经常性工作来抓。2003年以来，对干部培训实行项目化管理，将培训任务分解成具体的培训项目，并对一些专业培训和出国培训项目实行项目招标制。坚持评估跟着项目走，制定详细的培训评估标准和评估办法，用评估的结果检验培训项目的质量和水平，重点抓好三个方面的工作：一是对教学质量进行双向评估。建立了党校主体班教学质量评估制度，对每一期主体班都进行严格的质量评估，把评估结果作为衡量党校培训质量的重要依据。在每期培训班开班时，将教学质量评估表分别发给教师和学员，采取教师和学员双向互评的方式，对授课教师的教学水平、学员的学习情况等进行评价。学员对每一节课的教学内容、教学方法、课堂效果等作出量化评价，学习结束时对培训班的教学情况进行综合评价；教师对学员的学习态度和表现、掌握理论知识的程度和分析问题、解决问题的能力，采取测试的方式进行评价。对其他培训项目，同样按照党校主体班教学质量评估方式进行评估。这样，不仅激发了学员内在的学习动力，而且促进了教学方式方法改革。二是对组织管理进行动态评估。针对培训项目的时间要求和相对独立性，我们对项目实施过程中的组织管理进行动态评估，边评边改。主要是通过调查问卷、个别访谈等形式，评估课程设计、教学管理、教学环境、后勤服务等方面的情况，由此促使培训项目承办单位及时改进教学管理方法和后勤服务方式，提高管理效能和水平。三是对学习效果进行追踪评估。培训项目结束一段时间后，一方面要求学员提交学习心得体会、理论文章或调研报告，了解学员运用理论分析问题的能力；另一方面召开座谈会，进行个别走访，对学员回到工作岗位上运用所学理论解决实际问题以及所体现的工作能力、工作水平进行调查，看所学知识与实际工作的关联度，看学员在实践中能否做到学用结合、学以致用、以用促学。学习效果评估，让对培训内容与培训需要、培训方式与学员特点的关系有了更深刻的认识，促使不断在增强培训实效上下功夫。

第二，把机构评估作为基础性工作来抓。培训机构的评估，主要是对培训机构的教学条件、师资力量、生活设施等方面情况进行评估。结合广西实际，我们突出抓好两类培训机构的评估。一是抓好党校培训工作评估。为了更好地发挥党校在大规模培训干部工作中的主阵地作用，区委组织部对全区 15 所市级党校、80 所县级党校的培训工作进行了全面评估,评出了优等党校 3 所,合格党校 50 所,基本合格党校 38 所,不合格党校 4 所,并对优秀党校进行了表彰,对不合格的党校提出改进意见。针对评估中发现的党校系统师资力量比较薄弱的问题,区委组织部帮助党校加强师资队伍建设,采取定期选派教师到区外名校进修、举办专题研讨班等形式对现有教师进行教育教学能力提升,从干教经费中拨出专款引进和聘用优秀人才充实党校教师队伍,大大地提高了党校系统的师资水平。二是抓好社会培训机构资格认定评估。采取实地考察、现场听课等多种方式,对区内 90 多个培训机构的办学能力进行了调查评估,认定了一批可以承担自治区重点培训项目、业务技能和专业人才培训任务的培训机构;在清华大学、上海交通大学、华中农业大学、南开大学等国内高校设立了一批培训基地;与美国、英国、加拿大、澳大利亚、新加坡等国家的 8 个培训机构开展境外合作办学,促进了培训资源的优化配置,为大规模培训干部工作的顺利推进提供了有力保障。

第三,把综合评估作为检验阶段性成果的工作来抓。综合评估主要是对大规模培训干部工作中的组织领导、计划保证、制度建设、经费保障、任务完成情况、培训基地和培训质量等各种要素进行全面评估。主要做法如下。一是评估标准力求做到科学化。根据大规模培训干部工作的各个要素及其作用,建立了包含综合指标(组织领导、计划保证、经费保障、培训基地等,占 30 分)、任务指标(落实计划、完成任务的情况,占 20 分)、质量指标(培训内容、培训方式和培训效果,占 30 分)、创新指标(制度创新、管理创新、方法创新等,占 10 分)等多项指标的评估指标体系,量化分值,系统考核。既涵盖全面,又突出重点;既反映规模,又体现质量;既重视常规工作,又鼓励大胆创新。二是评估步骤力求做到程序化。区委组织部总结以往评估的经验,明确了"制定评估方案、单位内部自评、组织全面检查、反馈评估结果、回查整改情况"的评估工作步骤,在评估过程中严格按规定程序分步实施,层层推进,做到"横不漏项,纵不断档"。三是评估方法力求做到多样化。采取听取汇报与实地考察相结合、内部自评与外部考评相结合、座谈讨论与问卷调查相结合、全面检查与局部抽查相结合等方法进行多样化、多角度评估,提高了评估工作的准确性和实效性,对全区 14 个市和 91 个区直机关的大规模培训干部工作进行了全面评估,在各级部门中抽查了672个单位,为确保高质量、高水平完成全区大规模培训干部工作起到了较好的促进作用。

问题讨论

1. 怎样才能确保评估工作取得实效?
2. 怎样才能真正做到"以评促建、以评促改"?

参考资料:

中共广西壮族自治区党委组织部:《精心组织,严格把关,扎实开展干部教育培训综合评估》,参见全国干部教育培训工作会议交流材料《全国干部教育培训工作经验交流汇编》。

八 福建省福州市开展县级党校培训质量评估

为了使县级党校更好地适应大规模培训干部,大幅度提高干部素质的要求,切实推进县级党校的建设与发展。在福州市委领导和省委组织部的指导下,福州市于2007年对县级党校开展教育培训质量评估工作,取得了较好的效果。

评估工作的基本思路

(1)推进干部教育培训工作改革力度

保证教育培训质量特别是保证作为干部教育主渠道、主阵地的党校的教育培训质量,是干部培训工作存在和发展的基础,也是当前干部教育培训工作必须解决的问题。干部教育培训工作必须适应经济社会发展需要,不断推进干部教育培训的理论创新、制度创新和机制创新。为了促进基层党

教育培训案例

校机制创新,更好地实现干部教育培训的规模和质量、效益的统一,推进干部教育培训工作科学化、制度化、规范化,同时,根据《干部教育培训工作条例(试行)》第四十五条的要求:"建立干部教育培训机构评估制度。制定科学合理的评估指标体系和规范简便的评估办法,加强对干部教育培训机构的评估"。福州市决定对县级党校开展教育培训质量评估。

(2)促进地方党委更加重视党校建设

《干部教育培训工作条例(试行)》要求:"加强干部教育培训机构建设,构建分工明确、优势互补、布局合理、竞争有序的干部教育培训机构体系。充分发挥党校、行政学院和干部学院在干部教育培训中的主渠道作用。"在实际工作中,由于各种因素,有的地方党委对党校建设还不是十分重视,这在一定程度上影响了干部教育培训工作。通过开展教育培训质量评估,可以增强地方党委对党校工作重要性的认识,促使地方党委更加重视党校的建设,努力改善党校办学条件,促进党校不断提高教学培训质量。

(3)以评促建、以评促改,提高党校培训质量

制度创新和机制创新的目的,就在于不断增强工作的活力。福州市基层党校之间培训质量和水平存在较大差别,个别基层党校校舍破旧,教师队伍老化,教学方式单一,与大规模培训干部,大幅度提高干部素质的要求存在差距。通过开展教育培训质量评估,有助于发现问题,查找差距,从而努力提高党校办学水平,达到以评促建、以评促改,不断提高教育培训质量的目的。通过评估,还可以在县级党校之间形成一种良性的竞争态势,建立起干部教育培训的竞争激励机制。

◢ 评估工作的主要做法

(1)深入调研、科学制定评估方案

在福州市委的领导下,在省委组织部干教处的具体指导下,福州市委组织部和市委党校根据实际情况,有针对性的选定几家具有代表性的党校开展调查研究,在此基础上,组织人员拟定了教育培训质量评估暂行标准。暂行标准形成后,又多次召集县级党校领导座谈,听取意见,同时,还征求了省

委组织部、省人事厅、省委党校、省行政学院相关部门领导对评估标准的意见,在广泛征求意见基础上,不断修改完善评估方案,把评估方案初定为三个阶段:一是自评申报阶段。各个县级党校用三个月时间,根据评估标准,收集整理相关资料,查找存在的差距和薄弱环节。在此基础上,对本校教育培训质量各方面内容进行自查自评。二是集中评估阶段。通过实地考察、听取汇报、召开座谈会、查阅资料以及问卷调查等方式,对各县级党校进行评估,对照评估标准逐项评定等级和分值,汇总评估情况。三是评估总评阶段。根据各单位评估数据,集体研究,形成评估初步结果,并报市委干部培训领导小组研究审核,确定各校教育培训质量等级,并提出整改意见,评估结果反馈给各县(市)区党委和党校,要求根据反馈意见做好整改,一年后组织复查,检查整改完成情况。评估方案初定后,报请市委干训领导小组和市委常委会研究同意,以市委干训领导小组名义下发了《关于印发〈关于在县级党校开展教育培训质量评估工作的意见〉的通知》,要求各县(市)区委结合实际情况认真做好准备。在市委干部培训领导小组领导下,市委组织部、市人事局、市财政局、市委党校等相关部门组成党校教育培训质量评估工作领导小组,下设办公室,并由市委组织部、市人事局和市委党校抽调人员组成评估小组,负责集中评估具体工作。

(2)认真部署,确实做好自评申报工作

为确保评估工作按照既定的目标顺利开展,在通知下发后,专门召开了县级党校教育培训质量评估工作会议,就评估工作的指导思想、方法步骤以及实施办法作了具体说明,要求县级党校要认真筹划,制定详细计划,按照"实施、落实、推进"的工作思路,依据评估标准逐项对照抓落实、求实效,全面推进党校建设。在自评申报阶段,各个县(市)区委和县级党校认真组织学习了《关于在县级党校开展教育培训质量评估工作的意见》和有关部署,进一步领会了开展教育培训质量评估工作的指导思想和具体要求。各县(市)区委主要领导对评估工作高度重视,要求相关部门积极配合党校,根据评估暂行标准,进行对照检查,采取措施做好整改。同时,各党校也相应成立自评工作领导小组,分工负责认真做好自评的各项工作,并根据自己的实际情况认真总结,形成详细的党校教育培训质量评估自评汇报材料。

（3）严格把关，确保评估不走过场

由市委组织部、市人事局和市委党校抽调人员组成评估工作小组深入各县级党校，通过实地考察、听取汇报、召开座谈会、查阅资料以及问卷调查等方式，根据实事求是，以评促建，以评促改，重在建设的原则，在各县级党校自评的基础上，严格按照县级党校教育培训质量评估评分细则的标准，侧重从硬件改善、师资培养、课程设计、办学质量等方面，对13个县级党校进行了认真负责的检查评估。评估工作小组采取一个小组、一把尺子、一个标准，努力做到"公平、公正、公开"，客观实在地评价被检党校教育培训质量情况，力求找准问题、总结经验、促进工作、共同提高。各县（市）区委十分重视评估工作，大多数县区党委领导和组织部长都参加汇报会，并听取评估小组对评估情况的反馈。被评党校充分准备，积极配合，保证了评估工作的顺利进行。

评估过程中，评估小组成员多次开会，总结经验、及时对评估中出现的问题进行讨论分析，采取措施，保证了整个评估过程有条不紊地进行。

（4）集体研究，公正评定评估等级

集中评估工作结束后，评估工作小组及时召开小组会议，要求每位成员发表意见，提出对被评估党校的意见和看法，并汇总各县级党校评估的情况，研究确定县级党校评估结果反馈和整改意见。在县级党校自评申报的基础上，综合党校汇报、实地考察、资料查阅、座谈问卷调查等情况，最终根据评估分数按三个等级划分，确定了各个党校的等级。评估小组还针对各县级党校工作存在的不足，研究讨论了整改的建议意见，报请市委干训领导小组研究后反馈给各县（市）区委、组织部及党校。

▌3 评估工作的初步成效

（1）形成了党委、政府高度重视党校工作的新局面

各县级党校收到《关于在县级党校开展教育培训质量评估工作的意见》文件后，迅速行动，向所在的县（市）区党委作专题汇报。各县（市）区委主要领导在听取汇报后，思想上都高度重视，及时组织召开常委会，研究党校工作,在政策上、人力上、财力上给予党校大力支持。形成了党委定期听取党校工作汇报,书记直接过问党校建设,相关部门积极支持党校工作,培训经费列入政府财政预算并逐年增加的新局面。通过评估工作的推动,在福州市十三家县级党校中,基本都配齐了校委和领导班子;有四家党校多年未解决的校址或校舍问题得以解决,有的已经整体搬迁至新址,有的新教学楼已经正式动工;各党校五项经费均已纳入当地财政预算,保证了党校教学业务的有序开展;从2007年初评估工作开始到2007年底评估工作结束为止,福州市各县(市)区共新增投入1541万元,用于党校的各项建设;同时,还从各级学校选调了部分教学经验比较丰富的相关教师充实到党校教师队伍,有的还给党校新增了教师编制。

(2)促进了县级党校的教育培训质量的提高

各县级党校领导抓住教育培训质量评估的契机,依照《评估暂行标准》,逐项逐条进行对照、整改和自评,通过自评自查,发现问题,提出整改措施。在县(市)区委的支持下,进一步健全和完善党校教育培训工作的软硬件设施,规范党校的教学和培训管理,提高了办学质量;同时积极开展研究式教学,探索"一班一策"的有效培训模式,增强培训的实效性和针对性。如有的党校对照《评估暂行标准》,对软硬教学设施建设进行了边自查边整改,购置、更新了教学设备;有的党校针对以往办班不规范的情况,同有关职能部门配合,完善了年度办班计划,由县委党校(行政学校)将每年办班计划报县委干训领导小组,由县干训领导小组提交县委常委会研究后实施,规范了办班制度和主体班次的课程设置。

(3)提高了县级党校机制创新的自觉性

县级党校从评估工作中切实感受到对党校工作的促进和提高,进一步增强了做好党校工作的信心。各县(市)区委和党校收到评估反馈意见后,均表示要把这次评估作为党校事业发展的新起点和下一步工作的突破口,深入分析产生问题和不足的原因,进一步明确今后的努力方向和工作重点,找准工作切入点,并迅速组织力量尽快制定出详细的整改方案,做到任务到处室,责任到个人,把各项工作做得更深、更细、更实。有的党校积极探索新的培训模式,开展研究式教学,现场教学等;有的推行学员积分量化考核,综合评定学员培训期间的表现。并根据新一轮大规模培训干部工作的部署，会同组织部门，紧紧围绕海峡西岸经济区建设发展需要，按照科学发展观的要求，积极开展干部培训需求调研，加大机制创新的力度，为推进当地经济社会又好又快发展提供人才保证和智力支持。

评估工作的基本经验

（1）领导重视是做好评估工作的保证

开展教育培训质量评估是体现以改革创新精神做好干部培训工作的有益尝试。要保证评估工作顺利开展，离不开各级党委重视和各方面的大力支持。福州市委高度重视对县级党校的评估工作，省委常委、市委书记袁荣祥同志主持召开常委会专题研究对县级党校的评估工作，市委分管领导，多次过问评估工作部署和开展情况；市委干训领导小组还召开会议专题对评估方案、评估标准进行审议，严格把关，确保了评估工作指导思想目标明确，评估标准科学全面，评估结果真实客观。集中评估结束后，市委干训领导小组又听取了对县级党校的评估意见和建议；各县（市）区委主要领导都多次听取党校领导对评估工作的汇报，并召开常委会专题研究党校评估工作，有的县（市）区委书记还亲自带领相关职能部门到党校现场办公，及时了解和发现党校工作中的问题，帮助党校解决存在的困难，积极改善党校的办学条件，促进教学质量的提高。这些都有力地推动和保证了对县级党校评估工作的顺利开展。

（2）建立科学的评估体系是做好评估工作的基础

这次党校教育培训质量评估体系包括了六大项，采取百分制的方法，即：培训目的与计划、教师队伍建设、培训设施与办学条件、教学与科研工作、教学培训组织管理和培训质量效果，每一大项下又分为若干小项，并根据小项确定分值权数。其中，对培训设施、办学条件、科研等进行评估，主要考虑，规模适当、具备完成正常教学任务和学员生活、活动所需要的硬件设施，是党校保证教学效果，提高培训质量的基础；良好的学习环境，完善的教学设施，能保证学员坐得住、听得进，提高学习效果；充足的图书资料、较好的生活环境,一定的文体活动设施,也都将为学员学习、研究和生活提供良好的条件;科学研究是教学工作的基础,提高教学质量和科研水平是提高党校教育培训质量的重点所在;教学是党校的中心工作,党校一切工作都要围绕教学工作进行,为提高教学质量服务。由于通过充分的调研、并广泛征求上级、市直相关部门、基层党校的意见,建立了比较科学的评估体系,整个评估工作进展顺利,评估结果也比较客观。各级党委和各县级党校普遍感到这次教育培训质量评估工作全面、深入、细致,评估反馈意见在肯定成绩的基础上,实事求是、客观中肯地指出了教育培训工作中存在的问题和差距,提出了富有建设性和指导意义的意见和建议,评估反馈意见是准确的。

(3)调动党校参评积极性是评估工作取得实效的关键

基层党校对评估工作理解和支持,是搞好评估的重要环节。在评估标准形成初稿后,通过征求意见的形式,多次召开基层党校常务副校长座谈会,在征求意见的同时,积极宣传和灌输开展评估工作的目的和必要性,强调评估工作的开展主要是促进党校建设,提高培训质量,增强培训实效,作为基层党校必须树立起责任感和紧迫感,抓住这一有利时机,积极参评,有所作为,提升自己的地位和形象。通过宣传发动,有效地调动了县级党校的积极性。有了县级党校的积极参与,开展县级党校教育培训质量评估就有了良好的基础;有了各县级党校的积极参与,以评促建、以评促改,不断提高教育培训质量的目的就有了现实的内在动力。因此,在评估的自评阶段,各党校就认真对照评估标准,查找存在的问题和薄弱环节,并主动向党委汇报,取得党委支持,做到边查边改,充实提高。各地党校均成立了县委分管领导或组织部长为组长的教育培训质量评估领导小组,拟定迎检方案,责任到人,并针对查找到的薄弱环节认真组织整改。

开展县级党校教育培训质量评估工作,在福州市还是第一次。评估工作的顺利完成,必将进一步促进福州市县级党委加强党校建设,促进福州市基层党校提高教育培训质量,在即将开始的全国性的新一轮大规模干部培训中,更好地发挥福州市基层党校的干部培训主渠道作用。

问题讨论

1. 对党校评估怎样做到全面兼顾和突出重点？
2. 如何确保党校评估不走向重基础设施建设而忽视教学质量？

参考资料：

中共福州市委组织部、中共福州市委党校:《开展县级党校教育培训质量评估,推动党校机制创新》,载《领导教育研究》第 3 期。

第五部分　培训资源整合

背景知识

在我国的干部教育培训体系中,党校、行政学院、干部学院是干部教育培训的主渠道、主阵地,但仅仅局限于主渠道、主阵地来开展干部教育培训,难以满足干部日益增长的培训需求。尤其是党的十六大提出大规模培训干部的战略任务以来,优质干部教育培训资源不足的问题更是凸显出来。为此,各地积极探索,创新实践,充分发挥高等院校、科研院所的优势开展干部教育培训,探索干部在实践锻炼中培训的新方式,利用互联网、远程教育网等资源,搭建干部在线学习平台,有效解决了培训需求日益增长和优质培训资源相对不足的矛盾,为顺利实施大规模培训干部战略任务创造了有利条件,取得了很好的成效,也为干部教育培训改革创新提供了有益启示。

一 山东省青岛市构建"一主多辅"培训体系 *

加强干部教育培训机构建设是推进干部教育培训事业的基础性工作。近年来,山东省青岛市大力整合培训资源,积极拓宽培训渠道,加快构筑大教育、大培训的格局,为大规模培训干部、大幅度提高干部素质提供了可靠的保证。

◢ 创新工作观念、工作方式和工作机制

中央作出大规模培训干部的战略部署后,经过深入调查研究,青岛市委

---

　　* 本案例根据中组部干部教育局 2008 年 3 月在山东省开展的关于干部教育培训制度改革创新调研中收集到的资料编写。

组织部发现有两个矛盾必须解决：一方面，从组织的角度存在着培训任务与培训能力之间的矛盾，要完成大规模培训任务，仅靠体制内的培训机构，包括党校、行政学院各类干部院校，无论是机构数量还是培训规模都远远不够；另一方面，从干部主体角度存在着学习需求与学习渠道之间的矛盾，干部学习个性化、多元化的需求与相对狭窄的学习渠道之间的矛盾日益突出，已经成为影响培训质量的重要因素。这两个矛盾的根源在于培训机构不适应干部教育培训工作发展的要求，加强培训机构建设、拓宽培训渠道势在必行。

为此，青岛市委组织部认真研究新时期干部教育培训工作面临的新环境，按照市场经济条件下资源配置的规律和特点，从三个方面进行创新：一是创新工作观念，实现从"有什么、用什么"向"不求所有、为我所用"转变，把工作视野从体制内拓展到体制外；二是创新工作方式，实现从组织分配到开发资源转变，有计划、有步骤地吸收社会教育培训资源参与干部教育；三是创新工作机制，实现从单一行政手段向行政与市场相结合转变。几年来，立足青岛、面向社会、放眼世界，走出去与引进来相结合，逐步建立起以党校为主渠道、主阵地，以其他干部院校、高校和科研院所、社会力量办学、国外培训机构为辅助和补充的"一主多辅"的培训体系，使干部学习有场所、深造有基地，保证了大规模培训干部任务落到实处。

充分发挥各类培训机构的优势和特色

第一，建好建强党校主渠道，突出执政意识和理论思维的培养。适应大规模培训要求，2005 年，青岛市投资 6250 万元加强党校基础设施建设，极大地增强了党校的办学实力。适时扩大了党校培训规模，五年来，共举办主体班次和专题班次 162 期，培训处级以上领导干部 1.2 万人次。主体班次教学中，一是突出执政意识的培养。始终把党性锻炼作为党校主体班次的必修课，组织干部到延安、井冈山等进行革命传统教育，驻村入户开展宗旨意识教育，军事训练增强意志磨炼，到监狱进行警示教育，并加强权力观、政绩观、荣辱观教育和作风教育。二是突出理论思维的培养。不仅强调理论灌输,而且强调理论运用。开发了一系列专题培训,如"转变青岛经济发展方式"、"青岛市品牌经济与品牌城市的创建"、"自主创新体系与创新型城市建设"、"构筑城市服务经济为主的产业结构"、"产业集群与区域经济发展"等,提高了领导干部运用马克思主义的立场观点方法认识、分析和解决问题的能力。

第二,利用社会培训机构开办高层论坛,突出战略思维和领导发展能力的培养。在北京创办理论论坛。以北京经济技术会社为基地,充分利用北京研究机构众多、专家层次高、研究前瞻权威的特点,每年年初都组织200名左右领导干部赴京,围绕中央全会、经济工作会议和全国两会精神,邀请高层次专家讲解宏观经济形势与政策走向、世界政治经济热点、发展战略等。在上海创办实践论坛。以上海领导干部现代专修学院为基地,每年组织干部举办专题研修班5期左右,邀请上海、浙江有关部门领导和专家学者作报告,重点学习他们在发展实践中的做法和经验。这种模式坚持了10年,干部反映,每参加一次这样的学习就有一次新的提高、新的变化,对培养联系大局议大事、立足战略谋发展的思维方式,提高战略规划、战略决策能力很有帮助。

第三,组织干部赴国内名校进修,突出专业能力的提升。充分利用名校的不同学科和专业优势,走出一条对不同干部实行分类培训的路子:对党政干部,与北京大学、中国人民大学合作举办了8期MPA学位班,并对全市2万余名干部开展了MPA核心课程轮训,重点提高公共管理能力;对企业管理人员,与南开大学、对外经济贸易大学合作举办8期EMBA、MBA学位班次,培训市属大企业领导人员290名,重点提高经营管理能力;对专业技术人员,与山东大学、北京理工大学等合作举办工程硕士学位班,重点提高科技创新和转化的能力。此外,还组织后备干部到清华大学听课,进行提升领导能力的培训,组织城市建设管理人才到同济大学、组织招商引资人才到对外经济贸易大学、组织外语人才到北京外国语大学深造,五年来,共直接组织490余名干部到高校进行专题研修。

第四,开辟出国培训渠道,突出世界眼光的培养。先后开辟了澳大利亚挂职培训渠道、美国长期培训渠道、英国牛津大学培训渠道和德国资助培训

走中浦院

教育培训案例

渠道,2003 年以来共组织各类干部 1790 余人次出国培训,实现了出国培训从综合向专题的转变、从单一渠道向多元渠道的转变,使每一个市管领导班子都有出国培训的成员。其中,近三年来连续选派处级以上领导干部赴牛津大学和德国举办"和谐社会建设与现代公共管理"专题研修,帮助领导干部在国际化的背景和视野中审视本地发展,在开阔世界眼光、提高领导能力方面收到明显成效。

第五,建立干部教育培训基地,推行自主选学。2004 年,青岛市投资近 30 万元,在中国海洋大学、青岛大学、青岛科技大学、青岛理工大学、青岛农业大学及海尔集团公司、海信集团公司和青啤集团公司等高等院校和企业挂牌建立了 8 个干部教育培训基地,推出 8 大类 130 余门培训课程菜单供干部自主选学。此外,还建立了 26 个专业技术人员继续教育基地,在全市批准设立了 56 个英语培训点和 58 个计算机信息技术培训点,共组织 5.6 万人次干部参加了英语和计算机培训考核。通过挖掘本市教育培训资源,较好地满足了干部多元化的学习需求。

第六,创办"领导干部每月一讲",探索新的培训模式。党的十六大以来持续举办 51 讲,先后邀请 70 多位领导干部和著名专家来青岛作专题辅导,参加学习干部近 2 万人次。干部反映,专家的一两个观点就能达到豁然开朗的效果,对开阔视野、打开思路具有巨大的启迪。几年来,不断培育这一品牌,取得了很好的政治效益、经济效益和社会效益。目前,这一新的学习模式逐步放大效应,在青岛市各区市、各部门、各单位衍生了一些新的形式,引领全市形成了学习的长效机制。

❸ 不断改进和完善培训体系建设

在上一轮大规模培训干部工作中,"一主多辅"的培训体系较好地发挥了作用,为完成全员轮训任务作出了贡献。但是客观分析,目前的培训体系状况只是较好地解决了培训数量和规模的问题,并没有从制度上解决培训的质量和效益问题。具体表现是:在培训机构建设的指导思想上,存在重党校、轻其他培训机构建设的问题;在培训机构的师资建设方面,不能满足形势任务的要求和干部学习的需求；在培训机构的评价机制上，缺乏一套客观的评价体系；在培训资源的配置方面，市场配置资源的缺陷比较明显，缺乏有效监管和资质认定；在培训机构的服务功能上，各类培训机构大而全，缺少特色。总的看，目前的培训体系还属于粗放型、松散型，从长远发展的角度，不利于更好地促进干部队伍素质的提高，不利于干部教育为中心工作服务，不利于干部教育事业的自身完善和发展。

按照党的十七大的部署，各级要继续大规模培训干部、大幅度提高干部素质。新一轮的培训不是上一轮培训的简单重复，要在新的起点和更高层次上推进，实现从数量拓展型向质量效益型转变。这就对进一步加强培训机构建设提出了新的更高要求。总结上一轮大规模培训干部工作，在加强培训机构建设方面，必须坚持以干部能力建设为目标，以培训质量为核心，实现培训的数量和质量、规模和效益的统一。在工作方针上，必须以工作大局的要求和干部学习的需求为导向，不断深化培训机构教学改革，增强培训的针对性和实效性。在工作目标上，必须坚持以《干部教育条例》为指导，遵循市场经济条件下资源配置的规律，继续推进培训资源整合，构建起分工更加明确、特色更加鲜明、布局更加合理的培训体系。在体制建设上，必须以机制和制度建设为保障，以宏观指导和市场调控为动力，进一步发挥各类培训机构的效能，走有序竞争、开放办学的路子。

在新一轮大规模培训和干部教育制度改革中，可以把培训机构分为紧密型、半紧密型和松散型三类，有针对性地采取以下具体措施。一是在坚持主渠道建设的同时，根据全国现有资源，建设一批紧密型的全国性干部教育培训机构。二是在部分名校建立半紧密型的干部教育培训基地，明确职责、收费标准等培训要素。三是对紧密型、半紧密型培训机构，研究出台培训质量评估办法和标准，依据考核和评价结果给予财力支持。四是对松散型的培训机构，研究出台培训准入制度，实行动态管理、优胜劣汰。同时，实行培训项目招投标制，对非核心干教业务实行外包。五是建立全国干部教育培训在线学习网，充分利用现代信息技术开展培训。

◢ 问题讨论

1. 干部教育培训怎样才能更好地优化整合其他各种优质培训资源？

2. 利用其他培训资源开展干部教育培训，对于党校、行政学院、干部学院等培训机构会产生怎样的影响？

二｜上海市建立干部在线学习城

"上海干部在线学习城"是由中共上海市委组织部、中共上海市委党校、上海市人事局、上海市信息化委员会共同开发的一个虚拟的干部学习平台。2005年1月10日，"上海干部在线学习城"正式开通运行，它依托互联网开展组织化的在线学习，弥补了干部培训资源的不足，缓解了工作与学习的矛盾，实现了干部教育培训的创新和突破。三年多来，上海市每年有4.5万余名干部参加学习，平均注册率达96.05%、在学率达92.91%、通过率达84.13%。目前，共开设各类网络课程1200余门，已经成为上海市干部教育培训体系的重要组成部分，为全面落实大规模培训干部战略任务发挥了重要作用。

◢ 建立干部在线学习城的背景

随着全球信息化的快速发展，利用网络学习已成为人们获取知识的有效途径。目前，全球高等院校、跨国公司以及政府机关纷纷建立起了网络教育应用系统，全世界每年有超过7000万人次通过互联网来接受教育。在线学习已经成为世界性的潮流，越来越被人们所重视和接受。建立"上海干部在线学习城"，正是顺应当代教育培训信息化发展趋势的产物，它改变了传统的学习习惯，突破了课堂学习和集中培训的条件限制，为学习主体提供了更丰富、更自由的选择空间，从而体现了学习的时代性、科学性和创造性，为新形势下改革创新干部教育培训积累新经验。

上海市有各级各类干部包括党政干部、企业经营管理人员和专业技术人员约 90 余万人。而全市的党校、行政学院仅有 26 所，现有的干部教育培训资源和能力，已经很难承担大规模培训干部、大幅度提高干部素质的任务。建设"上海干部在线学习城"，推进基于网络的远程教育，可以大大拓展干部教育培训渠道和内容，有效弥补干部教育培训资源的不足，扩大干部教育培训的覆盖面。

开展干部在线学习是缓解工学矛盾、降低培训成本的有效途径。工作与学习时间冲突是干部教育培训中较为突出的矛盾，在客观上造成了调训难和培训难的问题，同时也影响了干部教育培训的效果。然而，在线学习只要有上网条件，就可以不受时间和地点的限制，根据组织要求和个人需求选课学习。这样，既能提高干部培训的针对性，又能较好地缓解工学矛盾。此外，在线学习也是降低培训成本的有效方法。据测算，在线学习与传统的培训形式相比，可节约成本 60% 以上，这样就可以在培训总投入不变的情况下，扩大干部教育培训的规模，更好地完成干部教育培训任务。

中央提出大规模培训干部战略任务后，中共上海市委针对上海干部教育培训面临的新情况新问题，按照"联系实际创新路，加强培训求实效"的要求，提出了充分运用信息化手段，创建"上海干部在线学习城"的新思路，积极开创干部教育培训工作的新局面。

❷ 建立在线学习城的主要做法

第一，科学设置学习平台。"上海干部在线学习城"由"学习中心"和"学员社区"两大模块组成。"学习中心"包括教育超市、互动天地、在线考场、学习银行、教管中心等五部分，在网上实现教、学、考、管等各种功能。"学员社区"包括社区公告、数字资料、学员排名、问卷调查、提问与建议、上门服务等六部分，为学员提供学习交流和辅助服务。"学习中心"是在线学习的核心模块，"教育超市"是学习课程的主要场所，按照干部知识结构进行分类和课程建设规划,制成图文并茂、生动活泼的网络课程,让学员自主选择学习。"互动天地"是学员自由交流的空间,也可以组织小组讨论或与教师交流。"在线考场"通过题库自动生成试卷,为学员提供在线自测和提交小结两种考试形式。"学习银行"主要记录学员个人信息及学习记录。"教管中心"对学员的学习情况进行在线管理,统计和通报学员的学习情况,审批课程提供单位和网络课件。

第二,实行有效的学习方式。以网络教育为特色,精心设计干部在线的学习方式:一是实名制。参加在线学习的学员如实填报姓名及身份证号码等,由干部所在单位集中报名,学员用实名注册、登录进行学习;二是学年制。按学年布置学习任务,学员未能按时完成学习任务的,不能跨学年补学补考;三是学时学分制。每学年都规定必须完成的学时学分。不同课程设置不同学分,通过指定形式的考试获得;四是分类选课制。按照必修课、选修课进行分类,学员按比例选课学习;五是在线考试制。学员选课学习后,在网上进行考试,成绩合格者由网上教管中心自动进行登记;六是发证登记制。对按规定完成年度学习任务的学员,颁发"上海市干部在线学习合格证书",并由干部所在单位记入学习档案。

第三,开发丰富的学习内容。以《干部教育培训工作条例(试行)》为依据,以干部需求为导向,坚持时效性、知识性、广泛性、实用性相结合,按照标准化、系列化、模块化的要求开发网络课程,建设具有时代特征、网络特色、干部特点的课程体系。"上海干部在线学习城"的课程体系以中组部下发的《党政领导干部公开选拔和竞争上岗考试大纲》为基本框架,以中组部组织编写的全国干部学习读本等为基本教材,课程架构概括为"4×4+1",即从内容上分为政治理论、政策法规、业务知识、文化素养4个大类,从结构上分为大类、系列、课程、单元四个层级,加上一个专题报告类。按照必修课(主要为思想理论类)、主修课(主要为专业知识类)、选修课(主要为个人修养类)2∶4∶4的比例进行分配。每年更新课程约400门。此外,还建立了"数字资料",包括新华社专供信息、中文科技期刊数据库、超星数字图书馆、凤凰宽频等,供干部学员学习查阅。

第四,加强组织管理,扎实有序推进。一是以分级管理为抓手,大力推进在线学习。在上海市干部教育领导小组的领导下，建立了上海市干部在线学习工作联席会议制度，并专门成立了上海干部在线学习城服务中心，负责"上海干部在线学习城"的平台运行、资源开发和日常管理工作。各区县、大口以及部分委办局成立了教管分中心，并设有专（兼）职联络员。目前，全市共有一级教管分中心38个，二级教管分中心1650个，三级教管分中心202个，四级教管分中心64个，基本实现了组织管理的全覆盖。各级党委特别是组织（人事）部门高度重视，统一协调，分工协作，有序运行。各教管分中心认真履行职责，制定计划、落实招生、组织培训、日常管理、督促检查。二是以稳定便捷为目标，强化学习平台功能。坚持以学员为本，注意学习和借鉴国内外先进的教育技术理论和优秀的应用软件，通过消化吸收和改造，实现"为我所用"，认真做好学习平台应用软件的开发工作，确保平台稳定有序地运行，让学员方便快捷地进行学习。为了强化平台的服务功能，开通了杨浦区、静安区和宝山区子网站，建成了"新闻出版知识在线"和"上海公安网络学院"等行业学习平台，形成了"上海干部在线学习城"子网站系统，有效地推进了各地区、各行业在线学习工作。三是以学员需求为中心，提高服务保障水平。在线学习是一项全新的培训方式，不少学员对学习流程和上网环境等不了解。为了帮助学员排忧解难，顺利上网学习，专门组织技术服务小组深入基层，开展操作培训和技术服务。通过召开座谈会和问卷调查，广泛征求意见，并将提出的问题整理成"帮助大全"，挂在网上帮助学员释疑解惑。为了方便与学员沟通，在首页上开设了"提问与建议"窗口，及时回答学员提出的各种问题。此外，还委托上海市信息委热线服务公司开设了学员咨询电话，全天候为学员提供服务。四是以激励约束为动力，建立健全规章制度。各级党委和组织（人事）部门结合本地区、本系统实际，建立健全有效的规章制度，保证干部在线学习工作落实。比如，把干部在线学习纳入干部教育培训的体系，明确规定每年干部必须完成的在线学习任务，有的还实行学分制进行定量考核。又如，建立干部在线学习的考评制度。把参加在线学习的情况列入领导班子和干部年度绩效考核的内容，并把考核结果作为干部任用和奖励的依据。通过开展通报情况和表彰先进等活动，进一步调动学员的学习积极性。

3 干部在线学习城的运作机制

干部在线学习城的参加对象为上海市各级机关和企事业单位的干部，其中，处级或相当于处级以上干部是参加在线学习的重点对象。干部在线学习 5 年为一个周期，每个周期学习时间不得少于 400 小时，每完成 4 个小时的学习内容，经考试合格获得 1 个学分，共计 100 学分。每个干部每年在线学习不得少于 80 小时，至少完成 20 个学分。学员可按分布的课程列表选择学习课程。目前干部在线学习的考试均在网上完成，根据不同课程的不同要求，学员经过若干章节的学习，可在网上进行在线自测或提交小结，考试合格者由网上教管中心自动进行登记，并进入学习档案管理系统。

上海市委组织部和市委党校负责干部在线学习的总体规划，上海干部在线学习城服务中心确保学习平台的技术支撑，开发公共科目的网络课件，对各地区、各系统干部在线学习进行指导和服务，检查和督促全市干部在线学习的落实情况，并重点做好局级干部在线学习的日常管理工作。

各级党委组织（干部）部门按照干部管理权限和职责分工，牵头抓总、统筹协调、宏观指导、综合管理，确保干部在线学习落到实处。加大干部教育培训的经费投入，干部每人每年教育培训经费不少于 800 元，其中 300 元作为干部在线学习的专项费用。把干部在线学习情况作为干部述学、评学和考学的重要内容，通过全市统一建立的"干部学习培训档案管理系统"，对干部的教育培训特别是在线学习情况进行有效管理。有宽带接入的党、干校及其他培训机构，尽可能地为干部在线学习提供方便。

各区县、大口和部分有条件的市直单位设立干部在线学习教管分中心，在上海干部在线学习城服务中心指导下开展工作，结合本单位、本系统的实际制定干部在线学习的课程开发计划，负责做好所属干部在线学习的日常组织管理工作，并逐步成为资源共享、自成体系、独立运作的学习管理平台，通过建立责权利相统一的工作机制，做到"谁开发、谁投入、谁受益"，充分调动大家参与在线学习内容开发的积极性。

◢▌ 问题讨论

1. 建立干部在线学习城,对于有效整合利用各种培训资源有怎样的价值?

2. 怎样才能更好地激励干部参加在线学习?

参考资料:

中共上海市委组织部:《建好上海干部在线学习城,实现干部教育培训的创新和突破》,参见全国干部教育培训工作会议交流材料《全国干部教育培训工作经验交流汇编》。

三 | 四川省开展干部在线学习

◢▌ 开展在线学习的背景

为探索全员培训的有效途径、不断优化干部学习方式,提高干部教育培训的实际效果,四川省委组织部于 2005 年起建成"四川干部在线学习城",并推行党政网、互联网双轨运行,在全省推行干部在线学习。运行实践表明:在线学习可以拓展干部培训的渠道和内容,更好适应大规模培训干部的要求;可以在一定程度上缓解工学矛盾,提高干部培训的实际效果;特别是可以满足干部的个性化学习需求,充分调动干部参加学习的积极性。在线学习受到广大干部的普遍欢迎。

❷ 在线学习的主要做法

第一,优化培训内容,增强在线学习的针对性。四川省委组织部根据时代特征、干部特点、网络特色来设置培训内容,既突出加强党的执政能力建设这条主线,又注重满足不同类别、不同层次干部的学习需求,还充分突出现代网站生动、简明、容量大的特点,精心打造现代化的干部教育培训平台。"四川干部在线学习城"共设置"教育超市"、"高层论坛"、"时政要闻"、"电子期刊"、"网络书房"、"自测中心"六个板块,既涉及政治理论和岗位技能方面的内容,也涉及个人修养方面的知识;既有国内外知名专家论坛和国际国内时政要闻,也有落实四川省重大部署的专题类讲座,整个内容具有较强的新颖性、针对性和实用性。比如,党的十七大召开后,及时增设了学习党的十七大精神和贯彻省委重大部署等方面的栏目,还增加了"个人理财"、"奥运精神"、"艺术修养"等方面的内容,不断提高在线学习的针对性。

第二,改进学习方式,提高在线学习的实效性。一方面,通过推行在线学习,在一定程度上突破课堂学习、集中培训的条件限制,为干部提供更多、更自由的学习选择,有利于提高学习的积极性。省级部门干部认为,推行在线学习,有利于养成利用现代手段参与学习的良好习惯,这是新时期提高干部素质、建设学习型社会的有效途径。另一方面,在线学习作为干部教育培训的有益补充,与其他学习形式有机结合,有利于全面提升学习的实际效果。多数省级部门把在线学习作为党委中心组自学、支部学习的一项重要内容,较好解决了过去集体学习形式较为单一的问题。各市(州)和部分省级部门还将在线学习与"保持共产党员先进性教育活动"、"争创学习型机关"等活动结合起来,形成了干部自加压力、自强素质的生动局面。

第三,整合优势资源,为干部在线学习提供有力保障。坚持"组织推动与市场拉动结合"的原则,积极整合权威传媒、网络公司资源,为干部在线学习提供有力的智力支持和技术保障。通过大范围的比较论证,购买了中经网数据有限公司的视频资料,适时转播"中国经济 50 人"、"可持续发展"、"高层论坛"、"财经新闻"、"凤凰时政"等内容,为干部提供新颖、实用的学习内容。采取委托承办的方法,由省科技情报所承担内容更新、版面制作、系统升级、安全保障等工作,确保了整个网站的正常运行。特别是注意解决宽带和上网的具体技术问题,加大终端服务的力度。同时,还推行党政网、互联网双轨运行,充分整合网络资源,确保干部随时随地都可以参与学习。

第四,强化组织引导,确保在线学习的规范有序推进。在线学习作为一种新的教育培训模式,人们有一个接受、适应、推广的过程,除了依靠干部的自觉外,还需必要的引导和管理。首先,领导示范带动学习。多数市州和省级部门的领导既是在线学习的倡导者,也是在线学习的推动者和参加者。各级各部门党委高度重视此项工作,明确各自责任、目标任务、时间进度和学习要求,保证在线学习的有效有序推进。其次是积极创造学习条件。一些省级部门、部分市州建立经费保障制度,积极购买电脑和上网设备,为干部在线学习创造条件。绵阳、南充等市还充分结合本地实际情况,建成独具特色的干部学习网站。并采取不定期查看干部学习情况、定期反馈参学情况等办法,通过强化检查来促进干部学习。

③ 主要成效和启示

四川省干部在线学习城三年的运行,为今后进一步推动这项工作提供了经验。首先,开展在线学习是运用信息化手段加强干部培训的有益探索。随着全球信息化的快速发展,网络学习已成为人们获取知识的有效途径。建立"四川干部在线学习城",正是顺应这种信息化发展趋势的产物,改变了以往集中培训和课堂教学的模式,推进了干部培训工作理念、内容和方式的创新。其次,开展在线学习是提升干部培训数量和质量的实际需要。四川省现有各类干部175万多人,仅靠现有的教育培训资源,难以承担大规模培训干部、大幅度提高干部素质的任务。开展在线学习,能够有效弥补教育资源的不足,可以满足干部多样化、个性化的学习需求,较好地满足了培训数量和质量方面的要求。再次,开展在线学习是解决工学矛盾的有效途径。工作与学习时间冲突一直是干部培训中遇到的突出矛盾。推行在线学习后,干部可以不受时间、地点限制自主参加学习,既较好地缓解工学矛盾,也满足干部的个性化学习需求,提高了培训的实际效果。

　　下一步,四川省将进一步调整充实在线学习内容、改进在线学习管理方法,着力打造好这一现代化的干部教育培训平台。一是研制优质课件。通过制作一批多媒体课件,将书本知识变为图文并茂的网络课程,将深奥的道理融入生动的案例之中,将复杂的考试变为活泼的游戏,增强在线学习的吸引力和实效性。具体将采取定制、录制专题讲座、合作、受赠、租赁等五种办法制作课件。二是强化组织管理。继续推行实名制注册管理,准确掌握干部学习的时间、内容、自测分数和交流情况,并将干部参训时数、考试分数折合成学分,使干部在线学习成为一种有组织的培训。三是增强互动功能。在已有基础上,建立信息繁衍程度更高的博客系统,让干部拥有一个相对独立、但又能与外界沟通的网络空间,就共同关心的问题进行互动交流。并开展网上专家答疑、建立自主学习系统,辅助干部学习。

■ 问题讨论

1. 怎样才能更好地整合各种优质培训资源?
2. 怎样更好地发挥在线学习的作用?

参考资料:

　　中共四川省委组织部:《开展在线学习,推动全员培训》,参见全国干部教育培训工作会议交流材料《全国干部教育培训工作经验交流汇编》。

四　湖北省安陆市建立学习超市

　　近年来,湖北省安陆市在加强和改进干部脱产培训的基础上,创新干部教育培训方式,以中央党校远程教育安陆网站为依托,搭建了干部自主选学的平台。这个平台坚持以人为本,尊重干部接受教育培训的主体地位,让干部自己选择参加培训学习的内容和时间,就像在超市购物一样自主方便,因而被形象地称为干部理论学习"超市"。

◢ 建立理论"学习超市"的背景

加强和改进干部教育培训工作,不断提高干部队伍的素质和能力是时代发展的需要。与经济社会快速发展的要求相比,基层干部教育培训工作已呈现出诸多不适应。在大规模培训干部工作中,湖北省安陆市积极探索,整合培训资源,创新培训方式,确保大规模培训干部工作取得实效。安陆市委组织部认真分析了干部教育培训工作中存在的问题,积极采取措施,探索建立理论"学习超市",取得很好的成效。安陆市委组织部经过分析,认为干部教育培训存在的问题主要有以下方面。

一是干部教育培训规模不够,工学矛盾突出。目前,安陆市在职干部共有 4340 人,其中属于公务员系列的干部人数为 2093 人。在公务员系列中,正副科级干部为 860 人,副处级以上干部为 26 人,普通科员和办事员为 1207 人。每年通过湖北省、孝感市和安陆市主渠道调训和主体班培训的公务员系列干部共有 200 人左右,只占全市在职公务员总数的 9.6%。同时,近年来,由于乡镇综合配套改革、公务员制度改革和干部人事制度改革不断深化,领导职数大大减少,公务员队伍进口不畅,出口则因年龄因素自然减员,一人一岗、一人多岗现象普遍存在。基层培训对象的不断萎缩,既增加了调训难度,还使得工学矛盾日益突出。一方面,干部教育培训规模不适应大规模培训干部的需要,与干部 5 年一轮训的要求还有不小差距。另一方面,工学矛盾突出,干部调训难,不同程度影响了干部教育培训的覆盖面和培训效率。干部工作任务繁重,干部长期脱产培训在时间上难以保障。当代社会,知识更新节奏加快,新形势新任务对干部的知识结构、能力素质提出了新的更高的要求,必须加强经常性的学习,才能克服"知识恐慌"、"本领恐慌"。

二是传统的培训方式不适应干部培训需求,供需矛盾突出。党校传统教学这一单一的培训方式,已经不能适应新时期干部培训需求呈多样化、个性化和差别化的趋势,从受训主体来讲,干部素质参差不齐,兴趣各异,级别有类,导致干部的需求呈现多样化、个性化和差别化的特点。而从培训主体来讲,受环境、条件、资源等的制约,能提供的只是一些大众化、共性化和普遍性的知识。如在培训班次和课程的设置上,往往以身份、年龄和职务划线,干部参训没有自主权,培训内容都是事先安排好的,体现的是组织的要求,受训主体处于被动的地位,无选择权,想学的可能学不到,不想学的总在学,没有实行分类施教、按需培训和自由择训,满足不了干部对各方面知识的渴求,不能体现以人为本,从而影响干部参训的积极性和自觉性。

三是教学内容滞后,不能满足干部知识及时更新的需求。现在的时代是信息时代,新知识、新情况层出不穷,不及时加强学习随时都有落伍的可能,干部的危机感越来越强,求知的欲望越来越迫切,要求及时补充和更新知识,这些都对干部教育培训工作提出了越来越高的要求。但由于教学资源匮乏,教学内容更新不快,很大程度上削弱了干部教育培训所应达到的效果。

安陆市干部教育培训机构的总体状况是,以党校为主阵地,多家培训机构并存,各自拥有符合行业特点、比较稳定的专兼职师资队伍,培训对象、培训内容各有侧重,已形成了"一校五中心"的六大基地格局。市委党校(包括行政学校、团校),主要承担本市副县级以下党政干部、公务员及乡镇部门、社区、村级党员干部培训任务。职业技能培训中心隶属于劳动和社会保障局,主要承担职工和农村劳动力职业技能培训,近年来还在8个乡镇新设立了职业技能培训站。计算机培训中心隶属于人事局,主要承担专业技术职称评审、计算机等级考试培训。会计培训中心隶属于财政局,主要承担会计资格业务学习培训。科技培训中心隶属于科技局,主要承担科普培训任务。成教中心隶属于教育局,设在职业高中,主要针对校长、教师的培训学习。除此之外,还有高校、上级党校延伸到我市的学历教育函授站(点)多家。另外,安陆市国防教育基地、孝感市第二技工学校、五家民营工业技术学校及社会中介机构,其部分业务也针对干部教育培训。

近年来,安陆市采取了一些措施和办法整合干部教育培训资源。如加大了党校主阵地经费投入,用于增加硬件、培训补贴、师资培训和改善环境;

党校聘请兼职教师到主体班讲课，"五中心"近年来也大量聘请了专业性较强的兼职教师，培训针对性有所增强；市委组织部建立了党政干部队伍、专业技术人才队伍、企业经营管理干部队伍培训信息库。还将赵家棚抗日烈士纪念碑、前冲新四军五师旧址、富丽社区、李园村、永祥粮机、爱仕达、中科铜箔等企业选定为干部教育培训实践基地。但也存在一些问题，主要表现在如下方面。一是培训机构多，重复办班多。目前全市六大干部教育培训阵地，隶属于不同系统和部门，过于分散、自求发展，相互之间不沟通，教学无联系，资源不能共享。二是基础设施差，资源利用差。一些培训阵地教学研究设施、行政管理设施、生活服务设施还比较落后。同时，各培训单位教职人员重复配备，教学硬件和软件闲置，造成人、财、物资源的浪费。三是培训对象资源萎缩，无人学。一方面，公务员队伍进口不畅，出口则因年龄因素自然减员；另一方面，干部培训权限不清，存在越级调训、多头调训现象，导致基层培训对象萎缩。四是工学矛盾突出。五是培训经费不足。受地方财力制约，多数培训机构存在经费短缺问题。

面对这些矛盾和问题，为了准确把握新时期干部教育培训工作的规律和特点，湖北省安陆市在创新干部教育培训方式方面进行了积极探索，建立干部理论学习"超市"，走出了一条适应大规模培训干部需求、开展经常性干部教育培训的路子。

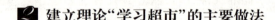 建立理论"学习超市"的主要做法

2005 年 5 月，由市委、市政府拨专款在市委党校建立了一个可容纳 120 人的多媒体教室，采用现代信息技术、互联网技术、多媒体技术等现代科技手段，以中央党校远程教育资源为主体，运用在线教学与播放录像相结合的现代教学方式开展教学活动，创办了被干部们形象地称之为"超市"的干部理论学习平台。干部理论学习"超市"按照"明确对象、规定学时、定时播放、自主选学"的方式开展。市委专门下发了《关于运用中央党校远程教育安陆网站对干部进行经常性培训的通知》，要求全市所有副科级以上干部、企业经营管理人员和市直机关 35 岁以下的干部必须参加，同时鼓励其他干部参

与；每名学员每年至少要参加 12 次共计 48 学时的学习培训；干部理论学习"超市"每周六上午定时开放，学习内容提前通过市委组织部党建信息网以短信形式告知全市党员干部，市委党校配套下发每月播放的课程表，干部可结合岗位需要和自身实际自主选学。

市委组织部通过开展调查摸底，把握干部的需求。开展干部培训需求转向调查，广泛收集不同类型、不同层次干部的意见和建议。在主要收集中央党校主体班次授课内容的基础上，市委党校通过租借、购买、交流等方式，广泛采集培训教材，所需资金由市政府列入市级财政预算。市委着眼于完善干部知识结构、满足干部培训需求，要求干部培训部门尽量精选现实针对性较强、讲授方式比较活、参学对象比较感兴趣的专题，不断增强"超市"培训内容的吸引力。同时，要求相关部门加强播放管理，对拟播放的专题，由市委党校电教室预选，提出初审播放计划，再由市委党校负责复审，最后由市委组织部审定。市委要求培训主管部门尽量为干部学习提供方便。按照市委的要求，市委党校每月初向各单位发放《安陆市干部理论学习"超市"月播出表》，方便干部提前做好月选学安排。市委组织部与移动公司合作，组建了移动党建信息网，每周五向干部发短信，提示第二天的播放内容，督促其按时参加学习。为确保"超市"取得实效，市委注重抓领导示范，加强"超市"学习管理。市委要求，市委中心学习组成员、乡镇（处）及市直部门"一把手"要带头参加学习，每两个月集中到"超市"培训一次，带动其他干部积极参训。市委、市政府出台的绩效考核意见中，将干部参学情况作为各级领导班子和个人年度绩效考核的一项内容，与考核结果直接挂钩。达到规定学习次数和学时要求的，获得该考核项目相应分值；没有完成培训任务的，以实际参学情况按比例折扣分数，并予以通报。

为了使干部理论学习超市不断完善，更好地发挥作用，确保理论超市培训活力，2007 年初，市委针对开办理论超市所出现的新情况和新问题，再次下发了《关于运用理论学习"超市"开展经常性干部教育培训的通知》，除进一步扩大参训对象外，还出台了四项"超市"培训管理制度。一是市级领导干部带班督学制度。规定从 2007 年起，每期培训班由一名市"四大家"领导带班，主要负责学习纪律、监督考勤和重大事项处置等工作。二是学习笔记分层调阅制度。干部理论学习"超市"采取的是视频教学，大量的视频资料要消化掌握，仅凭眼看耳听，只能停留在表面，很难做到入脑入心。为督促干部认真听讲，记好笔记，做到学有所录、学有所用，我们规定由市委干部教育工作领导小组负责调阅乡局级主职学习笔记，由乡局级主职负责调阅本单位其他干部的学习笔记，并分别以市委干部教育领导小组和单位党组织名义作出书面审阅意见。三是考试考核制度。规定从 2007 年开始，每年底，由市委组织部和市委党校根据全年播出内容和专题，制作若干套试卷，由参训干部自选一套试卷进行自我测试，以此检验干部参加理论学习"超市"的学习效果。同时把干部理论"超市"学习作为全市绩效考核重要内容，将单位和个人参学情况及年终考试参考率和合格率情况与考核结果直接挂钩，并细化了考核指标，达到规定要求的，获得该考核项目相应分值；没有完成培训任务或参考率合格率未达标的，以实际参学参考情况按比例折扣分数，并予以通报，并运用考试考核结果，大胆提拔善学习、会运用、能力强、靠得住的干部，在干部队伍中形成良好的用人导向。四是互动交流制度。为增强"超市"播出内容的影响力和干部的学习热情，我们根据干部普遍感兴趣的专题，安排市委、市政府分管领导、带班督学领导和市直相关职能部门与参训学员一起开展互动交流研讨，从而达到举一反三、学以致用的目的。

同时，为了实现真正意义上的理论学习自选，安陆市开展了干部理论学习超市送教上门服务活动。通过单位或部门向市委党校干部理论"学习超市"申报理论专题，报市委组织部核定，由党校组织专题，并负责到单位或部门现场指导播放，做到理论学习的"适销对路"。先后在市直 5 个部门和 4 个乡镇开展了"订单培训"，内容涉及部门相关法律、政策及经济、文化相关理论等，增强了干部教育培训的及时性和针对性，确保了学习实效。

3 建立理论"学习超市"的主要成效

创办干部理论学习超市，不仅适应了大规模培训干部的需要，为干部经常性接受教育培训提供了有效的载体，而且方式灵活，方便及时，缓解了工学矛盾，解决了供需矛盾，极大地满足了干部理论学习需求。主要成效体现在四个方面。

第一，解决了工学矛盾，提高了干部教育培训的覆盖面。理论学习超市主要是利用休息时间对干部进行培训，不占或少占工作时间，干部参加培训无繁忙的工作，无心理的负担，无外界的压力，可以全身心地学习。由于参训的人员多，大家比着学，争着训，学习氛围浓厚。达到了既不耽误工作，又促进了干部更新知识、大规模培训干部的目的。同时，干部可以结合工作实际，边工作、边学习、边思考、边提高，增强了培训学习的实效性，实现了学习与工作"两不误、两促进、两提高"。

第二，解决了供需矛盾，提高了培训质量。理论学习超市有三个明显的特征。一是针对性强。干部可以根据工作岗位的需要，结合定期发布的培训课程安排，按照自己的意愿自己选择参加培训的时间和内容，变"要我学"为"我要学"，从而极大地调动了广大干部的学习积极性和主动性。从学习情况看，参加培训的干部学习劲头十足。有的专题讲座人员爆满，一些干部只能站在教室听讲座。不少干部超过了规定的培训课时要求，最多的一年达到了72学时。二是方法灵活。市委党校结合行业特点和干部思想工作实际，采取送教上门，实行"定单"培训，提高了干部执行政策的自觉性和责任感，增强了学习专业知识的主动性。三是内容丰富。涵盖了政治理论、领导科学、行政管理、经济管理、法律知识、党的建设理论、形势报告和单位业务知识等多个方面的内容，基本上能够满足全市各个行业各个单位干部培训的需求。

第三，解决了时代快速发展与培训不够及时的矛盾，丰富了培训手段，提高了培训效率。理论学习超市专题品种多、质量高、讲座高端，通过理论学习超市这个平台，干部可以紧跟时代的步伐，随时进行"充电"，迅速获取新的知识和能力，从而能够更好地领会中央的政策部署，进一步提高贯彻执行党的路线方针政策的能力。党的十八大召开后，超市适时组织了相关专题，对全市副科级以上干部进行了轮训，使干部及时掌握了大会精神，进一步明确了工作目标，增强了工作的主动性。

第四，降低了单位培训成本，节约了培训经费。安陆市干部理论学习超市按参训对象每人100元的基本费用统一收取培训经费，只占干部脱产调训费用的 1/10。单位减轻了负担,干部也得到了经常性培训。

"学习超市"有效整合教育资源,利用现代信息技术搭建干部经常学习交流的平台,解决了干部工学矛盾,激发了干部的学习兴趣,提高了干部教育培训的质量和效益。湖北省应城市也开办了"学习超市",为干部提供了"充电"、"打货"的渠道。目前,这种培训方式也在湖北省孝感市各县市区"开花",受到干部们的普遍欢迎。

◢ 问题讨论

1. 湖北省安陆市在建立干部"学习超市"时,是如何更好地整合培训资源的?

2. 建立干部理论学习"超市",能解决干部教育培训面临的哪些问题?

参考资料:

中共安陆市委员会:《创办理论学习"超市",激发干部自主选学》,中共湖北省委组织部干部教育处主编:《全省干部教育培训工作会议交流材料》,2007 年 4 月。

中共安陆市委组织部:《中组部干部教育培训制度改革创新调研情况汇报》,2008 年 3 月。

五 | 广东省博罗县创办新农村建设大学

◢ 创办新农村建设大学的背景

博罗县围绕干部教育培训工作如何服务于社会主义新农村建设,推动科学发展,促进社会和谐这一主题,进行了深入的调研和思考,针对农村基层党员干部整体素质不够高、农村实用人才比较匮乏和县直各有关部门对农培训存在培训面不够广、针对性不够强、效果不够明显,各自为政、重复培训、资源浪费的问题,创新工作思路,整合培训资源,把大规模培训干部与培育新型农民有机结合起来,于 2006 年 4 月创办了博罗县新农村建设大学。

博罗县新农村建设大学是一所没有围墙、免试入学、不限名额、免费就读的虚拟大学,是大规模培训党员干部和农民的重要平台。创办目的就是要统筹全县党员干部和农民培训工作,整合全县培训资源,分级分类加大对全县党员、干部和农民的培训力度,增强培训的针对性和实效性,全面提高党员干部队伍的素质和能力,培育新型农民,进一步深化党的"三级联创"活动和固本强基工程,加强党的农村基层组织建设,为促进科学发展、社会和谐,推进社会主义新农村建设提供智力支持和人才保障。2007 年,党员干部培训工作和农民培训工作又有了新的进展,培训面和培训规模不断扩大,全县共举办各类培训班 3519 期,累计培训了 45 万多人次,受到广大基层党员干部和农民群众的欢迎和好评。

博罗县新农村建设大学创办后,县委给予极大的关心和支持,坚持把办好新农村建设大学作为加快新农村建设的重要抓手,围绕培养和造就一大批高素质的农民、培养和造就一大批优秀的村"两委"干部、培育一批新农村建设典型这三个主题开展工作,通过进一步健全学校领导机制和工作机制,发挥县委牵头抓总,组织部门统筹管理的作用,较好调动了农村基层干部、党员和农民参学的积极性,整个办学开局良好,进展顺利,取得了喜人的成效。

创办新农村建设大学的主要做法

(1) 整合资源、凝聚培训工作合力

一是整合组织资源,提高培训的组织能力。为加强领导协调,成立了学校领导机构,加强对涉农培训工作的领导。由县委书记、县长担任学校顾问,县委常委、组织部长担任校长,32 个涉农职能部门主要负责人为校务委员,针对以往县直部门开展涉农工作存在单打独斗、多头培训的问题,进一

步理清工作思路,加强县直各有关部门之间的配合与协调,将全县有关涉农培训班、科教文卫下乡及法律法规咨询等对农服务项目统一纳入新农村建设大学管理范畴,实行统筹规划,统一管理,形成了由县委统一领导、组织部门牵头抓总、县直各部门密切配合、齐抓共管的工作新局面。

二是整合培训阵地,完善教学网络和育民体系。为进一步扩大新农村建设大学的覆盖面,完善教学网络,在县委党校设立校本部的同时,在18个镇(办事处)设立分校,在343个村党员电教室设立辅导站,在下村农场、果场、种养基地、农业示范点设立了40个培训基地,构建了以校本部为主体,以分校为依托,以辅导站为辐射,以田间地头为延伸的四级教学网络。在培训对象上突出一个"广"字,把农民培训工作纳入新农大工作范畴,改变以往组织部门只培训党员干部的状况,进一步扩大了培训面。按照各级教学机构的职能分工,实行分级分类培训,校本部重点培训县镇机关党员干部、村支书、村委主任和农村种养专业户,着重提高他们创业能力和带领群众致富的本领;镇分校重点培训村组干部及农村的土专家和种养大户,着重提高他们的劳动致富技能,让他们办示范基地,创建科技示范户;村辅导站重点是对本村党员和村民进行普及性培训,着重使他们掌握1—2门种养技术。

三是整合师资力量,组建过硬的师资队伍。以县内专家、专业技术人才、专业技术骨干为主,以聘请省内大中专院校专家学者教授为辅,以聘请社会上其他各类人才为补充,形成以相对固定教师和客座教授相结合的师资队伍。为建立一支高素质的师资队伍,对县内各类专家、专业技术人才、专业技术骨干进行了普查,全面摸清他们的专业、职称、教学能力等情况,并进行登记造册建档,建立起由108名各类人才组成、门类比较齐全、教学能力较强的大学师资人才库。聘请了中山大学、华南农业大学、省农科院、省委党校等院校的16名专家学者为首批客座教授;邀请农村中的"土专家"、"田秀才"加入新农大教师队伍,组建了一支门类齐全、教学能力较强的相对固定的师资队伍。

四是整合培训内容,增强培训的针对性和实效性。在培训内容上突出一个"实"字,根据农村实际和基层党员干部农民的需求,开设相应的培训课程,突出按需设课,因材施教,主要有思想道德建设类、民主法制类、农业生产技术技能类、就业技术技能类、医疗卫生类、文化知识类等十大类内容,基本涵盖了政治、经济、管理、文化、社会等领域。此外,还编写了《博罗县新农村建设简明读本》、《法制宣传教育学习资料》等书籍和农村实用知识学习资料,使培训内容更贴近农业的产业特点和农民的实际需求。

(2)创新模式,增强培训工作活力

在培训形式上,突出一个"活"字,针对不同培训对象和内容,采取了集中授课、送教上门、现场示范、实训操作、多媒体教学、刊授等不同的培训形式。

一是根据党员干部和农民的培训需求,实施"点菜式"培训。开展了党员干部和农民培训需求调研,根据党员干部和农民的培训意向和技术服务要求,建起了水果病虫害防治、甜玉米栽培及病虫害防治、农机具维修技术培训等44个培训项目的课题库,每个课题都落实了授课人,并以菜单形式向农民公布培训项目,供全县党员干部和农民自由选择。学员也可以直接向新农大提出培训项目,由各分校负责收集农民的培训意向和技术服务要求,并及时向县新农大办公室上报群众点单服务内容和时间,由新农大安排授课人和授课时间。如,园洲镇刘屋村针对本村农户多数从事个体经商、开办私营企业的实际,向新农大提出了要举办一期有关文明经商方面的培训班,新农大及时联系了县工商局的同志为他们上了一堂文明经商辅导课;公庄镇维新村是个有名的荔枝村,新农大专门安排了熟悉水果种植的有关专家来村讲课对该村的荔枝种植进行全程跟踪指导,周边的果农也踊跃前来参加,使当地的荔枝种植水平和质量得到了提高。

二是拓展学习平台,实施"自助式"培训。在县电视台开设了《新农大学讲坛》,定期邀请新农大教师开讲,每两周播出一期,每期播出四次;未看到首播和重播的农民群众,还可以在县有线电视台上随时点播收看。与电信部门联合开通"12316""三农"热线,建成了拥有2万多条信息的数据库,组建了20多人的专家队伍,采取全天候自动语音服务、上班时间人工在线服务和农业专家电话咨询等方式,为农民提供农业技术、政策法规、农产品价格行情、供求信息等方面的咨询服务。农民在生产中遇到疑难问题时,都可以在专家那里得到帮助。结合新农村党员现代远程教育网络体系建设,开

通新农村建设大学网站,广大党员、干部和农民可以不受时间、空间和地域的限制,通过网络自主学习。对有示范性的培训课程,进行全程录像,并制作成 VCD,发给全县各村辅导站,供广大党员干部群众学习,实现资源共享。

三是把班办到田间地头,实施"演示式"培训。对诸如农机具使用、果蔬栽培、果树嫁接等操作性较强的技术技能培训,利用 40 个培训基地为现场,通过技术示范、观摩学习、经验交流、操作训练等形式进行教育培训,让农民通过观看较为直观的演示,更好更快掌握技术技能。

四是以农业龙头企业为依托,实施"带动式"培训。积极扶持县内 30 家农业龙头企业做大做强,充分利用企业在技术、信息、市场销售等方面的优势,把它们作为教学实践基地,组织农民观摩学习和实践,提高他们的种养技能,带动农民加入"公司＋农户"的发展模式,从而增加农民收入。比如,利用石坝镇三黄畜牧有限公司这一省级农业龙头企业,积极组织当地群众到企业学习饲养三黄鸡技术,发动群众参与三黄鸡养殖,既进一步扩大了"一镇一品"规模,使石坝镇成为远近闻名的三黄鸡养殖大镇,又增加了农民收入。为促进新农村建设大学在农村全面展开,博罗县确定石湾镇铁场村、园洲镇刘屋村、龙溪镇岐岗村、罗阳镇鸡麻涤村等 8 个村为新农村建设大学办学进村示范点,加强对示范点的培训工作,每个示范点都举办了五期以上的培训班,在全县村级辅导站中起到了示范带动作用。

五是加强阵地建设,实施"讲授式"培训。逐步加大财政投入,不断完善县镇党校和村党员电教室的硬件设施,做大做强以党校和村电教室为中心的教育培训阵地,并充分发挥其阵地作用,集中学员以课堂讲授的形式进行培训。

六是编印学习资料,实施"引导式"培训。县新农大办公室编写了《博罗县新农村建设简明读本》,各县直职能部门还结合实际,印发了科普、普法、婚育、水果栽培技术等方面知识的小册子或宣传资料。同时,在县有线电视台开设了新农村建设大学讲坛,定期邀请新农大老师开讲,让农民群众收看,引导农民搞好自学。

3 完善机制,提高管理水平和办学能力

一是制定了《博罗县新农村建设大学章程》。进一步明确了大学的性质、办学指导思想和原则、经费来源、培训内容和目标等,使新农大各项工作都有章可循、职责明确、管理规范。

二是制定了《博罗县新农村建设大学校务委员会工作制度》。明确了各成员单位的职责,规定今后要定期或不定期召开由大学校长主持的校委会,部署有关工作,研究和解决工作中碰到的问题和困难。

三是制定了培训上报制度。各单位每次开展对农培训或服务项目的时间地点、内容形式、培训对象及培训情况,都要上报县新农大办公室备案;每季度要上报本单位开展培训工作总结及有关统计表格等,及时掌握全县培训工作动态。

四是建立学员登记制度。统一制作了新农大学员培训登记册,发到各镇分校及村辅导站,每次培训结束后,由各分校及村辅导站对本单位学员学习情况进行登记,建立学员档案。

五是建立联络员制度。校委会各成员单位、各分校都指定一人为联络员,具体负责上传下达、沟通协调、培训登记、统计汇总等工作,进一步加强校本部、校委各成员单位及各分校之间的沟通联系,及时互通信息、交流经验、掌握动态。

六是建立激励机制,增强新农大的吸引力。制定《博罗县新农村建设大学结业证书和毕业证书颁发管理办法(试行)》。明确规定了大学毕业证书的性质、取得证书的条件及待遇。参与新农大培训的学员,达到一定学分的可取得结业或毕业证书。凡是取得大学毕业证书的镇村干部,在评先评优和提拔任用中可优先考虑;取得毕业证的农民在申请小额信用贷款、子女参军入伍等方面可优先考虑,有效激发了农民参与培训的内在动力。

4 新农村建设大学的主要成效

新农村建设大学的创办,得到了广大基层党员干部和农民群众的欢迎

和好评。通过一年来的实践，取得了较明显的成效。

第一，拓宽了组织工作新领域，探索出一条组织工作服务农村、服务基层，加快新农村建设的新路子。通过创办新农村建设大学，把大规模培训党员干部与培训农民有机结合起来，整合了培训资源，扩大了培训范围，拓宽了组织工作新领域，更好地体现了组织工作围绕中心、服务大局的要求，为建设社会主义新农村提供了一种新的工作思路和方法。组织工作要更好地围绕中心，服务大局，关键是要创新工作思路，找到好的平台与载体。

第二，丰富了培训的内容和形式，加强了涉农培训，探索出一条提高基层党员干部素质、培育新型农民的新路子。通过优化整合全县培训资源，科学设置培训内容和形式，因地制宜开展教育培训，学员种什么就教什么，缺乏什么知识就教什么知识，需要什么技术技能就传授什么技术技能，什么时候空闲就什么时候开课，增强了培训的针对性和实效性，有效提高了基层党员干部和农民的素质，提高了农村党员干部的"双带"能力和农民的致富本领，使广大农民掌握了农业生产技术技能，提高了农业生产效益，壮大了农村实用人才队伍。创办新农大以来，博罗县通过完善培训网络，挖掘师资力量，科学设置培训内容和形式，因地制宜开展教育培训，增强了培训的针对性和实效性，有效提高了农村基层党员干部和农民的素质，增强了他们科技兴农致富和带领群众致富的本领。

第三，改进了机关干部作风，探索出一条密切党群干群关系的新路子。一大批机关党员干部、拔尖人才、专业技术骨干，走出机关，深入基层，以新农村建设大学为载体，为农民群众送课进村、送教上门、解疑释难，帮助农民群众解决生产中遇到的技术问题，服务群众，真正让群众学到知识、掌握技能、得到实惠，进一步转变了干部作风，密切了党群干群关系，受到了广大农民群众的欢迎。

第四，调动了广大群众学习的积极性，探索出一条构建全民学习体系、培育文明新风的新路子。探索出一条普及农村实用技术、提高农业生产效益的新路子。采取送教上门的形式，把大学办到农民的家门口，用丰富的学习服务于干部群众，用生动多样的形式发动干部群众，用培训的实效来吸引干部群众，更有效地调动广大干部群众的学习积极性，积极参与新农大的各

教育培训案例

类培训中来,营造了全民学习的良好氛围,促进了社会风气和村风民风的进一步好转,提高了农业生产效益,促进了农民增收和农村经济发展。

第五,强化了广大群众的法制意识,探索出一条维护农村社会稳定,促进农村社会和谐的路子。通过开展法律进村、普法宣传、法律咨询等服务活动,加强对基层党员、干部和农民的法制法纪教育,提高了他们学法、守法、用法的意识,有效预防了一些基层矛盾纠纷的发生,维护了农村社会稳定。2008年来,全县未发生集体越级到京、到省上访事件。如,2007年底,针对石湾镇铁场村村民法制意识较为薄弱、以往村小组长选举出现贿选拉票等不正之风的实际,县人大原主任下村为该村村民上民主法制课,有效增强了村民的法制意识,为村级换届打下了良好的基础。

新农村建设大学自创办以来,得到了广大基层干部群众的欢迎和好评,也取得了较好的效果。但也还存在着一些问题和薄弱环节。一是由于新农大是个新鲜事物,没有现成的经验可供借鉴,在办学的过程中,管理工作不够完善。二是个别单位和领导干部思想观念未能及时转变过来,习惯于传统的工作方式方法,致使各分校和成员单位的培训工作发展不够平衡,等等。需要进一步加大新农村建设大学的工作力度,与推进农村党员干部现代远程教育、建立城乡基层党组织互帮互助机制和加快新农村建设步伐结合起来,进一步拓宽培训渠道,丰富培训形式,促进城乡之间党的基层组织资源共享、优势互补,突出培训重点,力争培育更多的农村经济能手、致富能手和高素质的农村基层干部,带动其他群众致富。

✍ 问题讨论

1. 如何整合资源,统筹党员干部和农民培训?

2. 如何更好加强培训的针对性和实用性,进一步激发农村党员干部和群众参加学习培训的积极性?

参考资料:

中共博罗县委办公室:《中共博罗县办公室关于印发创办博罗县新农村

建设大学工作方案的通知》,2007 年 4 月 27 日。

中共博罗县委组织部:《关于印发〈博罗县新农村建设大学 2007 年度工作计划〉的通知》,2007 年 6 月 25 日。

中共博罗县委组织部:《关于印发〈博罗县新农村建设大学章程〉的通知》,2007 年 7 月 25 日。

中共惠州市博罗县委组织部:《整合教育培训资源,创办新农村建设大学,探索农村基层党员干部人才教育培训工作新路子》,中组部干教局关于干部教育培训制度改革创新调研的汇报材料。

博罗县委组织部:《博罗县新农村建设大学 2007 年工作总结》。

六 浙江省象山县构建党员干部远程教育体系[①]

如何创新党员干部学习教育模式,构建党员干部终身学习机制是当前共同探索的一个课题。象山县为建设一支高素质的党员干部队伍,开创一个持久有效的教育学习平台,经过四年多的研究与实践,在浙江省率先走出了一条符合时代发展方向的农村党员干部远程教育新路子,形成了富有特色的农村党员干部远程教育体系,切实有效地实现了"让干部经常受教育、使农民长期得实惠"宗旨。

■ 象山党员干部远程教育的发展历程

象山县位于浙江省宁波市的最南端,地处半岛,交通相对不便,距宁波市区有近两个小时交通时间。但象山经济非常有特色,全县党员干部工作勤奋、开拓创新、社会和谐发展,2006 年列全国百强县 57 位。相对而言,基层党员干部的知识得不到及时更新,文化素养与执政能力尚待进一步提升,

① 案例来源:黄志明.象山党员干部远程教育的实践[J].中国浦东干部学院学报,2008 年第 1 期。

再加上本土化教育资源匮乏,尤其是高等教育资源、优质师资队伍严重不足等诸多因素,与党员干部日益增长的教育需求形成了反差。

(1)党员干部远程教育的引入

2003 年初,县委根据党的十六大提出的"提升党员干部的执政能力"和"进行终身教育学习"的时代要求,及时做出对传统的干部教育模式进行革新的决策,提出以现代远程教育技术作为全新的干部教育平台支撑。同年 6 月,在浙江大学的大力支持下,象山成立了"浙江大学象山党员干部远程教育中心"(简称县"中心课堂"),利用同步传输系统(SDH)网络专线把县中心课堂与浙江大学远程教育学院的演播室相连,利用这个新平台,请杭州市有关领导与专家直接为县中心组学习成员与主体班进行双向互动远程授课,迈开了象山党员干部远程教育扎实的一步。

(2)党员干部远程教育网络的拓展

在浙江大学与县中心课堂之间构筑第一级双向互动教学网络的基础上,从 2004 年 5 月起,象山县党员干部远程教育网络利用县"中心课堂"向镇乡(街道、县直属单位)二级分中心延伸,构成县与镇乡(街道、县直属单位)第二级的双向互动远程教育网络。这第二级平台的拓展,大大提高了基层领导干部的培训覆盖面,促进了党员干部学习主动性与积极性。2004 年 7 月,象山县委组织部通过自主研究与开发,建立了象山党员干部远程教育网站(www.xsyc.gov.cn),也即后来通称的"网上课堂"。同年县委组织部利用县"中心课堂"、"网上课堂"这两大平台与浙江大学合作举办研究生课程进修班和专升本学历教育。为了进一步发挥"中心课堂"与"网上课堂"的作用,象山县尝试在村(社区、企事业单位)建立远程教育点,全面辐射农村基层党员干部教育,由于向后者辐射主要以网站形式为主,当时又受到网络普及率不高的限制,所以 2004 年 7 月又利用有线电视网络,开通了《先锋课堂》电视教学频道,每周安排了相应的远程教育学习内容,让每个村的党员干部也能得到相应的传统远程教育,这被形象地称为"空中课堂"。

(3)村级党员干部远程教育示范点的建立

2004 年,省委组织部酝酿农村党员干部远程教育的试点工作,同年 11 月全省农村党员干部现代远程教育工作座谈会在象山召开,象山被列入浙江省三个试点县之一,采用的技术是主要以广电有线网络为基础,并兼用互联网。这样象山的党员干部远程教育开始是在"空中课堂"的基础上,加快了向村级的农村党员干部推进的力度。2005年4月浙江省被列入全国农村党员干部现代远程教育的试点省份,象山县同步被列入全国试点系列。到2005年10月,象山县490个村建立了农村党员干部现代远程教育基层终端接收点,初步形成了县、镇乡(街道、县直属单位)和村(社区、企事业单位)三级覆盖的党员干部远程教育体系。

四年多来象山县委从象山本土实际出发,以纳入全省、全国试点工作为契机,积极探索与创新,基本建立了具有县域特色的农村党员干部远程教育体系。

象山党员干部远程教育的主要做法

从上述发展过程看出,象山党员干部远程教育的建立,不是一蹴而就,而是经过长期的酝酿与探索,是在对党员干部教育理论进行创新、对远程教育技术平台的优化选择与不断整合层面上展开的。其主要做法如下。

(1)创新党员干部教育理念

一是树立教育信息化理念。现代远程教育技术以其信息量大、共享性广、不受时空约束和生动直观等优势,实现了党员干部教育形式、手段和方法的创新。如象山开发的"网上课堂"可以让任何一个党员干部在任何时间、任何地点(只要可以上网)学习,从而拓展了党员干部教育信息化意识,给广大党员干部一个耳目一新的学习模式,这种教育信息化理念一下子就被广大学员所接受。

二是树立以人为本学习教育理念。传统的干部教育针对性、吸引力不强,缺乏对成人学习心理的研究。传统意义的培训没有针对性与个性化,而网络学习教育理念是以人为本,让党员干部根据学习兴趣和需要自由选择教育内容,学习的自主性、针对性和主动性得到相应保障,同时远程教育所倡导的弹性学习理念,减少了学习的时空约束,让党员干部自由选择学习时间和地点,有效地解决工作与学习矛盾,也增强了学习吸引力。

三是树立教育管理学理念。教育规模越大,组织形式越难,这更加要研究教育管理学。象山县农村党员干部远程教育已是庞大的体系,其组织形式又以复杂多样性区别于一所高校远程教育,所以牢固树立教育管理学理念是开展党员干部远程教育的重要保障。

四是树立教育经济学理念。农村党员干部远程教育投入的物力、精力较多,这更需要教育经济学管理理念,在保证教育质量的前提下,通过对现有教育资源的有效整合、充分共享,以实现教育成本最优化、教育效益最大化。

(2)构建远程教育技术平台

远程教育技术平台是构成象山县党员干部远程教育框架的关键技术,汇聚并优化了多种信息技术。

第一种是专线网应用。一是通过利用同步传输系统(SDH)网络专线,在象山与浙大之间构建了双向视频会议系统,把浙大教育丰富资源引入象山。二是在县中心与 24 个镇乡(街道、县直属单位)之间建立新的双向专线视频会议系统(MCU),从而保证三级网络系统中视频与音频的即时互动与交流,使得浙江大学、县与乡镇信息的双向交流直通无阻。

第二种是互联网应用。象山党员干部远程教育的重要支撑技术之一就是自主开发了集网上"教、学、考、管"等功能于一体的象山党员干部远程教育网站(www. xsyc. gov. cn),这种基于互联网的"网上课堂"教学是适应全县农村党员干部学习需求的重要平台,目前象山"网上课堂"访问量达到近 38 万人次。

第三种是有线电视网应用。为全面推进村级(社区、企事业单位)党员干部远程教育站点,象山县建成了浙江省第一个"远程教育县级服务平台",通过有线电视网与全县 545 个基层终端接收站点构成有线远程教育网络,使广大基层党员干部与农民群众得到最直接的技术、信息、资源等的共享。

象山党员干部远程教育就是通过上述三个技术平台,形成了县、乡镇(街道、县直属单位)与村(社区、企事业单位)的三级涵盖网络,有机地整合了全县各种学习与培训资源。

(3)开放式、网络化的党员干部远程教育运行模式

远程教育运行模式是开展党员干部学习活动的主要组织方式。象山的党员干部远程教育运行模式就是在以"互动式集中教学,个性化自助学习"为主的网络教育理念基础上,着眼建成多层次、多渠道、大规模的党员干部远程教育三级网络体系的总体目标,实现了下列的"三个结合"。在技术支撑上,互联网络教育与专线网络、有线电视网络相结合;在培训形式上,集中培训与个性化自学相结合;在教育功能上,学历教育与非学历培训相结合。

象山党员干部远程教育运行模式体现了开放式、网络化的大教育观念,是适应现代社会、经济、科技、文化发展和人才教育培养的一种新模式。

(4)三位一体的立体式远程教学组织形态

为适应上述网络教育运作模式,象山整合资源,因势利导,开拓创新,建立了以"中心课堂、网上课堂、空中课堂"三个超越时空限制的教学组织形态,让基层党员干部真正体会到远程教育对再教育、再学习的无穷魅力。

一是中心课堂。建立具有双向实时互动交流功能的县中心和镇乡(街道、县直属单位)分中心教室,实现浙大远程教育学院演播教室、1个县中心教室和24个分中心教室之间的三级双向互动。

二是网上课堂。在中心课堂建设的基础上,开发远程教育中心网站,通过上传与更新大容量的教育资源,使广大党员干部通过互联网直接进行"网上课堂"学习。

三是空中课堂。这是传统电教手段的现代拓展,充分发挥有线电视台的普及条件,在原来电视专栏"先锋课堂"的基础上,建成远程教育县级服务平台,村级接受点达到了545个,形成了覆盖农村社区(企业)的"空中课堂"。

以上三种课堂的组织形态实现了专线网、互联网、有线电视网的最大互动,构筑了面向各个层次教育对象的多元化的学习平台,创立了具有象山特色的"浙大远程教育学院演播教室、县中心教室和分中心教室"三级双向互动、"中心课堂,网上课堂,空中课堂"三位一体的立体式远程教育网络。

(5)完善的科学管理体系

为了提高农村党员干部远程教育的学用有效性,确保远程教育获得最大的效益回报,取得可持续发展,象山县高度重视远程教育质量管理、评价考核机制确定等,具体办法是通过全面质量管理(简称TQM)进行科学管理,按照学时学分制进行学员考核。

一是体系管理运用全面质量管理。针对基层远程教育系统庞大、环节复杂、涉及面广的特点,为加强对远程教育质量管理,象山县积极引入属于现代管理科学范畴的全面质量管理理念和方法,围绕设备运行、教学组织、骨干队伍、教学课件管理等四大主要环节,建立《象山县远程教育全面质量管理操作体系》。在党员干部远程教育中全面实行"全学员参与、全内容落实、全过程控制、全方位评估"的管理,主要通过抓好教育过程站点维护、示范站点 CI 形象标识设计、基层教学环节学习和教育考核评估的制度管理,为提高农村远程教育学用效益提供了保障。同时制定《象山县农村党员干部现代远程教育全面质量管理站点手册》,并下发到每个村远程教育点,使制度管理要求贯彻到每个村接收点的管理人员。

二是学员考核采用学时学分制。为增强全县领导干部参加远程教育学习的主动性、自主性和积极性,象山于 2004 年 8 月制定出台了《关于对领导干部实行学时学分考核的暂行办法》,考核内容分为四块,以参加远程教育为重点,还兼顾领导干部参加党委中心组学习、主体班次培训、理论测试三个内容。该办法合理设置了上述四项内容的学时学分比例。其中远程教育占 60%,涵盖平时网上听课、网上考试、听课笔记检查、集中考查几个环节的考核。考核结果按每年累计学时学分的高低确定优秀、良好、合格、不合格四档,并与干部使用和评优挂钩,以形成良好的干部使用导向。与考核办法相配套,象山县组织部专门在远程教育网站自主开发了考核软件,通过软件自动生成考核结果,形成干部个人学习电子档案,从而提高考核制度的科学性与简便性。各基层党组织也参照这一考核制度来考核农村基层党员干部的学习。这一制度的出台开创了浙江省党员干部远程教育考核的先例。

象山探索科学有效的党员干部远程教育管理模式,是以全面质量管理方法和学时学分制考核方法为核心,保障了党员干部远程教育工作顺利开展。

3 象山党员干部远程教育的运作绩效

经过四年多的探索和实践,象山农村党员干部远程教育模式从党员干部远程教育理论学习范畴,拓宽为巩固农村基层组织活动阵地、创新基层党员干部工作的方法。其作为推动农村信息化、推进社会主义新农村建设的重要手段,取得了实实在在的效果。

(1)党员干部学习的氛围浓郁

远程教育工作的展开不是停留在文件与形式中,而是形成了全县广大党员干部、农民群众、企事业单位人员等的大规模教育培训与学习氛围。广大党员干部随时选择观看各类教育内容,变被动的"教什么学什么"为主动的"要什么就可以学什么",大大提高了学习选择性。利用"中心课堂"举行集中讲座,举办大型远程教育网络会议;利用"网上课堂",广大党员可以登录"网上课堂"选择性学习;利用"空中课堂",广大农村基层党员群众可以学习农村实用技术类课件。同时,象山还利用远程教育平台开展学历教育,首次为本地自主培养了硕士研究生。四年多来,象山县形成了极其浓郁的党员干部远程教育学习氛围,广大党员干部学习的信心与自觉性得以提高。

(2)教育成效明显

按照边建边用边完善的原则,象山县开展远程教育建设一直围绕提高学用有效性,注重发挥其成效。四年多的实践证明,农村党员干部远程教育给传统的党员干部教育注入了新的活力,成效极其明显。

一是推进了学习型组织的建设。象山远程教育体系有效整合领导教育和党员教育的路径,通过"中心课堂"进行互动视频,通过"网上课堂"进行自主选学,通过"空中课堂"拓展内容,这些行之有效的学习路径,促使集体学习个体化,个人学习社会化,促使远程教育工作在领导干部教育和党员教育的良性互动中逐步推进与深入。全县党员干部在内有动力、外有激励的教学氛围中,增强了学习意识,有效推进学习型组织的建设。

二是提高了党员干部综合素质。象山以远程教育为载体,在全县广大党员干部中积极实施素质教育,在广大干部中形成了讲学习、做实事的良好氛围,对广大干部执政意识、工作理念和工作能力的改变都起到了明显的作用。2006年县委结合换届调整工作,对全县700多名县管领导干部进行届末考核,考核结果显示被考核领导干部的素质与执政能力有了明显提高。

三是促进了农村产业化、信息化发展。通过远程教育,对农村党员干部群众进行农村实用技术培训,带动了农村产业结构调整和农民增收致富。浙江省副省长茅临生特别强调要推广象山县的"农民信箱工程",积极鼓励有条件的远程教育基层站点接入互联网,使远程教育基层站点同步建设成农村信息服务点,实现优势互补。农村党员干部远程教育组织和引导农民、种植大户、农民企业家重视网上供求信息的发布,开展网上销售活动,为加快农业发展和农民增收致富提供了便捷的信息服务。

四是巩固了基层组织建设。村级远程教育接收点作为农村基层组织新的活动阵地,成了村级基层组织的组织资源,通过远程教育网站和县级服务平台,及时把社会主义新农村建设、先进性教育和社会主义和谐社会建设等内容快速传递到基层,把贴近新农村建设实际需求的教育内容及时输送到基层,强化教育的针对性、实效性,增强了基层学习能力与凝聚力。农村党员干部远程教育提升了农村基层组织工作水平,增强了农村党组织的创造力、凝聚力和战斗力。

(3)技术与管理体系日趋成熟

象山县农村党员干部远程教育四年多实践的另一个成效,就是摸索形成了一套基于理论、又经实践检验行之有效的技术体系、管理体系与学用模式,这些对一个县域如何开展远程教育是很有借鉴作用的。

一是技术体系。通过整合有线网、互联网与专线网等先进信息技术手段,建构一种符合象山特色的远程教育平台的技术支撑方案,即以互联网为主要互动平台,有线电视网为重要补充手段,专线网为特有媒介的三级网络体系,建立"中心课堂、网上课堂与空中课堂"三位一体的远程教育组织形态。宁波市委组织部在肯定并总结象山"网上课堂"模式的基础上,相继建成了宁波干部党员学习网和宁波市干部网上学院(www.nbstudy.gov.cn)。

二是管理体系。创新远程教育管理体系,积极引入全面质量管理模式,创设学时学分制考试机制等,建立完善了远程教育运行管理机制、巡视督查制度和评估激励机制,全面考虑了管理中的各个重要环节,根据实际情况制定了比较可行的细则和量化指标,全程规范远程教育工作行程,从而保证党员干部远程教育"学用"工作的落实与推进。其中,学时学分制为宁波市制定党员干部学习的学分制办法提供了重要的参考标准。

三是学用模式。为构建"农村党员干部经常受教育、农民群众长期得实惠"的长效工作机制，象山县在充分发挥已有体系的基础上，强势推动远程教育"学用"工作，并在党建工作、农民致富、和谐社会建设和站点功能拓展等方面取得了积极成效。根据本县的产业特点、农民的生产习惯以及远程教育本身技术功能特点，积极创新"学用"模式，探索"远程平台＋X"模式，形成了七种行之有效的学用模式，其中，"远程教育＋专家辅导＋基地实践"、"远程教育＋协会＋基地"、"一镇一品、一村一品"培训模式、"远程教育＋公司＋农户"等实践模式，取得了显著成效。

总而言之，象山党员干部远程教育的实践表明，党员干部远程教育已成为农村党员干部教育的重要组成部分，它能较好地解决工学矛盾，提高教育覆盖率，极大推动大规模教育培训党员干部的工作，促进学习型政党和学习型社会的建设。党员干部远程教育同时增强了农村基层党组织的凝聚力，促进了农村基层党建工作，促进了全县精神文明建设，有利于构建社会主义和谐社会，它将成为县域经济社会发展中重要的服务平台。

思考与讨论

1. 如何准确确定远程教育在干部教育中的地位？
2. 如何增强远程教育对干部的吸引力？
3. 组织部门如何组织管理干部远程教育？

七 山西省建立省院干部优质培训资源共享机制

山西省作为中部欠发达省份，广大干部强烈的培训需求和优质干部培训资源严重匮乏的矛盾十分突出。为进一步贯彻中央关于干部教育工作的部署，创造性地落实好《干部教育培训条例（试行）》，山西省委组织部从山西实际出发，提出要在充分利用本省教育培训资源的基础上，按照统筹兼顾、科学整合的原则,创新理念,开阔思路,有效吸纳整合省外优质干部培训资源。为此,山西省与中央党校、国家行政学院,中组部培训中心,中国浦东、井冈山、延安干部学院和中国大连高级经理学院建立了省院干部培训资源共享机制。

■ / 建立省院培训资源共享机制,实现"高端嫁接、互补双赢"

2006 年,山西省委、省政府提出了"十一五"期间走出"四条路子"、实现"三个跨越"奋斗目标和必须着力推进的六项重点工作。面对新形势新任务,干部培训工作改革创新的需求更加紧迫,干部培训工作任务更加繁重。

为准确把握各级各类干部的培训需求,全面了解全省干部培训资源现状,找准抓住改革创新干部培训工作的突破口,更好地围绕中心、服务大局开展干部培训工作,山西省委常委、组织部长任泽民同志亲自带领有关人员多次深入基层开展干部培训改革大调研。先后在 11 个市召开了 20 多个座谈会,就干部培训需求和干部培训工作的改革创新问题,专门听取各市县主要领导的意见和建议。2007 年初,省委组织部印发 1700 份《2007 年度省管领导干部培训需求调查表》,广泛征求省管领导干部和县(市、区)长意见。

调研结果表明,面对新形势新任务新要求,广大干部对学习培训表现出巨大的热情和迫切愿望,各级领导干部领导科学发展的能力亟待提高,非常渴望得到高水平、高层次、高质量的培训。然而,本省现有的干部培训资源和常规化、低水平的传统培训方式,远远不能满足新形势新任务的需要和广大干部的需求。作为中部欠发达省份,优质干部培训资源匮乏问题已经成为制约山西省大规模培训干部、大幅度提高干部素质的瓶颈。只有在充分利用现有培训资源的基础上,创新理念,开阔思路,有效吸纳整合省外优势教育资源,直接利用国家级培训机构的优质干部培训资源,才能在短时间内提高干部培训工作的整体水平,实现干部教育培训效益效率的最大化,从而把"大规模"的数量要求与"大幅度"的质量要求兼顾得更好。同时,山西有着 5000 年历史文化,是华夏文明的摇篮,拥有丰厚的历史文化遗产,又是著名革命老区和全国能源重化工基地,具有厚重的干部培训资源可资开发利用,可以为全国干部培训机构的教学实践、课题研究和项目实验提供很好的资源。通过省院广泛交流合作,可实现优势互补、共享双赢。

为此,省委组织部提出以"省院干部培训资源共享座谈会"为切入点,建立省院干部资源共享机制的构想,得到中组部和省委的充分肯定及国家级干部培训机构的积极响应。2007 年 4 月 26 日,省委组织部在太原召开了"省院干部培训资源共享座谈会",就建立优质干部培训资源共享机制问题深入探讨,达成共识。山西省委书记张宝顺同志高度重视建立省院干部培训资源共享机制工作,在会见"省院干部培训资源共享座谈会"与会同志时提出"高端嫁接、互补双赢"定位。会上,山西省与中央党校等 6 家国家级干部培训机构和中组部培训中心,以协议形式建立了一种省院合作、资源共享的新型培训机制。这一机制的创建,既是共享的过程,也是共建的过程:山西可以利用国家级培训机构的优质教学资源开展高层次的干部培训,国家级培训机构也可以充分共享山西五千年历史文化深厚积淀、革命老区优良传统教育资源、全国能源重化工基地独特优势,深入开展教学实践、课题研究和项目实验,从而实现优势互补、共建共享。

建立省院干部优质培训资源共享机制有着十分重大的现实意义。第一,建立资源共享机制是落实科学发展观的具体体现。以科学发展观为统领,就是要把科学发展观作为谋划工作的出发点、指导工作的着眼点、推动工作的落脚点。具体到深化干部培训工作改革上,就是要认真贯彻以人为本思想,更加自觉地为提高广大干部的素质和能力服务,切实提高干部培训工作的质量和效益。山西在大调研的基础上,认识到干部强烈的培训需求与优质干部培训资源匮乏的矛盾十分突出,并提出建立省院优质干部培训资源共享机制,本身就是推动干部培训工作科学发展的具体体现。第二,建立资源共享机制是有效整合组织资源的重要形式。干部培训资源是组织资源的重要组成部分。如何优化整合干部培训资源,是当前干部培训工作面临的一个十分突出的问题,也是组织资源整合中亟待解决的一个课题。建立省院干部培训资源共享机制是在用非传统的方式整合资源,通过整合,拓宽培训渠道,高位共享优质培训资源,实现组织资源使用效益效率的最大化,无疑是有效整合组织资源的重要形式。第三,建立资源共享机制是干部

走中浦院

教育培训案例

培训工作改革的必然要求。干部教育工作是党的建设的重要组成部分,具有鲜明的党性立场和时代特征。按照中央关于党的理论创新每前进一步,理论学习就要跟进一步的要求,干部教育培训工作必须以改革创新的精神研究新情况、解决新问题。当前,干部教育培训工作已经进入一个非常重要的发展时期,对于国家级培训机构来说,通过深化改革走资源共享之路也是一项紧迫任务。山西用改革的办法解决改革中出现的新情况新问题,在实践中体现了改革发展的必然趋势。中央党校副校长石泰峰同志认为,当前我国干部教育培训多元化格局已经形成,如何在这个大背景下,通过深化干部培训工作改革优化整合资源,切实提高利用率,是我们必须认真研究和解决的问题。山西这个举措在全国开了先河,具有重大创新意义。国家行政学院教务长姜洪同志认为,启动省院干部培训资源共享机制,预示着我国干部培训工作必将会有一个蓬勃发展的未来。

创新理念,为建立省院培训资源共享机制提供前提支撑

理念创新是干部培训工作创新的灵魂。为了使干部培训工作创新的目标更加明确,创新的方法更加科学,省委组织部一方面认真学习贯彻中央和省委精神,把握干部培训工作改革的正确方向;另一方面开展广泛深入的调查研究,摸清干部的需求,做到有的放矢。

经过调研,提出关于干部教育培训工作四个方面的意见和建议。一是干部培训要体现时代性,必须以马克思主义中国化的新成果武装头脑、指导实践。二是干部培训要突出实效性,必须紧紧围绕中央和省委的中心工作设立专题,深入研讨。三是干部培训要增强针对性,必须适应各级各类干部的个性化需求,以人为本、因人而教。四是干部培训要注重集约性,必须充分整合省内外培训资源,科学管理,为我所用。

针对这些意见和建议,省委组织部相关处室进行了讨论和研究,在此基础上,与省委党校组成三个联合调查组分赴各市进行调研,和市、县党政领导干部和组织部门有关负责同志近 200 人就干部培训工作的新形势、新趋势、新办法进行深入研究和探讨。

经过几上几下的广泛调研和反复论证，确立了新的干部培训理念。一是树立以人为本的理念，以此作为谋划干部培训工作的依据、推进干部培训工作的动力和衡量干部培训工作的尺度，以工作需求和干部需求为导向，真心实意为广大干部提供知识和能力培训服务。二是树立干部培训工作服从服务于构建社会主义和谐社会的理念，坚持为大局服务，在大局下行动，为经济建设和社会发展提供坚强的智力支持和人才保证。三是树立能力建设突出抓培训的理念，坚持把干部培训作为加强党的执政能力建设和提高各级领导干部执政能力的基础性工作来抓。四是树立大培训、大教育理念，培训工作面向现代化、面向未来、面向世界，在继承优良传统的基础上，既要总结长期以来各地在实践中涌现出来的新鲜经验，又要虚心学习和借鉴国内外一切成功做法，以深远的眼光和宽广的视野发展干部教育培训事业。五是树立终身学习、终身教育的观念，充分认识干部学习的系统性和长期性，采取有力措施提供服务平台，为建设学习型政党、学习型社会、学习型班子、学习型队伍创造条件。六是树立质量效益的观念，充分认识干部教育培训是最具经济和社会综合效益的投入，舍得投入，敢于投入，加大投入，努力实现干部教育培训效益的最大化。这六个观念是对大规模培训干部工作的高起点、高标准定位。全新理念使我们对大规模培训干部工作的指导思想、目标任务、培训内容、方法措施以及组织领导等都有了进一步明确、系统、全面、深刻的认识，从而为进一步搞好培训干部工作奠定了一个良好的思想基础。

3 以机制创新为动力，重点推进党校主体班次改革

推动党校自身发展是建立省院资源共享机制的重要前提。为此，省委组织部会同省委党校制定《省委党校主体班次改革实施方案》，在三方面对省委党校主体班次进行改革。

第一，省委党校省管领导干部轮训班学制分设，加大专题培训力度。针对过去轮训班存在的"满堂灌"、"一般粗"问题，根据培训对象需求并结合岗位特点，经与省委党校研究，针对省委党校省管领导干部轮训班设置 A、B

两种班次。A 班为基础理论脱产进修班,招生对象为十六大以来未接受过党校基础理论系统培训的省管领导干部,内容以马克思主义基本原理、最新成果,党的路线方针政策,国情省情和世界发展趋势为主,学制两个月,每年两期。2008 年,A 班从四个方面进行创新和突破:一是加大案例研讨式教学力度。用两周时间到吕梁市和省煤炭系统进行实地考察调研,分别完成"公共管理与科学决策"和"山西省煤炭安全生产问题研究"课题。二是开展模拟式教学。在研究"加强党的先进性建设和党性修养"和"领导干部如何面对新闻媒体"课题时,举行模拟记者招待会,由学员模拟新闻发言人,省委党校国民教育部学生模拟记者,公共管理教研部的教师进行点评,最后在学员交流研讨基础上,结合工作实际,撰写课题报告。三是加大互动式教学力度。在两个月的教学中,共安排 20 次师生之间和学员之间讨论、互动。四是开展体验式教学。到省监狱管理局接受反腐倡廉警示教育。B 班为专题研修班,招生对象主要依据《2007 年度省管领导干部培训需求调查表》所征求的培训对象需求来安排。针对以往"专题不专"和辅导讲课多、调研讨论少等问题,2007 年的专题研修班加大了调研和讨论的比重。如:《江泽民文选》专题研修班,招生对象为市厅级主要领导干部,时间一周,用三天时间讲授、两天研讨;作风建设专题研修班,招生对象为市厅级主要领导干部,时间一周,两天讲授、两天研讨、两天进行廉政教育和警示教育;建设和谐山西专题研修班,招生对象为市委书记、副书记、常委和县委书记,每期时间为两周,三天讲座、三天研讨、三天现场案例教学;深化产业结构调整专题研修班,转变经济增长方式专题研修班,招生对象为市长、副市长、县长和有关厅局领导;均为两周时间,讲座、研讨、案例教学各三天。省管领导干部面对媒体专题研修班,时间为五天,一天讲座,一天研讨,三天案例教学和情景模拟教学。专题班请省委分管领导、有关厅局领导、市县主要领导和专家授课。每期开班前一至两周下发预通知,向学员通报教学计划,并要求学员根据专题至少带着一个实际问题来参加学习,确保专题培训的实效性。

第二,省委党校中青年领导干部培训班重点在教学方式上改革创新。主要进行了以下改革:首先,实行项目教学。成立各科目项目组,指定项目负责人。共分为入学教育项目、马克思主义与人类社会发展规律研究项目、马克思主义中国化的最新成果研究项目、"自主选学、订单培训"项目、社会实践项目和党的建设与党性修养研究项目。第二,自主选学,订单培训。举办"订单培训供需见面会",学员和所有教师见面,教师提出菜单,学员自主选择;学员提出课题,教师当面讲解;请省委组织部、省委党校有关领导和专家评议。最后,根据需求和评议确定菜单,依据菜单开展培训。第三,拓展训练。增加两次拓展训练:一是入学教育期间,围绕"超越自我、熔炼团队"为主题的拓展训练,时间一天;二是订单培训期间,根据学员需求确定主题,开展社会实践拓展训练,时间两周。第四,模拟教学。一是围绕"理想、信念、信仰"主题举行记者招待会,教师、学员分别模拟记者和发言人角色提问和解答问题;二是围绕"共产党员的党性修养"主题举行记者招待会,由省委党校党建、党史教研部的教师模拟政府官员和理论专家,培训班学员模拟新闻媒体和热心公众,就共产党员的党性修养问题从理论学习、制度建设、自身锻炼等方面进行现场提问和解答。第五,情景教学。以"中国特色社会主义道路的发展趋势"为主题,将学员分为两个阵营进行专题辩论。每个阵营有 3 位主答辩,其他学员进行补充。省委党校政经、科社、党史、党建、经管五个教研部负责人作为点评教师,对学员的辩论情况作出小结和讲评。第六,体验教学。一是到艰苦地区进行实践锻炼,时间一周;二是到省监狱管理局实地参观煤矿监狱、请监管局领导作报告、听服刑人员讲教训,对学员进行反腐倡廉警示教育。此外,还将采取到省电视台进行观摩教学、开设学员论坛、开展"2 + X"互动教学、邀请有关单位的领导和专家召开座谈会等形式教学。

第三,紧密结合中央、省委中心工作和学员需求开展专题培训。一是结合中心工作有重点地开展培训。主要是结合先进性教育、地方换届、学习十六届六中全会精神、社会主义新农村建设和学习《江泽民文选》等活动,重点举办新任省管领导干部专题培训班、新任组织部长专题培训班、新任纪委书记专题培训班及人大代表、妇女干部专题培训班,特别是对全省 1129 名乡镇党委书记分四期进行"加强农村基层党建和建设社会主义新农村"专题培训班。二是发放需求调查表,按需施教。每期培训之前,印发《需求调查表》,认真汇总后,精心设计培训内容,合理选聘授课教师,较好地提高了培

走 CELAP 中浦院

教育培训案例

训的针对性。如，在新任纪委书记、组织部长培训班上，根据学员的需求及时调整培训方案，专门组织有关教学内容；在中年领导干部培训班和省管领导干部培训班上，拿出一半时间进行"菜单"教学，对达到一定数量的培训需求，组织专题教学，特别是县委书记、县长提出的"菜单"作了专门安排，效果很好。2006年，各类专题班共印发培训需求调查表2000份，达到参训学员人手一份。三是认真进行绩效评估，及时改进工作。在2006年乡镇书记新农村专题培训中，尽管每期间隔只有两天，而且是双休日，但坚持进行绩效评估，并严格对照学员要求进行调整充实，使培训班效果一期比一期好。

依托优质培训资源，开展衔接培训

省委组织部每年在省委党校培训省管领导干部和后备干部500人左右。省管领导干部脱产进修A班和中青年领导干部培训班，都要安排两周时间到国家级培训机构接受延伸培训。在国家级培训机构开设"山西班"，设置重点专题、培训重点对象。依托"省院干部培训资源共享机制"平台，有计划地在中央党校、国家行政学院，中国浦东、井冈山、延安干部学院，中国大连高级经理学院和中组部培训中心等国家级培训机构，举办理论体系武装、提高领导科学发展能力和提高开拓创新能力、理想信念教育、党建创新理论和作风建设、享受东北老工业基地政策和享受西部大开发政策、提高产业转型和自主创新能力等专题研讨班和培训班。每年培训市厅级领导干部、县委书记和县长、省属重要骨干企业和金融类企业主要负责人、省属高等院校负责人、县级以上组织部长（人事处长）等重点对象300人左右。比如，在中央党校举办"和谐社会建设专题研修班"，在中国浦东干部学院举办"提高领导科学发展能力专题研修班"，着力提升市县领导干部建设社会主义和谐社会和领导科学发展的能力和水平；在中国井冈山干部学院举办"新任领导干部专题培训班"，着力提升新任市委常委、副市长和新任省直副厅（局）长的理想信念和政治品质；在中国大连高级经理学院举办"高级企业管理人才专题研修班"，着力提升省管大型企业董事长、总经理的战略思维能力和现代企业经营管理水平。

建立省院优质培训资源共享机制的主要成效

山西省在建立省院优质培训资源共享机制方面呈现出以下特点。（1）平等自愿，高端嫁接。省院干部培训资源共享机制是坚持平等自愿的原则，在全面把握干部教育工作形势、认真分析省院干部培训资源优势的基础上，经山西省与七所国家级培训机构共同协商谋划并建立的。资源共享机制的建立，既体现了我省的需求，也体现了国家级培训机构的意愿；既是我省共享国内顶尖干部培训资源的重要途径，也是国家级培训机构优势对接的战略平台。（2）共建共享，互利双赢。建立省院干部培训资源共享机制既是共享的过程，同时也是共建的过程。共享主要是在互利的基础上充分共享现有优质干部培训资源，共建主要是指共同开发挖掘潜在的干部培训资源。一方面，山西省可以通过走出去培训干部、聘请优质师资、利用高层次培训教学资源、共同开展课题研究等形式，充分共享国内优质干部培训资源；另一方面，国家级培训机构也可以充分利用山西省作为中华文明发祥地、革命老区和国家能源重化工基地的资源优势，开展科研考察，挖掘开发教学资源。（3）任务明晰，长期合作。一是建立特邀顾问联席会议制度。山西省已正式聘请七所国家级干部培训机构有关负责同志为"中共山西省委干部教育特邀顾问"，每年将召开一次特邀顾问联席会议，研究新情况，解决新问题。二是建立长期合作关系。山西省分别与七所国家级培训机构签订了"优质干部培训资源共享合作协议"，明确规定了双方的责任和义务：今后将积极主动为国家级培训机构的教学、科研和考察提供支持和服务；国家级培训机构将积极帮助我省制定培训规划、设计培训模式，为大规模培训干部、大幅度提高干部素质提供支持和服务。资源共享机制的建立为保持长期稳定合作奠定了坚实基础。

目前这一机制已产生出巨大效应。2006年，山西省分别在中国井冈山干部学院、中央党校、中国大连高级经理学院成功举办了"山西省新任市厅级领导干部理想信念专题培训班"、"山西省和谐社会建设县委书记专题研修班"、"山西省高级企业管理人才专题研修班"，42名新任市厅级领导干部、65名县委书记和34家省属重要骨干企业主要负责人受到了一次国家级培训机构高层次高水平的教育培训。参加中国井冈山干部学院培训的学员普遍反映,这样的培训给他们上了一堂生动的共产主义理想信念教育课,心灵受到震撼,灵魂得到净化,精神更加振奋,真正是"一次井冈行,一生井冈情";参加中国大连高级经理学院培训的学员反映,这样的培训拓宽了视野,更新了观念,启发了思路,创新了转型跨越崛起的发展理念,管用解渴,确实不虚此行。与此同时,各干部院校也纷纷到山西省进行教学科研考察。中央党校已把山西作为体验式现场教学基地;中国浦东干部学院副院长崔玉宝同志带队专题考察了省委组织部的领导干部心理素质测评实践成果;前不久,中国延安干部学院派出11人的考察团,专门到山西省考察了红军东征路线教学点;中国大连高级经理学院到山西就晋商历史文化进行教学科研项目考察。这一机制从提出构想到付诸实践,自始至终都得到中组部、省委的正确指导和大力支持以及国家级干部培训机构的积极响应和真诚帮助。中组部和省委主要领导对这一机制的创建和运行予以高度评价。广大干部对这一机制的建立表示热烈欢迎,参加培训的热情空前高涨。

2007年5月18日,省委组织部向中组部提交《关于建立省院干部培训资源共享机制的情况报告》。中组部对创建省院干部培训资源共享机制的做法给予充分肯定,在部刊《组工研讨》上以《山西省探索建立与国家级干部培训资源共享机制》为题向全国组织系统作了介绍。《人民日报》驻山西记者站高度关注山西省大胆探索创建省院干部资源共享机制的做法,以《山西创建省院干部培训资源共享机制》为题在内参上介绍了相关经验,并派记者全程参加了山西省在井冈山举办的"新任市厅级领导干部理想信念"专题培训班和中央党校举办的"山西省和谐社会建设县委书记"专题研修班,进行实地采访和深度报道。

✐ 问题讨论

1. 在建立省院优质干部培训资源共享机制中,如何处理好本省资源和其他优质培训资源之间的关系?

2. 建立省院优质培训资源共享机制,如何更好地促进办学水平和培训质量的提高?

参考资料:

中共山西省委组织部:《创建省院干部培训资源共享机制,探索构建开放式大培训工作格局》,全国干部教育培训工作会议交流材料《干部教育培训工作经验交流汇编》,2008 年 7 月。

第六部分　师资队伍建设

背景知识

　　加强师资队伍建设,是加强和改进干部教育培训工作的重要方面。建设一支数量充足、专业齐全、素质较高的师资队伍,对提高干部教育培训质量具有十分重要的意义。干部教育培训师资队伍主要包括两个方面,一是专职教师队伍,二是兼职教师队伍。《干部教育条例》提出,要"按照素质优良、规模适当、结构合理、专兼结合的原则,建设高素质的干部教育培训师资队伍"。加强师资队伍建设,可以采取以下途径,一是大力培养专职教师队伍,通过进修学习、考察调研、挂职锻炼等措施,帮助教师提高素质和能力;二是积极选聘具有丰富经验的党政领导干部、企业经营管理人员和专家学者担任兼职教师,增强干部教育培训师资力量。《干部教育条例》提出:"实行专职教师队伍职务聘任和竞争上岗制度,通过考核、奖惩和教育培训,加强专职教师队伍建设。建立专职教师知识更新机制,……逐步建立符合干部教育培训特点的师资队伍考核评价体系。选聘实践经验丰富、理论水平较高的党政领导干部、企业经营管理人员、国内外专家学者担任兼职教师,充分发挥兼职教师的作用。建立全国和各省、自治区、直辖市干部教育培训师资库,实现资源共享。"这些都为干部教育培训师资队伍建设指明了路径和方法。

　　近年来,各地、各培训机构在师资队伍建设方面进行了积极探索,采取了一些行之有效的做法,积累了很好的经验。本部分主要选取中国浦东干部学院、上海市委党校、吉林省委组织部、辽宁抚顺市委组织部等相关部门和单位的案例,为读者呈现这样的师资队伍建设图景:中国浦东干部学院作为一所新建干部学院,通过创业示范团队培训,很快建设了一支具有较高素质的干部教育培训师资队伍;上海市委党校在职称评定与岗位聘任、考核评价和师资管理制度建设等方面做出努力,提供了师资队伍管理方面的经验;吉林省委组织部通过实施"百名优秀教师培养工程",推进干部教育培训师资队伍建设;辽宁省抚顺市在干部教育培训师资队伍建设的机制方面进行积极探索,取得了很好的成效。

一 | 中国浦东干部学院开展团队培训*

建设中国浦东、井冈山、延安三所干部学院,是党中央从推进中国特色社会主义伟大事业和党的建设新的伟大工程全局出发做出的一项重大决策。中央要求中国浦东干部学院从教学、体制、管理等方面全面创新,在全国干部教育基地中争创一流、做出示范。中国浦东干部学院是一所年轻的学院,同时还拥有一支高学历、高素质的主要由中青年人构成的年轻的教职工队伍。把这些来自国内外的年轻队伍凝聚起来,塑造一支"精干有力、团结和谐"的优秀团队是中国浦东干部学院员工培训的重要内容。根据学院与师资队伍的实际情况,学院开展了创业示范团队培训并取得了显著成效。取创业示范团队之名,寓意肩负崇高责任与使命,胸怀创业理想与激情的年轻团队,献身党的干部教育培训事业的坚定信心和决心。

■ 1 创业示范团队的培训目标

中央领导十分重视学院的教师队伍建设。曾庆红同志提出学院的办学要求并多次强调,要高度重视学院的队伍建设和院风建设,从一开始就严格要求,努力建设一支"精干有力、团结和谐"的教职工队伍。贺国强同志强调:"要从造就马克思主义理论家、教育家的高度,充分发挥学院的优势,不拘一格吸引人才、培养人才和使用人才,逐步建立起一支政治强、业务精、作风正、水平高、相对稳定的兼职和专职教师队伍。"这是中央领导对学院的殷切期望,也是创业示范团队建设的奋斗目标。

* 本案例根据中国浦东干部学院创业示范团队的相关材料编写。感谢中国浦东干部学院人力资源部吴鹏、代维亚的帮助。

② 创业示范团队的培训阶段

中国浦东干部学院自筹备建院至今已成功举办了 6 期创业示范团队培训，每一期培训都围绕一定的主题展开。这 6 期培训的情况如下。

第一期以"文化"为主题的培训

2004 年 7 月 19 日，首期创业示范团队培训班开班典礼举行，由此拉开了中国浦东干部学院创业示范团队培训的序幕。首期培训班以"文化"为主题，主要目的是：铸特色"院魂"，创示范团队。

"中国浦东干部学院将形成一个什么样的院风，与学院第一批人有很大关系。"第一批创业示范团队的创业者们说。首批创业示范团队成员肩负着建设学院和凝练学院文化理念的崇高使命，要对后来者做示范，共铸"忠诚、创造、和谐、示范"的特色院魂。

在确定学院文化的内涵和特色时，学院确定了"三个有利于"的标准，即有利于贯彻学院办学方针和体现办学特色；有利于推进学院日常工作，提高工作绩效；有利于建设一支精干、团结、高效的团队，促进学院的可持续发展和员工的成长进步。学院文化建设的定位主要从两个坐标来考虑：一个坐标是中央对学院的功能定位和工作目标、工作要求；一个坐标是学院的区位。在确定学院文化建设的标准和定位后，中国浦东干部学院将学院文化的具体内涵概括为"忠诚"、"创造"、"和谐"、"示范"。八个字所规定的四个方面是环环相扣的一个整体。其中，忠诚是学院文化的核心，它表明了学院的政治立场、工作态度和人格品质；创造是学院文化的灵魂，它体现了学院的价值追求、思维方式和能力目标；和谐是学院文化的气脉，它反映了学院工作机制的运行质量、创业团队的人际生态和学院与外部环境的融合程度；示范既是学院文化的价值使命，也是学院工作成效的社会评价指标。他们认为：忠诚事业是创业示范团队的灵魂；开拓创新是创业示范团队的品质；团结和谐是创业示范团队的作风；榜样示范是创业示范团队的追求。

他们把"忠诚、创造、和谐、示范"的学院文化理念写进了创业示范团队的誓词。

我为加入中国浦东干部学院创业示范团队而感到光荣和自豪。

我郑重宣誓：坚持中国共产党的领导，热爱党的干部教育事业，坚决贯彻"实事求是、与时俱进、艰苦奋斗、执政为民"的办学要求，"忠诚、创造、和谐、示范"，为建设具有国际性、时代性、开放性特点，国内一流、国际知名的中国浦东干部学院而努力奋斗！

首期培训班是学院文化建设史上一个正式的起点，通过理念塑造、能力培养、团队示范、行为训练，凝练学院核心文化价值，逐渐形成了"忠诚、创造、和谐、示范"的学院文化理念。

第二期以"战略"为核心的培训

2005 年 1 月 5 日，第二期培训班以"战略"为核心的创业示范团队拉开帷幕。这期培训的主要目的是：定战略，谋发展。如何形成学院自己的办学特色，如何提高学院的核心竞争力，这是关系学院未来发展的重大战略问题。"制定学院中长期发展规划是学院坚持正确的办学方向，实施科学的发展战略，培育特色发展模式，实现学院可持续发展的重要保证。"第二期培训班认真总结过去，勾画学院的发展蓝图。遵循"实事求是、与时俱进、艰苦奋斗、执政为民"的办学要求，本着"忠诚教育、能力培养、行为训练"的培训理念，围绕"方向、模式、体制和机制"等涉及学院发展的重大问题展开了深入而广泛的研讨。参加培训人员认真研讨了如下问题：学院应该如何牢牢把握办学方针和功能定位；如何创造性地推动各项工作，体现国际性、时代性、开放性的办学特点；如何把学院建设成为进行革命传统教育和基本国情教育的基地、提高领导干部素质和本领的熔炉以及开展国际培训交流合作的窗口；如何在中国干部教育培训新格局中发挥应有的作用。

通过研讨，学院教职员工对学院的功能定位和发展目标、对学院的培训模式、组织架构和体制机制的再创新、学院文化建设的再塑造等问题有了更深刻的理解，对学院的发展战略与未来走向有了更为清晰的认识。

第三期以"执行力"为抓手的培训

2005 年 8 月 17 日至 25 日，第三期创业示范团队培训举行。这期培训班以"执行力"为抓手，以"构建执行文化、提高执行能力"为主题，主要目的是"传承文化、提升能力、熔炼团队";关注的焦点是如何把中央精神、学院文化理念和战略目标落到实处。

"态度标示忠诚,程序体现规范、沟通提升效率、细节决定成败",具有中浦院特色的执行力文化,为学院落实中央的办学方针、实践学院的文化理念、战略目标,提供了更有力的保障。

通过培训进一步树立团队和个人的执行力意识,帮助新成员尽快融入团队,传承和丰富学院文化,加强团队凝聚力量建设。

第四期以"品牌和创新"为主线的培训

2006年7月16日至21日,第四期创业示范团队培训举行。这期培训班以"品牌和创新"为主线,以"聚焦品牌战略,建设创新型学院"为主题,认真总结办学经验,梳理学院发展的关键问题,聚焦学院发展的核心品牌战略,传承、发展学院文化,大力弘扬以改革创新为核心的时代精神,不断提升员工的执行能力和创新能力。

聚焦,不仅意味着思想认识的聚焦,也意味着工作任务的聚焦。创新是学院发展的动力,也是学院品牌成长的源泉。聚焦品牌,追求创新,既承接了团队培训的逻辑脉络,也努力把握了中央办学要求和学院建设的现实。

第五期以"聚焦品牌建设,凝练创新特色"为主题的培训

2008年1月15日至17日,第五期创业示范团队培训举行。

这创业示范团队的指导思想是:以邓小平理论和"三个代表"重要思想为指导,深入贯彻落实科学发展观,认真学习、全面落实党的十七大精神。通过培训,深刻领会党的十七大对干部教育工作提出的新思想、新任务、新要求,推动学院在创新中谋发展,在高效中铸精品,把党的十七大精神自觉转化为推进学院创业的新理念、新思路、新举措,也是落实"精品之年、和谐之年、务实之年"的具体措施。

培训主题是:紧紧围绕党和国家的发展战略,结合党的十七大对干部教育工作提出的新要求,深入分析学院在当前发展阶段面临的新情况和新问题,以"聚焦品牌建设、凝练创新特色"为主题,抓精品、创特色,在新的机遇和挑战下总结创业经验,寻找差距和不足,团结协作、同心同德,积极探索适合学院特点的品牌建设之路,深入挖掘学院发展潜力,以精品意识和务实精神铸造品牌项目,以品牌项目建设促进学院培训水平和管理品质的不断提升,全力锻造反映时代精神、体现学院特色、具有一流水准的品牌项目,努力实现学院"四个走在前列"的目标要求。

本次培训内容主要为三个板块。一是聚焦科学发展,深化品牌建设。通过领导重要讲话和主题报告,回顾、总结学院创建经验和发展历程,深刻领悟学院进一步发展要结合党的干部教育培训的新形势和新特点,以品牌建设为抓手,进一步突出学院的办学特色,以专业展成果,以品牌促发展,增强实现"四个走在前列"目标的使命感和责任感。二是研讨培训规律,强化精品意识。通过交流研讨等形式,研究探讨在品牌建设过程中出现的新情况、新特点,充实和完善学院品牌建设思路,以奋发有为的精神状态、求真务实的工作作风和富有成效的工作成绩,努力铸造学院品牌,树立学院特色,迎接新一轮大规模培训干部、大幅度提高干部队伍素质高潮的到来。三是统一全员思想,聚力铸就精品。以文化论坛为载体,统一员工思想,凝聚合力,就品牌建设的内涵、目标达成共识,营造更加有利于出精品的环境,进一步推动品牌建设,充分发挥学院办学优势,深入挖掘内部潜力,准确体现学院功能,为创建"国内一流、国际知名"的干部学院而努力。

培训形式有四种。一是领导讲话:学院第一副院长作重要讲话。二是主题报告:学院常务副院长做主题报告。三是学院精品项目交流:参培人员以部门为单位围绕学院"精品之年"创建的实践,研究探讨学院在下阶段工作中精品建设的主要任务、途径和方法。各项目各选派一名代表作精品项目交流。四是文化论坛:各部门教职员工代表依据自己的创业实践,畅谈自身对于发扬协作精神,铸造精品的认识和建议。

第六期以"凝聚团队、熔铸精神、创新思维"为主题的培训

2010 年 8 月 26 日至 29 日,第六期创业示范团队培训举行。本期培训以"凝聚团队、熔铸精神、创新思维"为主题,来自学院八个部门的 42 位员工参加了培训。

本期培训是继第五期创业示范团队培训以来,学院组织的较大规模员工培训活动,从组织策划、项目设计、过程管理和培训目标来看,这次培训取得了良好的预期效果,主要有以下三个特点。一是领导重视,部门支持。本

期创业示范团队培训得到了学院领导的高度重视,常务副院长冯俊同志明确指示要把团队培训作为队伍建设的重要载体抓好做实。副院长成旦红亲自圭持研究本期培训工作,并从培训主题的凝练、培训项目的选择和组织保障的落实等方面提出了严格的要求。本期团队培训得到了学院各部门的大力支持和参训员工的积极参与。培训通知发出后,应训员工积极响应、踊跃报名,在员工离岗参训的情况下,各部门克服人手紧张的困难,通过合理分工,相互补台,确保了42位员工如期参加了本期培训。二是组织周密,内容充实。在培训时机的选择上,尽量避开办班高峰时期,减轻对学院正常工作的影响,保证参训学员如期参与。在培训方案设计上,经反复协商、比价,最终选择了性价比较高、业界公认的品牌培训方作为合作伙伴,挑选了富有经验的培训师,设计了符合培训主题和适合员工特点的拓展项目;在日程安排上,本着紧张活泼,劳逸结合的原则,不但设计了拓展训练的经典项目,还组织了妙趣横生的联欢晚会,参观考察了昆山分院和昆山现场教学点,努力做到张弛有度,丰富多彩。另外,在培训过程管理上,此次培训成立了培训班部,制订了“班规”,充分发挥学员自我管理作用,取得了良好效果。三是反响热烈,成效显著。不管是员工参加培训的热情还是培训中员工高昂的精神状态,都充分反映出员工对学习培训的需要和全身心的投入。通过培训,员工们由“同事”成为“队友”,这一细微变化,彰显的是你我心间距离的拉近,彰显的是团队的凝聚、精神的熔铸和思维的创新。

3 创业示范团队的培训效果

中国浦东干部学院已成功举办了6期创业示范团队培训。其培训效果十分显著。参加培训的员工这样说:

> 我想讲我的一个梦,我相信我一定能够美梦成真。现在我们是建院一年,希望若干年后,当学院建院十周年、二十周年的时候,我能作为中浦院创业示范团队的老战士,来参加学院的庆典。

(摘自建院一周年座谈会发言)

教育培训案例

中浦院的文化是催人上进的文化。到了中浦院，久违的创业激情在这时被重新激发。有了激情人就显得年轻，思路就更活跃，工作就会有新的灵感、新的思路。

（摘自学院第三文化论坛发言）

中浦院是我的追求，我在珍惜这样的机遇时，衍生出一份爱，真诚的爱是要大声说出来的："我爱中浦院！我爱团队和团队中的我！"

（摘自第三期团队培训感言）

作为一名来自军营的新成员，我不为这里造型别致的大楼所吸引，也不为这里的芳草绿荫所心动，而为这新颖、丰富而有创意的独特文化所折服。"高山仰止，心向往之"。她为我展示了崭新的视角和天地。

（摘自学院领导与新队员见面会发言）

能到中浦院，真的是改变了我的一生，我庆幸找到了我的归宿。我将全身心地投入学院火热的事业中、为学院的发展贡献自己的绵薄之力。

（摘自学院第四期文化论坛发言）

6 期创业示范团队培训见证了学院的成长历程，描绘了学院的发展轨迹，凝聚了全院教职工智慧，探索了新的思想政治教育方式，不断丰富着学院文化内涵，产生了品牌效应，有效地推动了学院工作和事业的进展，为建设"精干有力、团结和谐"的教职工队伍做出了应有贡献，得到了上级领导和全体员工的充分肯定。

通过团队培训树立了"忠诚、创造、和谐、示范"的学院文化理念；明确了发展战略，形成了共同愿景，营造了积极向上的良好氛围；树立了执行意识，培育了执行力文化；强化了创新意识，形成了创新合力，增进了文化认同；形成了独具特色的、先进性建设与团队建设有机融合的工作方式。

◢ 思考与讨论

1. 团队培训如何与学院发展与员工成长相结合？

2. 团队培训如何选择培训主题?

3. 团队培训成效如何巩固提高,如何做到"训为所用"?

4. 团队培训如何"持续创新"?

二 | 上海市委党校构建师资队伍考核评价体系

建立完备、科学、有效的师资队伍考核评价体系对于加强师资队伍建设,使之更好地适应干部教育培训特点,适应干部教育培训改革新要求意义重大。中共上海市委党校、上海市行政学院,构建体现干部教育培训特点的师资队伍考核评价体系,收到了较好的效果。

◾ 职称评定与岗位聘任

职称是激励教师的重要手段,也是教师评价和考核的重要形式。经上海市职称改革办公室《关于同意组建上海市党校系统教师高级专业技术职务任职资格评审委员会的批复》(沪职改字[2000])的同意,上海市党校系统成立教师高级专业技术职务任职资格评审委员会,评审上海市党校系统的教授、副教授(含高级讲师)。

评审的一般程序为:(1)符合条件的教师申报材料;(2)组织人事部门将材料送校外三名同行专家匿名评议;(3)同行评议没有异议的材料送学科评审小组评审,共有哲学、政治学(含科社与行政学)、经济学(含管理学)、党史党建、法学、中文和历史等七个小组;(4)通过评审小组审议的材料送高评委最后审定。学科评审小组和高评委成员均由上海市党校系统、高校专家学者共同组成。

评审正教授的业务资格要求:(1)教学方面,任副教授以来(五年),在主体班讲授过三类以上的专题课,并完成每个年度的教学工作量(220课时);讲课效果好,教学成绩突出,主体班授课平均满意率达到90%以上。

（2）科研方面，公开出版独立撰写的学术著作 1 部和在哲学社会科学权威期刊发表 2 篇以上本专业学术论文（5000 字以上）；在哲学社会科学核心期刊发表 10 篇以上专业论文（已作权威刊物计算的论文不再计入此列）；主持过省部级以上科研项目，并为最终成果的主要承担者之一（本人独立完成工作量不少于 4 万字）。这些条件与普通高校相当，部分项目还略有提高。为了鼓励优秀青年教师成长，学校还制定了破格晋升教授、副教授的标准，条件更加严格。

为了打破教授终身制带来的弊端，进一步调动广大教师搞好教学和科研工作的积极性，从 2003 年开始，上海市委党校参考国内重点高校的做法，制定和实施了教师岗位聘任制度。在职称系列之外设计一至六级岗位，一名教师只要教学、科研成绩突出，即使是副教授也可以聘任到一级岗；反之，教授则可能因为教学、科研业绩不突出而只能聘任二级甚至三级岗。聘任工作每两年进行一次。全校一级岗位有数额限制，竞争更加激烈，条件也更加严格。教学方面，必须完成 160 纯课时，计划内干部培训班次全年授课平均满意率达到 95% 以上，聘期内还要承担制定教学实施计划、组织和编写案例、组织班级教学活动、参加学员讨论、评阅学员作业、指导学员论文、命题和阅卷、编写教材等任务。科研上，除完成各年度工作量外，还有主持或完成国家课题 1 项、决策咨询课题 1 项、论文被《新华文摘》或中国人民大学复印资料转载等条件。

常规考核评价

教师年度考核是教师晋升职称、岗位聘任的重要依据，对于动态把握师资队伍质量具有直接的促进作用。教师的教学质量考核主要采取三种形式。

第一，学员评分。学员满意与否是评价教师教学质量的首要标准，学校设计了学员评教制度并得到长期实施，2006 年后由纸质打分改为网络打分，统计和分析更加便利。

学员评教的内容包括政治观点、理论内容、课堂讨论、多媒体制作、教态等内容,实行百分制。教师完成专题讲授后,学员从这五个方面进行评价。学校调研督察处负责收集、汇总和分析评价数据,对每个教师、每个专题、每个教学部门、每个班次的教学质量定期进行评价。以 2007 年第二学期为例,学校计划内开班总共 35 个,其中主体班 8 个(局级班 2 个);136 名教师总授课次数为 538 课次,其中校内教师 69 名,计授课 435 次,校外教师 67 名,计授课 103 次。根据这 35 个班、538 次教学活动采集到的数据,有关部门排出了平均评好率前 10 名的老师、7 个教研部门的授课总量和评好率、所有班次的评好率和满意率。这些数据成为评价教师、部门教学质量最权威的依据,定期发布分析结果成为激励教师力争上游的主要手段之一。

第二,教学评优。每年年底,根据完成教学工作量的数量和质量(学员评好率),学校评选优秀教学奖,共 10 名,其中 7 个名额给予在计划内主体班承担教学任务的老师,另外 3 名分别给予本科、研究生、函授承担教学任务的老师。为鼓励青年教师更好地承担干部教育培训工作,学校设立"教学创优奖",每年颁发给 2 名 35 岁以下的教师。

教研部门的考核评价对于提高教师个体教研水平同样具有促进作用。教研部门的考核评价主要通过教学组织奖、科研组织奖和信息化运用奖反映出来。以教学组织奖的考评为例,该奖项由获得年度教学优秀奖的教师数量、部门教师授课平均评好率、部门办班、担任教学组长情况、参加学员讨论、教研活动、案例制作、教学研究成果发表等八项指标构成,教务管理部门根据指标得分情况进行名次排列。然后由分管校领导、教务处、学员处、各教研部门负责人投票决定。每年评选 1—2 个教研部门获得该奖。通过教学组织奖的评选,使各教研部门对教学质量、教学管理等工作全面负责,在教研部门之间形成了竞争择优的氛围。

第三,教学督导。为了进一步加强教学质量监督,提高课堂教学质量,2005 年,中共上海市委党校探索建立了教学督察与指导制度,开展教学督导工作。9 月,学校通过《教学督导工作条例》并成立教学督导组,督导组由资深专家、教授组成。

教学督导组根据新形势和新任务,按照中央和上海市委对干部教育的新要求,把党校各类主体班的教学作为督导的重点。通过督导,使教学管理部门和各教研部及时了解主体班的教学动态,对存在问题作出及时的调整,对提高教学质量起到了积极的作用。督导组在分析各类主体班次的教学情况后认为,提高主体班教学的针对性和有效性关键在于进一步细化主体班教学的个性特点,并从教学目标、课程设置、教师配备等方面提出了具体建议,这些意见和建议得到了相关部门的重视。

督导组把加强对青年教师的培养指导作为教学督导的重要方面。通过听全部青年教师的课,对青年教师课堂授课中的成功之处予以积极的评价与鼓励,对存在问题面对面地进行帮助与指导。为提高党校系统青年教师的教学能力和教学水平,学校举办了 3 期党校教师专题课培训班,督导组参与了 3 期教师专题课培训班的试讲测评工作。

3 师资管理制度

第一,教师招聘。每年定期接受普通高校应届毕业生,一般程序是:组织部门向各教研部门进行需求调研,制定本年度人才引进计划;向一流大学网站及社会招聘网站发布公告,参加在沪重点大学的校园招聘会;收集应聘者简历,按照标准进行预选,会商确定面试人员。引进人员应具有博士学位,是中共党员,具有较强的教学和研究能力;召开考核会,参加人员包括校领导、人事处长、教务处长、科研处长、研究生部主任、各教研部主任、教学督导组成员。应聘人员试讲,参加考评的人员打分、投票。近年来,加大对领军人才和学科带头人的引进力度。领军人才除具备较高的政治素质外,还应担任哲学社会科学全国性学会常务理事以上职务,近五年主持完成过国家课题,在本专业权威刊物发表过高质量论文或出版过有影响的学术专著,获得过省部级政府颁发的二等奖以上的科研成果奖,正高职称,50 周岁以下,中共党员。

第二,择优任教。为了从体制和机制上进一步完善择优授课制度,更好地发挥教研室在教学组织和提高教学质量上的基础作用,1997 年制定《关于进一步完善择优任教制度的实施意见》。"意见"规定,教师在主体班开设新课必须按照以下程序进行:首先,各教研部组织集体备课。根据教师备课质量,由教研室主任填写和签发《教师备课情况记录表》,并对是否可以安排授课任务提出明确的评估意见。其次,对初审通过的教学专题,学校组织有关部门负责人、相关专业教师组成校教学指导评估组进行评议。

凡首次开讲的课,学员评估满意率低于75%的,教研部根据教务处的通知必须尽快组织集体备课,帮助教师改进讲稿,并重新填写《教师备课情况登记表》,对是否可以安排授课任务再次作出认定。第二次授课后,学员评估满意率如仍然低于75%,该学期就不再安排这位教师这一专题的授课任务。

第三,教风建设。为使全体教师坚持党校姓"党"原则,增强党校意识,弘扬马克思主义学风,充分发挥党校"三个阵地、一个熔炉"的作用,进一步加强教风建设,2005年12月正式制定《关于加强教风建设的若干规定》。

"规定"把坚持党校姓"党"原则,严肃政治纪律,爱岗敬业,忠诚于党的干部教育事业作为教风建设的核心。明确指出,全体教师在授课中必须坚持以马列主义、毛泽东思想、邓小平理论和"三个代表"重要思想为指导,坚持四项基本原则,坚持科学发展观,自觉把马克思主义的基本立场、观点和方法渗透于所有专业和课程;积极宣传党的路线、方针、政策,始终与党中央保持高度一致;与市委、市政府重大决策保持高度一致,不得在讲坛上宣传相反的观点,不得在讲坛上指名道姓地评论党和国家以及党委和政府领导人;对于易引起理解偏差的具有探索性的授课内容,要注意场合和对象,避免产生不良影响;注重理论含量和知识含量,不哗众取宠,不传播小道消息;举例精心选择,有较高品位,具有科学性和典型意义,重在阐述理论、帮助消化;校外授课必须自觉维护党校形象;教师应自觉遵守教学时间,对所承担的各类教学任务,都应做到按时上、下课,不擅自调课和代课;教师应自觉服从学校教学主管部门的教学安排,在保证完成本校教学任务的前提下,可以承担校外任务。当校内外教学时间发生冲突时应优先校内,当党校系统教学时间与社会教学时间发生冲突时应优先党校系统。

《关于加强教风建设的若干规定》从政治纪律、授课内容和教学规范等方面为教师考核评估提供了依据。

第四,挂职锻炼。学校制定《关于加强教研人员挂职锻炼管理的若干规定》,选派教师到党委政府部门以及街道、镇等单位进行为期一年的挂实职锻炼,建立起授课、研究和挂职(调研)紧密结合、良性互动的"三三制"教师培养机制。

第五,培训进修。采取选派到中央党校、国家行政学院、三所国家干部学院、国内外著名高校进修学习、举办专题课培训班等形式,加强对现职教师特别是中青年教师的培养。

✍ 问题讨论

1. 干部教育培训专职教师队伍考核评价体系主要包括哪些方面的内容？与国民教育师资队伍考核评价体系有什么不同？

2. 怎样加强对专职教师队伍的管理,进一步激发师资队伍的积极性？

参考资料:

中共上海市委党校:《体现干部教育培训特点的师资队伍考核评价体系》,全国干部教育培训工作会议交流材料《干部教育培训制度改革创新专题研究报告汇编》,2008 年 7 月。

三　吉林省实施"百名优秀教师培养工程"推进党校师资队伍建设

党校作为干部教育培训的主阵地,其师资质量直接决定着干部教育培训的质量。在实践中,吉林省委组织部感到党校系统师资队伍的突出问题是理论联系实际和理论创新的能力欠缺。为了加强干部教育培训师资队伍建设,进一步提高党校教师的教学能力和科研水平,提升干部教育培训质量和成效,吉林省委组织部和省委党校联合开展了党校系统"百名优秀教师培养工程"(以下简称"培养工程"),在全省党校系统选派百名能够代表党校教育特色与优势、有发展潜力、有培养价值的优秀中青年教师,采用多种形式集中培养,以此提升整体培训质量。"培养工程"实施以来,取得了初步成效。

◢ 把"百名优秀教师培养工程"纳入培训规划

"十五"期间,吉林省深化干部教育培训机构内部改革,建立了干部教育培训教师优胜劣汰的动态管理机制,推行全员竞聘上岗制度,进一步优化师资队伍。《2001—2005年吉林省干部教育培训规划》中,明确提出要实施全省党校系统"百名优秀教师培养工程",随后正式启动,采取基层挂职锻炼、组织社会考察与实践、国内高校进修、境外培训等方式,重点培养各级党(干)校中青年优秀骨干教师,有效地提高党(干)校师资队伍的整体素质和教学水平。《2006—2010年吉林省干部教育培训规划》提出要加强师资队伍建设,推行聘任制和竞争上岗制度,实行专题教学全员试讲竞课制度,研究制定教师能力、绩效考核、评价和奖惩体系,建立专职教师培养机制,保证每位教师每年累计不少于30天的培训时间。省委组织部会同省委党校(省行政学院),实施全省党校系统百名优秀骨干教师培养工程。全省党校每年评选一批优秀教师,逐步推出全省党校名师队伍,发挥名师示范带动作用。《吉林省全民科学素质建设2008年工作要点》明确把实施全省党校系统"百名优秀教师培养工程"作为年度工作要点之一,提出要有计划有重点地培养党干校从事领导干部科学素质教育的骨干教师,提高党干校科技知识培训的质量和水平。由省委组织部负责落实。

◢ 精心组织实施"培养工程"

一是优选培养对象。"培养工程"对象的选择范围是:省、市(州)及县、区委党校在教学一线工作且承担主体班次课程的中青年骨干教师;在党校工作3年以上,年龄在30至45岁之间,政治思想素质好,热爱党校教育事业,有良好的职业道德,确有培养前途;基础理论和专业知识扎实,教学科研能力强。按照选拔条件,各级党校通过公开竞聘、召开专门会议研究、评选教师教学科研成果等环节,择优推荐人选,经省委组织部和省委党校共同审核研究后确定了培训人员名单。

二是敲准目标定位。培养百名优秀教师的方向是使其成为经过严格专业训练、掌握高超培训技巧的培训者。培训者应该既是讲师,又是培训师。既是党和国家政策的宣传者、解读者,又是现代理论知识技能的传授者、教育者。培训者应承担学习组织者、讨论引导者、思想催化者、资料提供者、场景创造者等多种角色。"培养工程"的目标,就是力求利用五年左右的时间,培养百名以上政治素质好,理论基础扎实,具有一定实践经验,能够了解掌握现代培训理念并熟练运用现代培训方法的培训者,基本满足大规模培训干部的需要。

三是采取量身订制培养方式。本着"缺什么、补什么"的原则,对列入名单的教师逐个进行分析,在此基础上,区别制定教师的培养方式。具体方式有五种。(1)派出访问学者。以了解和掌握本学科的理论和学术前沿动态,更新知识结构为重点,以从理论上回答和解决本地区经济建设和社会发展过程中的重大理论和实际问题为目标,以夯实理论基础、提高学术水平和科研研究能力为突破,选派教师到高校做访问学者,进行一年或半年时间的培训进修。有12名教师被派往中央党校、北京大学、清华大学、中国人民大学、吉林大学等重点高校进修。(2)选送培养对象外出培训。为把经济发达地区改革开放的典型经验和经济社会发展的成功实践转换成培训内容,引入课堂,举办了赴"珠三角"、"长三角"地区师资专题培训班、赴美国公共领域人力资源管理专题培训班。同时,省里组织境外、省外各种不同类型的领导干部专题培训班、研究班时,每期都在入选的百名优秀教师中选派1名以上随班培训,先后有81人次参加了各类班次的培训学习。(3)组织社会调研和挂职锻炼。利用教学间隙和假期,组织教师围绕省委省政府的重点工作确定调研课题,用20天左右的时间,到省内各地调研考察,了解省情,积累实践信息,以提高理论联系实际的水平。根据教师自身特点和专业需要,选派9名教师到省委政策研究室、省委财经办、省发改委、省经委、省政府发展研究中心等部门挂职锻炼,参与该部门的中心工作。(4)推广现代培训理念和培训方法。以"掌握现代培训理念与方法,提高能力培训工作水平"为主题,连续三年在中组部培训中心、中国浦东干部学院和北京石油化工管理干部学院举办了 5 期现代培训方法专题研究班,对树立现代培训理念、培训内容创新、培训方式改进、培训队伍的优化配置进行了深入学习研究。(5)鼓励教师提高学历层次。积极为教师学习进修创造条件,2003 年以来,吉林省委党校有 20 名教师已经获得或正在攻读硕士学位(14 名)和博士学位(6名)。

完善配套机制

"培养工程"与干部教育培训其他方面工作必须相衔接,才能有效实现"培养工程"的初衷。为此,在实施"培养工程"时,注重完善配套机制,确保取得实效。

一是引入竞争机制。深化各级培训机构干部人事制度和教学管理制度改革,建立教师优胜劣汰的动态管理机制。普遍推行全员竞聘上岗制度、"试讲"和"评课"制度,对入选"培养工程"的教师重点评估,凸显出这部分教师在教学中的能力和作用,为广大教师树立榜样。

二是加强交流,拓展培养成果。定期召集所有参加"培养工程"的教师举行座谈会,由参训教师介绍学习的收获和体会,提出意见和建议,让大家互相学习、互相探讨、共同提高。根据教师所反映的情况和问题,及时调整培训方案和课程目标。各级党校要求参训教师结合实际在本单位现身说法,给所有教师展示学习的成果。这样就促使参训教师意识到自己所肩负的责任和义务,在提高自身素质和能力的同时,延伸、扩大培训效用,使更多的教师从中获益。

三是明确权利义务。首先,列入"培养工程"的教师人选将统一纳入到吉林省干部教育培训师资库,供全省各地各部门教育培训机构择优选用,教师应无条件服从;其次,列入人选培训结束后,五年之内不得调离党校系统,如果确因个人原因需要调离的,需全额偿还培养费用;再次,列入人选培训结束后必须承担起一至两个专题的主体班次教学任务,否则将低聘或解聘其相应的专业技术职务;最后,列入人选在培训期间,各级党校除要保证其正常的工资、福利待遇以外,还应尽量为其参加培训创造各种方便条件。

四是强化资金保障。省干部教育专项经费中,每年列支 100 万元用于百名优秀中青年教师培养工程,保证各个培训项目按照计划顺利实施。在资金匹配上,原则上每项具体培训由省干部教育经费承担费用总额的 2/3,教师所在单位承担 1/3。

◢ 成效与启示

实施"培养工程"以来,吉林省干部教育培训师资队伍建设得到加强。一是提高了骨干教师的综合素质与教学能力。"培养工程"的实施,使列入培养对象的教师更新了知识,丰富了实践经验;解放了思想,开阔了眼界;坚定了理想信念,培养了探索创新精神。二是提升了运用现代培训方法的广泛度。"培养工程"的实施,使党干校教师系统地了解了成人教育、干部培训的基础理论和工作规律,掌握了现代培训理念和培训方法,在教学实践中积极推广运用现代培训方法,成为带动全省党干校教学方式方法改革的星火,有力地推动了全省干部教育培训工作。三是改变了党干校教师队伍的精神面貌。实施"培养工程",列入培养对象的教师是直接受益者,同时在竞争机制的促动下,也激发了全体教师的学习愿望,更多的教师开始注意自我提高,改进教学方式,提高了教学质量,形成了良好氛围。四是增强了培训效果。由于列入培养对象的教师在资料的丰富性、知识的新颖性、方法的创新性等方面较前有了较大提高,使学员在培训过程中耳目一新,赢得了学员的积极反馈和良好评价,学习积极性得到提高,培训效果得到保证。通过"培养工程"的辐射,带动了全省培训质量的提升。

师资素质决定培训质量,必须把师资队伍建设作为提高干部教育培训工作质量与效益的重点环节来抓,肯于投入精力和财力。必须构建激励教师不断学习进修、积极研讨教学的工作机制,加大教师凭教学能力上岗的竞争性,促动教师不断提升自身素质,提高教学水平。应针对教师个体差异有针对性地实施培养,避免一刀切。要发挥"培养工程"辐射带动作用,总结推广优秀教学方法、优秀教案、优秀课件,促进师资队伍整体素质的提高。

吉林省在基层干部教育培训机构师资队伍建设中还面临一些问题。（1）基层党校现状制约师资队伍建设。省委党校和部分市委党校对培养工程高度重视，提供了充分的有利条件。但是也有部分市级党校和多数县级党校基础设施薄弱，经费紧张，主要精力在于维持党校正常的教学和办公秩序，难以在师资培养上有所投入。同时，由于受党干校条件限制，对于优秀教师缺乏吸引力，人才外流现象严重，师资队伍建设徘徊在低水平上，短期内难有较大提升。（2）挂职锻炼等实践培养方式所受制约较大。党校教师挂职锻炼目的在于教师个人素质的强化提升，对于接收部门和单位促进工作的作用有限，一些部门和单位或者不肯接纳挂职锻炼人员，或者将挂职锻炼人员安排在非核心部门和岗位，很难满足培训单位的要求和受训对象的愿望。同时由于受训者对机关工作不够了解，参与实际工作的方式和程度存在差异，个人得到的锻炼受到一定限制。（3）经费不足影响培养计划。尽管各级党校也充分认识到培养优秀中青年教师的重要意义，但受经费及其他条件所限，有的党校对于支付本单位承担的1/3费用还有些力不从心。（4）全面推行现代培训方法尚有阻力。掌握通过培训的教师想要尝试运用现代培训理念开展现代培训，但由于教学设施达不到标准，加之部分领导认识上还有偏差，不敢突破传统的思维模式和教学手段，仍然不能如期开展。

在今后的工作中，要通过科学规划进行资源整合、争取政策加大人财动力投入等途径，不断改善基层党干校基础建设状况；通过政策扶持和扩大资金投入，引导各地不断加强师资队伍建设，吉林省在完成第一轮百名优秀教师培养之后，将根据培训工作的需要确定数量，开展新一轮的优秀教师培养工程。

📷 问题讨论

1. 实施优秀教师培养工程的关键环节有哪些？

2. 怎样才能更好地保证优秀教师培养工程与干部教育培训其他环节相衔接？

参考资料：

　　中共吉林省委组织部：《实施百名优秀教师培养工程，推进师资队伍建设》，全国干部教育培训工作会议交流材料《干部教育培训工作经验交流材料》，2008 年 7 月。

四 | 辽宁省抚顺市构建"三大机制"加强师资队伍建设

　　为认真落实《干部教育培训工作条例（试行）》，进一步提高培训工作质量，辽宁省抚顺市从培养、引进和激励入手，提高干部教育培训师资队伍的素质和能力，为大规模培训干部提供了强有力的智力支持和师资保证，取得了明显成效。

■ 构建培养机制，提升干部培训师资队伍素质

　　第一，坚持教师定期培训制度。《干部教育培训工作条例（试行）》颁布后，抚顺市委党校建立了专职教师知识更新制度，保证专职教师每年参加教育培训的时间累计不少于 1 个月。一是利用寒暑假集中一段时间进行培训，及时更新知识，加强储备；二是选出优秀教师进行典型教学，每学期请学员评选出的优秀教师上公开课，互相观摩、交流、探讨、启发，取长补短；三是定期参加上级党校举办的师资培训班，结束后要求参加培训的老师及时备出新专题；四是参加国家级的各种学术研讨会，开阔视野，把握和吸纳教学理论和研究的最新成果。

　　第二，坚持教师开展科研制度。鼓励教师在完成教学任务的同时，积极主动地围绕教学内容和经济社会发展中遇到的重大理论问题和现实问题开展科研活动，并将研究成果及时带进课堂，大大增强了教学针对性，提高了教学效果。规定每位教师每年必须确定自己主攻的专题，并且要形成文字，在主题班次上讲授。同时，每位教师每年必须上交一篇不少于 3000 字的论

文,每年必须有一篇论文在市级以上刊物上公开发表,并附之以奖惩措施,激发了教师积极开展科研、提高教学水平的动力。

第三,坚持教师社会调研制度。每年暑假,根据教师的教学和科研的综合排名情况,组织教师到苏州、温州、昆山等经济发达地区进行考察学习。选派骨干教师到县区任县区长助理,进行为期一年的挂职锻炼。通过边听课、边考察、边实践的形式,实现了直观感受与理性分析的有机结合,开阔了视野,增长了见识。为教师坚持理论联系实际的马克思主义学风,提高分析和解决实际问题的能力起到了重要作用。

🔢 构建引进机制,充实干部培训师资队伍力量

第一,实行领导兼职教师制度。制定了《抚顺市领导干部系列专题讲座的安排意见》,明确要求副市级以上领导同志每年必须到市委党校,结合各自的分工和职责为党校学员进行一次辅导。到目前为止,在市委、市政府的主要领导同志的带领下,市级领导共为党校学员进行专题辅导30余次,有力地推动了全市各级领导干部学习活动的开展。

第二,实行高端人士讲学制度。定期邀请国内外知名专家学者、优秀企业家来抚讲学。主题紧扣老工业基地振兴和全市经济社会发展所面临的重点、热点、难点问题,摆形势、讲政策、谈思路、献计策,为抚顺老工业基地振兴营造氛围,提供推力。几年来,先后开展了宏观经济、国企改革、三农政策、招商引资等专题讲座,培训干部5000多人次。

第三,实行教育资源整合制度。本着"不求所有,但求所用"原则,以辽宁石油化工大学为依托,围绕领导能力、公共管理、行政法规、现实问题研究等内容开展培训;借助抚顺职业技术学院专业技术力量,举办了领导干部英语强化培训,提高了领导干部的综合素质;利用市信息中心、教师进修学院等师资力量和办学条件,开展了机关公务员计算机培训,等等,通过资源的有效利用,开辟了领导干部专业知识培训的新阵地。

3 构建激励机制，增添干部培训师资队伍活力

第一，建立教师试讲上课制度。要求每位教师在准备专题课之前，要参加在教研室和学校学术委员会统一组织的试讲，经校学委成员投票通过后，才可以在主体班安排专题课，如果 2 次试讲还没有通过就不能在主体班安排专题课，通过试讲保证了主体班次的课程质量。

第二，建立教师讲课测评制度。市委党校让学员评定教师授课质量，学员根据理论阐述、联系实际、讲课艺术、教态教风、课件制作五大方面，按照公开、公平、公正的原则对每位授课教师进行测评。测评结果分优秀、良好、一般三档，并上榜公示，并将测评结果作为教师评优评先的标准。这一制度充分体现了以教师为主导、以学员为主体的思想，大大激发了教师提高讲课质量的内在动力。

第三，建立教师绩效考核制度。市委党校分教学和科研两个方面对教师进行绩效考核。在教学方面，教师授课效果在学员进行测评的基础上，按照全年专题课的总量进行量化后排出名次。排名结果作为教师奖励、评聘职称、年终评优评先的重要依据。在科研方面，党校制定了助教、讲师、副教授、教授各自具体的量化考核标准。凡是没有完成当年科研工作量的，年终要扣除目标管理奖，同时取消本人的评优评先资格。

问题讨论

1. 怎样才能更有效地促进干部教育培训师资队伍建设？
2. 怎样激发干部教育培训师资队伍的活力？

参考资料：

辽宁省抚顺市委组织部：《辽宁省抚顺市构建"三大机制"，大力加强师资队伍建设》，中共中央组织部干部教育局：《干部教育通讯》2007 年第8 期。

致　谢

　　本书是集体智慧的结晶。本书由中国浦东干部学院教务部主任郑金洲教授一手策划，提纲的确定、案例的选择和书稿的编写，都在他的指导之下完成。书稿完成后，郑教授进行了审阅。对郑教授给予的指导和帮助，致以深深的谢意！

　　本书凝聚了各地干部教育培训管理部门和党校（行政学院）的实践成果。其中一些案例是在他们提供的相关文稿的基础上改编而成。在此对他们致以诚挚的谢意！

　　中国浦东干部学院科研部李冲锋博士承担了与学院相关案例的编写任务并参与了全书的统稿工作。学院相关部门的一些同事为其中一些案例提供了很好的资料，在此一并致谢！

　　特别要提出感谢的是，我在借调中央组织部干部教育局期间，干教局领导对我学术和工作上的指导和帮助。这期间，和我一起共事的来自各单位的朋友，他们的工作水平和工作作风，使我受益匪浅。本书有一些案例是在借调干教局期间参与调研收集到的资料的基础上改编而成，在此特对相关部门和人员表示诚挚的感谢！

　　由于学识和经验所限，本书定有一些不完善之处。欢迎从事相关研究和实践的前辈和同人不吝赐教。

周志平

2014 年 4 月

教育培训案例

组稿编辑:张振明
责任编辑:郑牧野
封面设计:肖　辉
责任校对:张　红

图书在版编目(CIP)数据

教育培训案例/周志平 编.-北京:人民出版社,2015.1
(领导案例丛书)
ISBN 978-7-01-014361-3

Ⅰ.①教…　Ⅱ.①周…　Ⅲ.①干部教育-案例-中国②干部培训-案例-中国
　Ⅳ.①D630.3

中国版本图书馆 CIP 数据核字(2015)第 004045 号

教育培训案例
JIAOYU PEIXUN ANLI

周志平　编

人民出版社 出版发行
(100706　北京朝阳门内大街 166 号)

北京龙之冉印务有限公司印刷　新华书店经销

2015 年 1 月第 1 版　2015 年 1 月北京第 1 次印刷
开本:710 毫米×1000 毫米 1/16　印张:19.5
字数:280 千字　印数:0,001-5,000 册

ISBN 978-7-01-014361-3　定价:39.00 元

邮购地址 100706　北京朝阳门内大街 166 号
人民东方图书销售中心　电话 (010)65250042　65289539